일 본 어 능 력 시 험

JLPT 합격비법노트

허성미, 嶋津百代 공저 채성식 감수

N1

다락원

일본어능력시험

JLPT 합격비법노트 N1

지은이 허성미, 嶋津百代
펴낸이 정규도
펴낸곳 (주)다락원

초판 1쇄 발행 2015년 11월 10일
초판 2쇄 발행 2017년 1월 6일

책임편집 송화록, 김은경
디자인 하태호, 김희정

다락원 경기도 파주시 문발로 211
내용문의: (02)736-2031 내선 460~466
구입문의: (02)736-2031 내선 250~252
Fax: (02)732-2037
출판등록 1977년 9월 16일 제300-1977-23호

값 15,000원 (MP3 CD 1장 포함)

ISBN 978-89-277-1127-8 18730
      978-89-277-1126-1(세트)

http://www.darakwon.co.kr

- 다락원 홈페이지를 방문하시면 상세한 출판 정보와 함께 동영상강좌, MP3 자료 등 다양한 어학 정보를 얻으실 수 있습니다.
- 다락원 홈페이지 또는 표지의 QR코드를 스캔하시면 MP3 파일 및 관련자료를 다운로드 하실 수 있습니다.

머리말

일본어능력시험(JLPT)이 커뮤니케이션 중심의 문제로 탈바꿈한 뒤 벌써 5년, 횟수로는 11번째의 시험을 끝냈습니다. 그러나 시중에 출판되고 있는 일본어능력시험 수험서는 새롭게 달라진 일본어 능력시험 문제 유형에 대비하여 잘 풀 수 있는 비법 등을 제시하는 책이 거의 없습니다. 이전 일본 어능력시험 수험서와 다를 것이 없는 짜임새, 구성, 내용들. 그래서 조금이라도 학습자 입장에서 필요한 내용들을 엮은 그런 책을 만들고자 생각했습니다.

이 책의 특징은

1. 새로워진 JLPT 문제에 관한 설명 및 문제를 잘 푸는 비법을 구체적으로 실었습니다.
2. 2010년 7월 1회차부터 2015년 7월 1회차까지 실제 시험에 나왔던 기출 어휘를 오답어휘와 함께 정리하였습니다.
3. 다음 시험에 대비하기 위해 공부해야 할 내용들을 [문자·어휘] [문법] [독해] [청해] 파트로 나누어 시험문제의 출제 유형에 따라 정리해서 담았습니다.

일본어능력시험을 가르치는 분이 보기 쉬운 수험서가 아니라 공부하는 학습자가 독학을 해도 충분히 시험에 대비할 수 있도록 최대한 학습자 입장에서 썼습니다. 이 책을 통해서 좀더 많은 학습자들이 쉽게 시험에 대비하고 쉽게 합격증을 딸 수 있게 되었으면 좋겠습니다.

마지막으로 본 책의 출판에 도움을 주신 (주)다락원의 정규도 사장님과 일본어 출판부의 직원 여러분, 바쁘신 중에도 독해파트의 문제를 써 주신 関西大学 外国語学部 嶋津百代 교수님. 그리고 부족한 책에 조언해주시고 감수해주신 고려대 문과대학 일어일문학과 채성식 교수님, 그 외 가족들과 교우, 친구들, 그리고 정신적인 멘토 이경환 박사님 및 사제모 여러분께 정말 감사드립니다.

저자 허성미·嶋津百代

이 교재의 구성과 100% 활용법

이 교재는 JLPT 합격을 위한 비법서로서, ①문제 유형별 설명 및 비법 TIP ②JLPT 기출 어휘·문법체크 ③JLPT 완벽 대비의 3파트로 구성되어 있다.

문제 유형별
설명 및 비법 TIP

문제이해에서는 해당 유형의 문제에서의 개요와 문제수, 특징 등을 서술하고 있다.

기출문제유형에서는 기출문제를 제시하며 해석과 함께 주의해야 할 사항 등을 해설하고 있다.

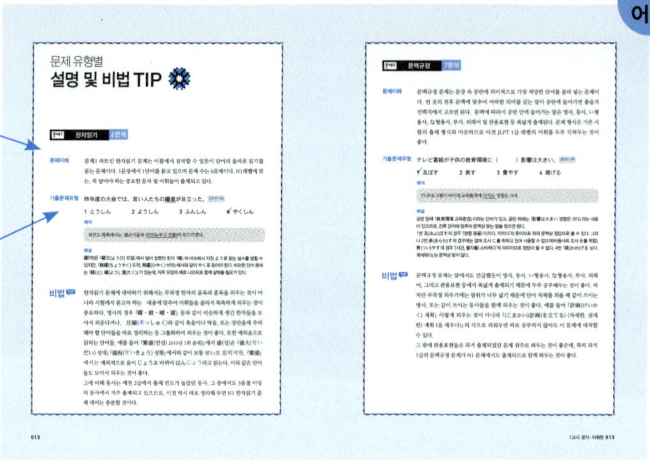

청해파트에서는 메모 예시를 실어 메모하는 방법을 소개하고, 첨삭을 통해 어떻게 보기를 지워나가는지 자세하게 보여주고 있다.

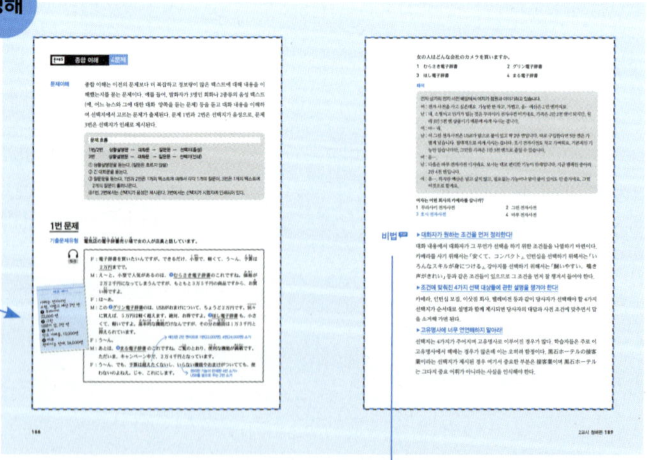

비법 TIP 에서는 해당 문제를 잘 풀기 위한 비법과 공부법 등이 제시되어 있다.
비법 TIP에 쓰인 충고를 염두에 두고 문제를 풀면 한결 수월하게 해결할 수 있다.

JLPT 기출 어휘·문법 체크

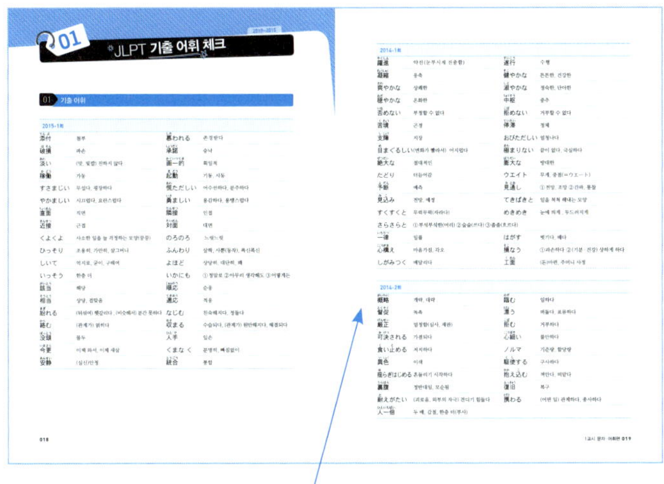

JLPT 기출 어휘·문법 체크에서는 2010년부터 출제된 어휘와 문법을 공개하고, 정답 어휘나 문법 뿐만 아니라 보기에서 제시된 것 중 다시 출제될 가능성이 높은 어휘나 문법까지 함께 실어 실전에 대비할 수 있도록 하였다.

연도와 횟수별로 기출 어휘를 제시하고 있다.

JLPT 완벽 대비

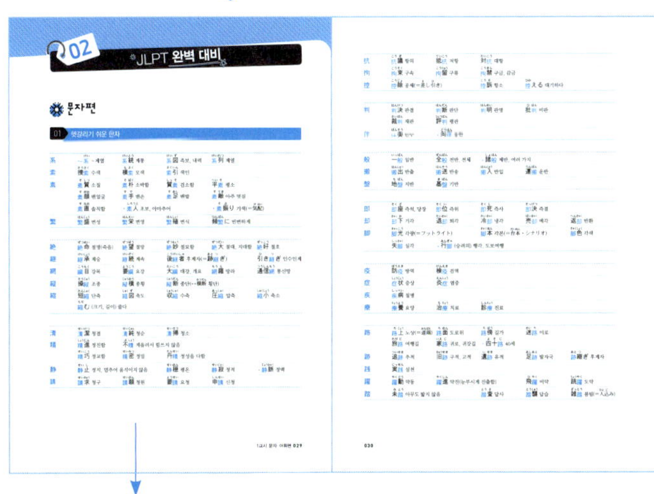

마지막으로 JLPT 완벽 대비에서는 각 문제별로 필요한 단어 및 문법, 문형 등을 실어 시험에서 좀더 고득점을 받을 수 있도록 하였다. 1. 문자·어휘에서는 주제별로 단어를 묶어 쉽게 외울 수 있게 하였고, 2. 문법에서는 필수기능어 100과 N1에서 알아두어야 할 N2문법 140을 실었다. 3. 독해와 4. 청해에서는 각 파트에서 자주 출제되는 유형을 정리하였다.

헷갈리기 쉬운 한자, 탁음 및 촉음 구별·장단음 문제에서 자주 나오는 단어,
N1에서 알아두어야 할 동사, 형용사, 부사 등을 알차게 실었다.
해당 한자에는 별색을 두어 구분되도록 하였다.

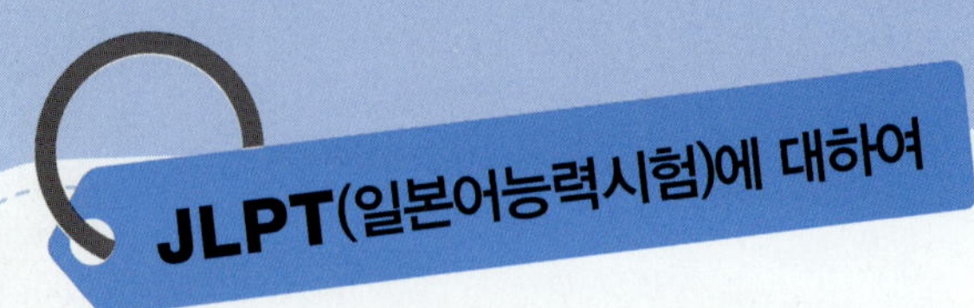

1. JLPT의 레벨

시험은 N1, N2, N3, N4, N5로 나뉘어져 있어 수험자가 자신에게 맞는 레벨을 선택합니다. 각 레벨에 따라 N1~N2는 언어지식(문자·어휘·문법)·독해, 청해의 두 섹션으로, N3~N5는 언어지식(문자·어휘), 언어지식(문법)·독해, 청해의 세 섹션으로 나뉘어져 있습니다.

시험과목과 시험시간 및 인정기준은 다음과 같으며, 인정기준을 「읽기」, 「듣기」의 언어 행동으로 나타냅니다. 각 레벨에는 이들 언어행동을 실현하기 위한 언어지식이 필요합니다.

레벨	과목별 시간		인정기준
	유형별	시간	
N1	언어지식(문자·어휘·문법)·독해	110분	기존시험 1급보다 다소 높은 레벨까지 측정 【읽기】 논리적으로 약간 복잡하고 추상도가 높은 문장 등을 읽고, 문장의 구성과 내용을 이해할 수 있으며, 다양한 화제의 글을 읽고 이야기의 흐름이나 상세한 표현의도를 이해할 수 있다.
	청해	60분	【듣기】 자연스러운 속도의 체계적 내용의 회화나 뉴스, 강의를 듣고, 내용의 흐름 및 등장인물의 관계나 내용의 논리구성 등을 상세히 이해하거나 요지를 파악할 수 있다.
	계	170분	
N2	언어지식(문자·어휘·문법)·독해	105분	기존시험의 2급과 거의 같은 레벨 【읽기】 신문이나 잡지의 기사나 해설, 평이한 평론 등, 논지가 명쾌한 문장을 읽고 문장의 내용을 이해할 수 있으며, 일반적인 화제에 관한 글을 읽고 이야기의 흐름이나 표현의도를 이해할 수 있다.
	청해	50분	【듣기】 자연스러운 속도의 체계적 내용의 회화나 뉴스를 듣고, 내용의 흐름 및 등장인물의 관계를 이해하거나 요지를 파악할 수 있다.
	계	155분	
N3	언어지식(문자·어휘)	105분	기존시험의 2급과 3급사이에 해당하는 레벨(신설) 【읽기】 일상적인 화제에 구체적인 내용을 나타내는 문장을 읽고 이해할 수 있으며, 신문의 기사제목 등에서 정보의 개요를 파악할 수 있다. 일상적인 장면에서 난이도가 약간 높은 문장을 바꿔 제시하며 요지를 이해할 수 있다.
	언어지식(문법)·독해		
	청해	40분	【듣기】 자연스러운 속도의 체계적 내용의 회화를 듣고, 이야기의 구체적인 내용을 등장인물의 관계 등과 함께 거의 이해할 수 있다.
	계	145분	
N4	언어지식(문자·어휘)	95분	기존시험 3급과 거의 같은 레벨 【읽기】 기본적인 어휘나 한자로 쓰여진, 일상생활에서 흔하게 일어나는 화제의 문장을 읽고 이해할 수 있다.
	언어지식(문법)·독해		
	청해	35분	【듣기】 일상적인 장면에서 다소 느린 속도의 회화라면 거의 내용을 이해할 수 있다.
	계	130분	
N5	언어지식(문자·어휘)	80분	기존시험 4급과 거의 같은 레벨 【읽기】 히라가나나 가타카나, 일상생활에서 사용되는 기본적인 한자로 쓰여진 정형화된 어구나 문장을 읽고 이해할 수 있다.
	언어지식(문법)·독해		
	청해	30분	【듣기】 일상생활에서 자주 접하는 장면에서 느리고 짧은 회화로부터 필요한 정보를 얻어낼 수 있다.
	계	110분	

※N3 - N5 의 경우, 1교시에 언어지식(문자·어휘)과 언어지식(문법)·독해가 연결실시됩니다.

2. 시험결과의 표시

레벨	득점 구분	득점 범위
N1	언어지식(문자·어휘·문법)	0 ~ 60
	독해	0 ~ 60
	청해	0 ~ 60
	종합득점	0 ~ 180
N2	언어지식(문자·어휘·문법)	0 ~ 60
	독해	0 ~ 60
	청해	0 ~ 60
	종합득점	0 ~ 180
N3	언어지식(문자·어휘·문법)	0 ~ 60
	독해	0 ~ 60
	청해	0 ~ 60
	종합득점	0 ~ 180
N4	언어지식(문자·어휘·문법)·독해	0 ~ 120
	청해	0 ~ 60
	종합득점	0 ~ 180
N5	언어지식(문자·어휘·문법)·독해	0 ~ 120
	청해	0 ~ 60
	종합득점	0 ~ 180

N1, N2, N3의 득점 구분은 '언어지식(문자·어휘·문법)', '독해', '청해'의 3구분입니다.
N4, N5의 득점 구분은 '언어지식(문자·어휘·문법)·독해'와 '청해'의 2구분입니다.

3. 시험결과 통지의 예

다음 예와 같이 ① '득점 구분 별 득점'과 득점 구분 별 득점을 합계한 ② '종합득점', 앞으로의 일본어 학습을 위한 ③ '참고정보'를 통지합니다. ③ '참고정보'는 합격/불합격 판정 대상이 아닙니다.

*예 : N3을 수험한 Y씨의 '합격/불합격 통지서'의 일부성적정보 (실제 서식은 변경될 수 있습니다.)

① 득점 구분 별 득점			② 종합득점
언어지식 (문자·어휘·문법)	독해	청해	
50 / 60	30 / 60	40 / 60	120 / 180

③ 참고 정보	
문자·어휘	문법
A	C

A 매우 잘했음 (정답률 67% 이상)
B 잘했음 (정답률 34%이상 67% 미만)
C 그다지 잘하지 못했음 (정답률 34% 미만)

4. 득점등화란?

　서로 다른 시기에 실시되는 시험에서는 출제되는 문제가 다르므로 아무리 신중하게 출제를 해도 매회 시험의 난이도가 다소 변동하게 됩니다. 따라서 신시험에서는 '등화' 방법을 통해 다른 시기에 실시된 시험 득점을 공통 척도상의 득점으로 표시하여 서로 비교할 수 있도록 했습니다.

　예를 들어 Z씨가 어느 해 7월과 12월에 N2를 수험했을 경우 득점구분의 '청해' 결과를 표시했습니다. 이 두 번의 시험은 7월보다 12월이 어려웠다고 합시다. Z씨가 두 번의 시험 모두에서 전체 20문제 중 10문제를 정답이었을 경우 정답 수만을 비교하면 Z씨의 능력에는 변화가 없는 것처럼 보입니다. 한편 등화에 따라 얻은 척도 점수는 7월은 30점, 12월은 35점으로 어려웠던 12월 시험의 득점이 높습니다. 이와 같이 시험 결과를 척도득점으로 표시함으로써 시험 난이도의 영향을 받지 않고 수험자가 능력의 향상도를 확인할 수 있습니다.

	7월	12월
'청해' 정답 수	20문제 중 10문제	20문제 중 10문제
등화된 '청해' 척도득점	30점	35점

*표 내의 문제 수 및 득점 숫자는 설명을 위한 예로서 실제 척도점수 표시에 의한 것은 아닙니다.

문자·어휘편

 문제 유형별 설명 및 비법 TIP
 1 기출 어휘 체크
 2 JLPT 완벽 대비

문제 유형별
설명 및 비법 TIP

문제이해   문제1 파트인 한자읽기 문제는 이름에서 짐작할 수 있듯이 단어의 올바른 읽기를 묻는 문제이다. 1문장에서 1단어를 묻고 있으며 문제 수는 6문제이다. N1레벨에 맞는, 꼭 알아야 하는 중요한 문자 및 어휘들이 출제되고 있다.

기출문제유형   昨年度の大会では、若い人たちの<u>躍進</u>が目立った。 `2014-1회`

   1 とうしん   2 ようしん   3 ふんしん   ✔ やくしん

해석

> 작년도 대회에서는, 젊은이들의 <u>약진(눈부신 진출)</u>이 두드러졌다.

해설

躍(약)은 「曜日(ようび) 요일」에서 많이 접했던 한자 「曜」와 비슷해서 자칫 よう로 읽는 실수를 범할 수 있지만, 「跳躍(ちょうやく) 도약, 飛躍(ひやく) 비약」에서와 같이 やく로 읽어야 한다. 비슷한 단어 중에는 「踏(と), 曜(よう), 濯(たく)」가 있는데, 자주 오답의 예로 나오므로 함께 살펴볼 필요가 있다.

비법 TIP   한자읽기 문제에 대비하기 위해서는 무작정 한자의 음독과 훈독을 외우는 것이 아니라 시험에서 묻고자 하는 내용에 맞추어 어휘들을 골라서 똑똑하게 외우는 것이 중요하다. 명사의 경우 「躍・踏・曜・濯」 등과 같이 비슷하게 생긴 한자들을 모아서 외운다거나, 圧縮(あっしゅく)와 같이 촉음이나 탁음, 또는 장단음에 주의해야 할 단어들을 따로 정리하는 등 그룹화하여 외우는 것이 좋다. 또한 예외음으로 읽히는 단어들, 예를 들어 「繁盛(번성)/2010-1회 출제」에서 盛(성)은 「盛大(せいだい) 성대」「盛況(せいきょう) 성황」에서와 같이 보통 せい로 읽히지만, 「繁盛」에서는 예외적으로 음이 じょう로 바뀌어 はんじょう라고 읽는다. 이와 같은 단어들도 모아서 외우는 것이 좋다.

그에 비해 동사는 예전 2급에서 출제 빈도가 높았던 동사, 그 중에서도 3음절 이상의 동사에서 자주 출제되고 있으므로, 이것 역시 따로 정리해 두면 N1 한자읽기 문제 대비는 충분할 것이다.

문제이해 문맥규정 문제는 문장 속 공란에 의미적으로 가장 적당한 단어를 골라 넣는 문제이다. 빈 곳의 전후 문맥에 맞추어 어떠한 의미를 갖는 말이 공란에 들어가면 좋을지 선택지에서 고르면 된다. 문맥에 따라서 공란 안에 들어가는 말은 명사, 동사, い형용사, な형용사, 부사, 외래어 및 관용표현 등 폭넓게 출제된다. 문제 형식은 기존 시험의 출제 형식과 비슷하므로 이전 JLPT 1급 레벨의 어휘를 두루 익혀두는 것이 좋다.

기출문제유형 テレビ番組が子供の教育環境に（　　　　）影響は大きい。 2010-2회

✔ 及ぼす　　　　2 表す　　　　3 費やす　　　　4 掲げる

해석

> TV프로그램이 아이의 교육환경에 미치는 영향은 크다.

해설

공란 앞에 「教育環境 교육환경」이라는 단어가 있고, 공란 뒤에는 「影響は大きい 영향은 크다」라는 내용이 있으므로, 전후 단어에 맞추어 문맥상 맞는 말을 찾으면 된다.
1번 及(およ)ぼす의 경우 '(영향 등을) 미치다, 끼치다'의 뜻이므로 뒤의 문맥상 정답으로 볼 수 있다. 그러나 2번 表(あらわ)す의 경우에는 앞에 조사 に를 취하고 있어 사용할 수 없으며(타동사로 조사 を를 취함), 費(つい)やす의 경우 '(시간, 물자를) 소비하다'의 의미이므로 정답이 될 수 없다. 4번 「掲(かか)げる 싣다, 게재하다」는 문맥상 맞지 않다.

비법 TIP 문맥규정 문제는 앞에서도 언급했듯이 명사, 동사, い형용사, な형용사, 부사, 외래어, 그리고 관용표현 등에서 폭넓게 출제되기 때문에 두루 공부해두는 것이 좋다. 하지만 무작정 외우기에는 범위가 너무 넓기 때문에 단어 자체를 외울 때 같이 쓰이는 명사, 또는 같이 쓰이는 동사들을 함께 외우는 것이 좋다. 예를 들어 「計画(けいかく) 계획」이렇게 외우는 것이 아니라 「(こまかい)計画(を立てる) (자세한, 섬세한) 계획 (을 세우다)」의 식으로 외워두면 따로 공부하지 않아도 이 문제에 대처할 수 있다.
그 밖에 관용표현들은 과거 출제되었던 문제 위주로 봐두는 것이 좋은데, 특히 과거 1급의 문맥규정 문제가 N1 문제에서도 출제되므로 함께 봐두는 것이 좋다.

문제이해

유의표현은 밑줄친 단어나 표현과 의미적으로 가까운 것을 고르는 문제이다. 지금까지 출제된 경향을 보면 빈도가 가장 높은 것은 부사이며, 두 번째로 높은 것은 비슷한 의미를 가진 동사나 형용사를 찾는 문제, 또는 형용사나 동사가 그 문장 속에서 어떠한 의미로 사용되고 있는지를 파악하여 그 의미를 풀어 쓰는 문제였다.

기출문제유형

유형1 今度の合格者の成績は格段に劣っている。 2014-1회

1 ちゃくじつに　　2 わずかに　　**3** 大幅に　　4 ゆるやかに

해석

이번 합격자의 성적은 현격히 떨어진다.

해설

格段(かくだん)에는 '현격히(크게)'라는 뜻의 부사이다. 선택지 1번은 '착실하게 (일을 해내는)', 2번은 '아주 작게', 3번은 '큰폭으로', 4번은 '완만하게'라는 뜻이다. 따라서 格段에와 의미가 가장 가까운 표현은 大幅(おおはば)에로 정답은 3번이 된다.

유형2 あの企業は海外市場への進出をもくろんでいる。 2011-1회

✔ 計画して　　2 果たして　　3 開始して　　4 あきらめて

해석

저 기업은 해외시장으로의 진출을 계획하고 있다.

해설

目論(もくろ)む는 '계획하다, 기도하다, 꾀하다'라는 뜻으로, 문제에서 進出(しんしゅつ)을もくろんでいる는 진출을 계획하고 있다는 뜻이 된다. 따라서 '과연, 생각한 대로'의 뜻인 2번 果(は)たして, '개시, 시작'인 3번 開始(かいし)して, '포기하고'의 의미인 4번 あきらめて는 정답이 될 수 없다. 정답은 1번 計画(けいかく)して가 된다.

유형3 この映画は画期的な手法で製作された。 2011-1회

1 広く知られている　　　　　2 最近ではめずらしい
3 非常に時間がかかる　　　　**✔** 今までになく新しい

해석

이 영화는 획기적인 기법으로 제작되었다.

해설

画期的(かっきてき)な는 '획기적인'이라는 뜻으로, 의미를 풀어 보면 '어떤 과정이나 분야에서 전혀 새로운 시기를 열어 놓을 만큼 뚜렷이 구분되는'의 뜻을 갖고 있다. 따라서 '새롭다'라는 의미를 갖는 선택지 4번이 정답이 된다.

N1의 유의표현 문제는 총 25문제중 6문제가 출제되고 있는데, 다른 급수에 비하면 꽤 비중이 높은 편이다. 나오는 품사별로 각각 묻고자 하는 내용이 다르므로 다음의 TIP에 주의하여 공부해두자.

▶ 부사

유의표현 문제 지문이 부사인 경우에는 특히 주의해서 풀어야 한다. N2나 N3의 경우에는 부사 자체의 의미와 같은 의미의 부사를 선택하는 문제가 많이 출제되지만, N1의 경우에는 부사가 문장 안에서 어떤 의미로 쓰였는가에 따라서 정답이 바뀌기 때문이다. 따라서 문장 해석이 중요해지는데, 예를 들어 부사 格段に(현격히, 크게)의 경우 유형1에서는 大幅に(큰폭으로)로 바꿔 쓸 수 있다. 하지만 만약 最近収入が 減ったから、出費を格段に減らすことにした(최근에 수입이 줄었기 때문에 지출을 현격히 줄이기로 했다)의 문장이라면 '큰폭으로 줄이다'라기 보다는 '최대한, 가능한 한'의 의미에 더 가깝기 때문에 유의표현으로 できるだけ를 선택해야 하는 것이다. 그렇다고 선택지에 大幅に가 없는가 하면, 大幅に와 できるだけ 모두 보기에서 제시될 가능성이 많기 때문에 문장의 해석이 중요하다.

▶ 가타카나

최근 2~3년간의 시험에서 100%라 해도 좋을 만큼 가타카나가 출제되고 있다. 그렇다고 무작정 가타카나를 외우는 것은 좋지 않다. 가타카나는 뜻만 외우기보다는 그때그때 일본어 뜻에 대비하며 외우는 것이 좋다. 예를 들어 クレーム는 알고 있지만 실제로 苦情(고충, 불만/2015-1회 출제)의 의미인지는 모르는 학습자가 많기 때문이다.

▶ 명사& 형용사

명사인 듯 하지만 な형용사처럼 활용되어 일반 회화문에서 자주 쓰이는, 예를 들어 お手上げだ(두 손 두 발 다 들었다, 포기다/2014-1회 출제)와 같은 표현들이 유의표현으로 출제되고 있다. 이 부분을 대비하기 위해서는 평소 일본어를 많이 접하는 것이 중요한데 평소때 일본어를 많이 접하는 일이 없는 학습자가 대비할 수 있는 방법은 청해 스크립트를 활용하는 것이다. 가장 좋은 것은 기출문제의 스크립트를 보는 것이지만, 자료를 구하는 것이 쉽지 않으므로 일반 문제집들의 스크립트에서 자주 사용되는 회화표현을 살펴두고 챙겨두는 것이 중요하다. お手上げだ의 유의표현은 どうしようもない(어쩔 수 없다)였다.

문제이해

용법 문제는 출제 단어가 문장속에서 어떻게 사용되는지를 묻는다. 출제된 단어의 기본적인 지식을 묻는 문제로서 구체적으로 그 단어의 품사는 무엇인지, 그 단어를 어떤 단어와 함께 사용할 수 있는지 묻는다. 지금까지 출제된 문제를 살펴보면 주로 명사, 부사, 동사 그리고 형용사인 경우가 많았다. 특히 동사의 경우에는 복합동사가 자주 출제되고 있으며, 명사의 경우 工面과 같이 한자 그대로 해석하면 '공면'이지만 실제 뜻은 '주머니 사정'인 것처럼, 한자 그대로의 의미와 다르게 사용되는 단어가 자주 출제된다. 따라서 한자음을 그대로 읽어서 찾기보다는 같이 쓰이는 동사나 명사, 그리고 실제 뜻 등을 생각해서 공부해두는 것이 좋다.

기출문제유형 (명사)

心構え 　2014–1회

✓1 他人とのトラブルを起こさないようにするには、日ごろの心構えが大切だ。

2 社長から部署移動を打診されたが、なかなか心構えが決まらない。

3 今年は大学院に入学する心構えだったのに、まだ余裕がない。

4 神田さんがこんなに優しくしてくれるのは、何か心構えがあるんじゃないだろうか。

해석

1 타인과의 문제를 일으키지 않게 하려면, 평소의 <u>마음가짐</u>이 중요하다.

해설

心構(こころがま)え가 정확하게 어떠한 의미인지를 묻는 문제이다. 心構え란 '마음가짐, 각오'의 뜻으로 주로 「〜をする・〜がある/ない」의 문형으로 사용된다. 1번의 경우 「日ごろの〜 평소의+마음가짐」 이라는 의미이므로 정답이 된다. 2번의 경우 「〜が決まらない」만 보면 '각오가 정해지지 않는다'로 마치 정답처럼 느껴지지만, 앞부분에 부장이 부서이동을 떠보았지만, '좀처럼 〜가 정해지지 않는다'이기에 각오보다는 '결심(決心)이 서지 않는다'와 같은 표현이 더 어울린다. 3번의 경우에는 '예정(つもり)'의 의미가 적당하며, 4번의 경우 '확실치는 않지만 무언가 뒤가 있는 것 같다'는 내용이 자연스럽기 때문에 각오보다는 내막이 있다(裏(うら)がある)를 쓰는 것이 더 알맞다.

용법 문제의 경우 주로 명사, 부사, 형용사(い형용사, な형용사), 동사가 출제되고 있다. 기본적으로 어떠한 품사가 출제되든 무조건 문장을 한국어로 해석해서 풀어서는 정답을 찾을 수 없다. 각 품사별로 특징을 파악하고 그에 맞춰서 오답을 지워가야 한다.

▶ 명사

명사의 경우 같이 쓰는 동사나 명사 자체의 정확한 의미를 알고 있는 것이 중요하다. 예를 들어 調達(ちょうたつ)라는 단어는 자금, 자본 등 돈과 관련된 것을 '조달'한다는 뜻이기 때문에 같이 쓰이는 단어들도 그에 맞는 단어여야 한다. 즉 문장을 해석해서 찾기보다는 출제된 단어의 전후 단어를 보고 그 뜻과 상관이 없는 오답부터 지워가는 형식으로 풀어야 하는 것이다.

▶ 부사

부사의 경우 지금까지 출제된 단어들을 보면 주로 문형으로 쓰이는 부사들이 출제되는 경향을 보이고 있다. 예를 들어 一律(いちりつ)의 경우 '일률적으로'이지만, 좀 더 자세히 살펴보면, '(값, 돈과 관련된 것을) 일률적으로 ~'의 의미를 갖고 있으므로 앞에 돈과 관련된 어휘가 있는 문장을 찾아야 한다. 이와 같이 부사의 경우에는 먼저 같이 쓰이는 문형이 있는지 체크할 필요가 있다.

또한 부사들 중에서도 뜻이 잘 와 닿지 않는 부사는 따로 뜻을 챙겨두어야 한다. 예를 들어 無造作に(아무렇게나)는 無造作に髪を結んでいる(아무렇게나 머리를 묶고 있다)와 같이 쓰인다는 식으로 알아두어야 한다.

▶ 형용사&동사

형용사와 동사의 경우에는 의도적으로 한자로 표기하지 않는 경우가 있는데, 이것은 한자로 표기하면 한자만 보고도 뜻을 유추할 수 있기 때문이다. 따라서 동사나 형용사 역시 뜻을 정확하게 체크해두는 것이 좋다.

01 ❄ JLPT 기출 어휘 체크

01 기출 어휘

2015-1회

<ruby>添付<rt>てん ぷ</rt></ruby>	첨부	<ruby>慕われる<rt>した</rt></ruby>	존경받다
<ruby>破損<rt>は そん</rt></ruby>	파손	<ruby>承諾<rt>しょうだく</rt></ruby>	승낙
<ruby>淡い<rt>あわ</rt></ruby>	(맛, 빛깔) 진하지 않다	<ruby>画一的<rt>かくいつてき</rt></ruby>	획일적
<ruby>稼働<rt>か どう</rt></ruby>	가동	<ruby>起動<rt>き どう</rt></ruby>	기동, 시동
すさまじい	무섭다, 굉장하다	<ruby>慌ただしい<rt>あわ</rt></ruby>	어수선하다, 분주하다
やかましい	시끄럽다, 요란스럽다	<ruby>勇ましい<rt>いさ</rt></ruby>	용감하다, 용맹스럽다
<ruby>直面<rt>ちょくめん</rt></ruby>	직면	<ruby>隣接<rt>りんせつ</rt></ruby>	인접
<ruby>近接<rt>きんせつ</rt></ruby>	근접	<ruby>対面<rt>たいめん</rt></ruby>	대면
くよくよ	사소한 일을 늘 걱정하는 모양(끙끙)	のろのろ	느릿느릿
ひっそり	조용히, 가만히, 살그머니	ふんわり	살짝, 사뿐(동작), 폭신폭신
しいて	억지로, 굳이, 구태여	よほど	상당히, 대단히, 꽤
いっそう	한층 더	いかにも	① 정말로 ② 아무리 생각해도 ③ 어떻게든
<ruby>該当<rt>がいとう</rt></ruby>	해당	<ruby>順応<rt>じゅんのう</rt></ruby>	순응
<ruby>相当<rt>そうとう</rt></ruby>	상당, 걸맞음	<ruby>適応<rt>てきおう</rt></ruby>	적응
<ruby>紛れる<rt>まぎ</rt></ruby>	(뒤섞여) 헷갈리다, (비슷해서) 분간 못하다	なじむ	친숙해지다, 정들다
<ruby>絡む<rt>から</rt></ruby>	(관계가) 얽히다	<ruby>収まる<rt>おさ</rt></ruby>	수습되다, (관계가) 원만해지다, 해결되다
<ruby>没頭<rt>ぼっとう</rt></ruby>	몰두	<ruby>人手<rt>ひと で</rt></ruby>	일손
<ruby>今更<rt>いまさら</rt></ruby>	이제 와서, 이제 새삼	くまなく	분명히, 빠짐없이
<ruby>安静<rt>あんせい</rt></ruby>	(심신)안정	<ruby>統合<rt>とうごう</rt></ruby>	통합

躍進 (やくしん)	약진(눈부시게 진출함)	遂行 (すいこう)	수행
凝縮 (ぎょうしゅく)	응축	健やかな (すこ)	튼튼한, 건강한
爽やかな (さわ)	상쾌한	淑やかな (しと)	정숙한, 단아한
穏やかな (おだ)	온화한	中枢 (ちゅうすう)	중추
否めない (いな)	부정할 수 없다	拒めない (こば)	거부할 수 없다
苦境 (くきょう)	곤경	停滞 (ていたい)	정체
支障 (ししょう)	지장	おびただしい	엄청나다
目まぐるしい (め)	(변화가 빨라서) 어지럽다	極まりない (きわ)	끝이 없다, 극심하다
絶大な (ぜつだい)	절대적인	膨大な (ぼうだい)	방대한
たどり	더듬어감	ウエイト	무게, 중점(＝ウエート)
予断 (よだん)	예측	見通し (みとお)	① 전망, 조망 ② 간파, 통찰
見込み (みこ)	전망, 예정	てきぱきと	일을 척척 해내는 모양
すくすくと	무럭무럭(자라다)	めきめき	눈에 띄게, 두드러지게
さらさらと	①부석부석한(머리) ②술술(쓰다) ③졸졸(흐르다)		
一律 (いちりつ)	일률	はがす	벗기다, 떼다
心構え (こころがま)	마음가짐, 각오	損なう (そこ)	①파손하다 ②(기분·건강) 상하게 하다
しがみつく	매달리다	工面 (くめん)	(돈)마련, 주머니 사정

概略 (がいりゃく)	개략, 대략	臨む (のぞ)	임하다
督促 (とくそく)	독촉	漂う (ただよ)	떠돌다, 표류하다
厳正 (げんせい)	엄정함(심사, 재판)	拒む (こば)	거부하다
可決される (かけつ)	가결되다	心細い (こころぼそ)	불안하다
食い止める (くと)	저지하다	ノルマ	기준량, 할당량
異色 (いしょく)	이색	駆使する (くし)	구사하다
揺らぎはじめる (ゆ)	흔들리기 시작하다	抱え込む (かかこ)	껴안다, 떠맡다
裏腹 (うらはら)	정반대임, 모순됨	復旧 (ふっきゅう)	복구
耐えがたい (た)	(괴로움, 외부의 자극) 견디기 힘들다	携わる (たずさ)	(어떤 일) 관계하다, 종사하다
人一倍 (ひといちばい)	두 배, 갑절, 한층 더(부사)		

愚かな	어리석은	強かな	든든한, 만만치 않은
巧妙な	교묘한	奇妙な	기묘한
憩い	휴식	潤い	①습기 ②혜택
集い	모임	賑わい	흥청거림, 번화함
需要	수요	緩和	완화
跡地	철거부지, 잔해	立て替える	대신 내주다
積み立てる	적립하다	引き落とす	자동이체하다
差し引く	공제하다	一任	일임
従属	종속	依存	의존(いぞん으로도 읽음)
委託	위탁	無性に	몹시, 공연히, 무턱대고
頑なに	완강히	一途に	일편단심으로, 외곬으로
強硬に	강경하게	果敢に	과감하게
堅実に	견실하게	無謀に	무모하게
荷が重い	짐(책임)이 무겁다	気に障る	비위에 거슬리다
じめじめ	습기가 많은 모양(축축, 끈적끈적)	しっとり	촉촉하게
からっと	①갑자기 변하는 모양 ②탁 트인 모양	がさがさ	바싹 마른 것이 스쳐서 나는 소리
円滑	원활	優位	우위(다른 것보다 유리한 입장)
かばう	(남의 죄, 잘못) 감싸주다	加味	(맛, 다른 요소) 가미, 더함
気配	낌새, 기색	合致	합치

把握	파악	憤り	분노
怒り	분노	焦り	초조
趣旨	취지	日夜	밤낮, 매일
貫く	관철시키다	貧富	빈부
練る	①반죽하다 ②(문장, 생각) 다듬다	築く	(관계) 구축하다
磨く	닦다, 연마하다	培う	(성질, 힘) 기르다
とりわけ	유독, 특히	いっそう	한층
まさしく	틀림없이, 바로	念頭	염두

念願	염원	内心	내심, 마음속(으로는)
そわそわ	뒤숭숭	めそめそ	훌쩍훌쩍
担う	짊어지다	養う	부양하다
労わる	친절하게 돌보다, (노고) 위로하다	掲げる	내걸다, 게양하다
腕前	솜씨, 수완	仕業	소행, 짓
素振り	기미, 기색(=気配)	ためらう	주저하다
遠ざける	멀리하다	案じる	걱정하다
処置	처치, 조치	拍子	~하는 바람에(た형), 박자
口出し	말참견	煩雑	번잡(번거롭고 복잡함)
当てはめる	꼭 들어 맞추다, 적용시키다	打開	타개

2012-1회

群衆	군중	覆す	뒤엎다
翻す	(태도·의견) 바꾸다, 번복하다	惑わす	망설이다
揺るがす	뒤흔들다	心地よい	기분이 좋다
克明	①세밀하게 주의를 기울임 ②성실하고 정직함		
共鳴	동감함, 공감함	踏襲する	답습하다, 전철을 밟다
改革	개혁	ハードル	기준
リミット	한계, 한도	ブロック	동맹, 연합
大筋	대강, 대략, 요점	大口	①거액의 거래 ②호언장담
大幅	대폭	(改訂)版	(개정)판
察知	미리 알아차림	探知	탐지
究明	(진상, 진리의) 구명	釈明	변명, 해명
紛らわしい	헷갈리다	煩わしい	귀찮고 번거롭다
加工	가공	細工	①세공(品) ②잔꾀, 농간
催す	개최하다	施す	베풀다, 시행하다
設ける	마련하다	免除	면제
ブランク	여백, 공백기간	怠る	게으름을 피우다
見込み	전망, 예상	有数	유수, 손꼽힘
満たない	(기준이나 한도에) 못 미치다, 미달이다		

2012-2회

枠	테두리	壁	벽
溝	①도랑 ②틈, 간격	淵	①깊은 못 ②괴로운 처지
網羅	망라	名誉	명예
費やす	소비하다	冷やす	식히다
由緒	유서	手際	솜씨, 수완
取材	취재	主催	주최
急遽	허둥지둥, 갑작스레	瞬時に	순식간에
迅速に	신속히	即刻	즉각
言い張る	우기다	言い残す	할말을 남기다
言い渡す	알리다, 선고하다	言い放つ	딱 잘라 말하다
妥協	타협	和解	화해
融合	융합	寄与	기여
供与	공여, 제공	波及	파급
普及	보급	リストアップ	나열, 열거
和らぐ	누그러지다	安らぐ	마음이 편안해지다
広大	광대함	薄まる	①(색이) 엷어지다 ②(맛이) 싱거워지다
秘める	숨기다, (속에) 간직하다	発散	발산
仕業	소행, 짓	総じて	대체로, 일반적으로
無造作	손쉬운 모양, 대수롭지 않게 여기는 모양	人込み	붐빔, 북적이는 장소(＝雑踏)
人出	나들이 인파 예 30万人を超える人出 30만 명을 넘는 인파		
人波	인파, 사람의 물결 예 人波にのまれる 인파에 휩쓸리다		

2011-1회

利益	이익	利子	이자
利息	이자	利潤	이윤
逃れる	벗어나다	逸れる	빗나가다
免れる	면하다, 모면하다	考慮	고려
遮る	가로막다, 차단하다	妨げる	방해하다
狭める	좁히다	隔てる	사이를 두다

根拠	근거	肝心	중요함
〜だらけ	〜투성이	〜ぐるみ	그것을 포함하여 전부, 몽땅
〜がらみ	〜을 합해, 통틀어	〜ずくめ	온통, 〜일색
弾む	신이 나다, (이야기) 활기를 띠다	転がる	구르다
跳ねる	① (흙탕물) 튀다 ② (아이가) 뛰다	実情	실정
逸材	우수한 인재	玄人	프로, 숙련자
巨匠	거장, (예술계의) 대가	不備	충분히 갖추어지지 않음
不穏	불온(사상)	不順	불순(순탄치못함)
修復	복원	復興	부흥
強み	강점, 장점	連携	제휴
不服	불복, 납득이 가지 않음	かなう	희망대로 되다, 이루어지다
目覚ましい	눈부시다, 놀랍다	ほどける	풀어지다
赴任	부임		

2011-2회

鈍る	둔하다	滞る	밀리다
劣る	뒤떨어지다	縮まる	오그라들다, 줄다
漠然	막연함	閲覧	열람
釈明	해명, 변명	合併	합병
兆し	조짐	日差し	햇살
印	표시	証	증거
猛(反対)	맹(반대)	無謀だ	무모하다
無残だ	무참하다	会心	회심, 마음에 흡족함
核心	핵심	真心	진심
ニュアンス	묘한 차이, 뉘앙스	インスピレーション	인스피레이션, 영감
並行	병행, 나란히 함	並列	병렬
同伴	동반	抜粋	발췌
抽選	추첨	摘出	적출, 골라냄
採取	채취	ストック	재고(＝在庫)
キープ	확보함	チャージ	①충전함 ②(운동경기) 방해, 반칙

とっくに	훨씬 전에, 벌써	まちまち	각기 다름
ゆとり	(공간,시간, 정신, 체력적) 여유	配布 はいふ	배포
質素 しっそ	검소함	見失う みうしな	보던 것을 (시야에서) 놓치다

繁盛 はんじょう	번성	契約 けいやく	계약
制約 せいやく	제약	潤う うるお	축축해지다, 풍부해지다
儲かる もう	(돈을) 벌다	賄う まかな	조달하다, 꾸려나가다
商う あきな	장사하다, 거래하다	手薄な てうす	허술한
壊される こわ	부서지다	崩される くず	무너지다
潰される つぶ	뭉개지다	華々しい はなばな	화려하다
重々しい おもおも	묵직하다	物々しい ものもの	삼엄하다, 엄숙하다
騒々しい そうぞう	소란스럽다	完結 かんけつ	완결
終息 しゅうそく	(전쟁, 분쟁의) 종식	成就 じょうじゅ	성취
フォロー	지원	キープ	확보함
マッチ	매치, 성냥	念願 ねんがん	염원
切望 せつぼう	갈망, 간절히 바람	欲望 よくぼう	욕망
志願 しがん	지원	本気 ほんき	본심, 진심
本音 ほんね	속마음	弱音 よわね	약한 소리, 나약한 말
弱気 よわき	약한 마음, 약세	やんわり	부드럽게, 살며시
しんなり	탄력성이 있고 부드러운 모양	うんざり	지긋지긋
ひんやり	싸늘한 모양, 썰렁	当(ホテル) とう	당 (호텔)
綿密な めんみつ	면밀한	繊細な せんさい	섬세한
濃密な のうみつ	농밀한	密集 みっしゅう	밀집
潔い いさぎよ	미련없이 깨끗하다	発足 ほっそく	(단체의) 발족
にぎわう	활기차다, 붐비다	ひとまず	일단, 하여튼
満喫 まんきつ	(자유, ~감을) 만끽		

本筋 (ほんすじ)	본론	伴奏 (ばんそう)	반주
推理 (すいり)	추리	極める (きわ)	끝까지 가다
諦める (あきら)	포기하다	突き詰める (つ つ)	추궁하다, (끝까지) 파고들다
練る (ね)	①반죽하다 ②(계획, 구상) 짜다 ③(초안) 가다듬다		
募る (つの)	모으다, (감정) 심화되다	緩める (ゆる)	완화하다, 느슨하게 하다
はめる	끼우다, 걸려들게 하다	締める (し)	(끈 매듭으로) 묶다
投じる (とう)	던지다	報じる (ほう)	알리다
配布する (はいふ)	배포하다	及ぼす (およ)	(영향을) 미치다
授ける (さず)	수여하다	費やす (つい)	소비하다
キャリア	경력	ステータス	스테이터스, (사회적) 지위, 신분
(歴史)上 (れきし じょう)	(역사)상	円滑に (えんかつ)	원활하게
淑やかに (しと)	정숙하게	しなやかに	부드럽게
結束 (けっそく)	결속	収束 (しゅうそく)	결말이 남, 수습
親密 (しんみつ)	친밀함	緊密 (きんみつ)	긴밀함
背景 (はいけい)	배경	根源 (こんげん)	근원
後援 (こうえん)	후원	発端 (ほったん)	발단
調達 (ちょうたつ)	(식료, 자금의) 조달	細心 (さいしん)	세심함
意地 (いじ)	고집	めきめき	눈에 띄게, 부쩍부쩍
目先 (めさき)	당장, 현재	見落とす (みお)	간과하다, 못보고 넘기다

2015-1회

仕上げる 완성하다	≒	完成する 완성하다
互角だ 막상막하다	≒	大体同じだ 대체적으로 같다
クレーム 클레임, 불만	≒	苦情 불평, 불만
助言 조언	≒	アドバイス 어드바이스, 충고
錯覚する 착각하다	≒	勘違いする 착각하다
殺到した 쇄도했다	≒	一度に大勢来た 한번에 많이 왔다

2014-1회

無償で 무상으로	≒	ただで 무료로
打ち込んでいる 집중하고 있다	≒	熱心に取り組んでいる 열심히 몰두하고 있다
ストレートに 단도직입적으로	≒	率直に 솔직하게
お手上げだ 두 손 두 발 다 들었다	≒	どうしようもない 어찌할 방도도 없다
格段に 현격히	≒	大幅に 큰폭으로
いたって 지극히, 대단히	≒	非常に 매우

2014-2회

気掛かり 걱정	≒	心配 걱정(＝おそれ)
案の定 아니나다를까	≒	やはり 역시
不用意 조심성이 없음	≒	不注意 부주의
厄介な 귀찮은, 번거로운	≒	面倒な 귀찮은
回想する 회상하다	≒	思いかえす (지난일, 결정한 일) 다시 생각하다
手分け 분담	≒	分担 분담

2013-1회

従来の 종래의	≒	これまでの 지금까지의
あらかじめ 미리	≒	事前に 사전에, 미리
抜群だった 뛰어났다	≒	ほかと比べてとくに良かった 다른 것과 비교해서 특히 좋았다

バックアップ 지원	≒	支援 지원
仰天した 깜짝 놀랐다	≒	とても驚いた 아주 놀랐다
おおむね 대체로, 대강	≒	だいたい 대개

2013-2회

ことごとく 모두, 모조리	≒	すべて 전부
雑踏 붐빔, 혼잡	≒	人込み 붐빔
メカニズム 메커니즘	≒	しくみ 구조
裏づけ 뒷받침, 확실한 증거	≒	証拠 증거
すべがない 방법이 없다	≒	方法がない 방법이 없다
せかす 재촉하다	≒	急がせる 재촉하다(=急がす)

2012-1회

触発される 촉발되다, 자극받다	≒	刺激を受ける 자극을 받다
すがすがしい 상쾌한, 시원한	≒	さわやかな 상쾌한
簡素な 간소한	≒	シンプルな 단순한
ひそかに 살짝, 몰래	≒	こっそり 몰래
断念する 단념하다	≒	あきらめる 포기하다
おのずと 자연스레	≒	自然に 자연스럽게

2012-2회

当面ない 당분간 없다	≒	しばらくない 당분간 없다
スケール 규모	≒	規模 규모
しきりに 자주, 몇 번씩이나	≒	何度も 몇 번이고
先方 상대편	≒	相手 상대
けなされる 비방의 말을 듣다	≒	悪く言われる 나쁜 말을 듣다
おっくうだ 귀찮다, 번거롭다	≒	面倒だ 귀찮다

画期的な 획기적인	≒	今までになく新しい 지금까지 없는 새로운
もくろむ 계획하다	≒	計画する 계획하다
手がかり 단서	≒	ヒント 힌트
にわかには 갑자기는	≒	すぐには 바로는
重宝している 편리하여 유용하다	≒	便利で役に立っている 편리해서 도움이 된다
シビアだ 엄격하다	≒	厳しい 엄격하다

ありきたりの 흔한	≒	平凡な 평범한
歴然としている 확실하다	≒	はっきりしている 분명하다
極力 최대한	≒	できる限り 가능한 한
落胆する 낙담하다	≒	がっかりする 실망하다
あっけない 어이없다	≒	意外につまらない 의외로 재미없다
コントラスト 대비	≒	対比 대비

ルーズな 루즈한, 허술한	≒	だらしない 칠칠치 못한
なじむ 친숙해지다	≒	慣れる 친숙해지다
張り合う 경쟁하다	≒	競争する 경쟁하다
朗報 낭보, 기쁜 소식	≒	うれしい知らせ 기쁜 소식
わずらわしい 번거로운, 귀찮은	≒	面倒な 귀찮은
いやみ 불쾌감을 주는 말이나 행동	≒	皮肉 비아냥, 야유

まばらだ 드문드문하다	≒	少ない 적다
どんよりした天気だ 날씨가 잔뜩 흐리다	≒	曇っていて暗い 흐려서 어둡다
丹念に 정성들여	≒	じっくりと 꼼꼼히
はかどっている 순조롭게 진행되고 있다	≒	順調に進んでいる 순조롭게 진행되고 있다
見合わせる 실행을 미루다, 보류하다	≒	中止する 중지하다
やむをえず 어쩔 수 없이	≒	しかたなく 어쩔 수 없이

❄ JLPT 완벽 대비

❄ 문자편

01 헷갈리기 쉬운 한자

系	~系 ~계열	系統 계통	系図 족보, 내력	系列 계열
索	捜索 수색	模索 모색	索引 색인	
素	素質 소질	素朴 소박함	質素 검소함	平素 평소
	素顔 맨얼굴	素手 맨손	素足 맨발	素敵 아주 멋짐
	素直 솔직함	*素人 초보, 아마추어	*素振り 기색(=気配)	
繁	繁盛 번성	繁栄 번영	繁殖 번식	頻繁に 빈번하게

絶	絶命 절명(죽음)	絶望 절망	絶妙 절묘함	絶大 절대, 지대함	絶好 절호
継	継承 계승	継続 계속	後継者 후계자(=跡継ぎ)	引き継ぎ 인수인계	
網	綱目 강목	要綱 요강	大綱 대강, 개요	網羅 망라	通信網 통신망
縦	操縦 조종	縦横 종횡	縦断 종단(↔横断 횡단)		
縮	短縮 단축	縮図 축도	収縮 수축	圧縮 압축	縮小 축소
	縮む (크기, 길이) 줄다				

清	清潔 청결	清純 청순	清掃 청소	
精	精進 정진함	不精 게을러서 힘쓰지 않음		
	精巧 정교함	精密 정밀	丹精 정성을 다함	
静	静止 정지, 멈추어 움직이지 않음	静穏 평온	静寂 정적	*静脈 정맥
請	請求 청구	請願 청원	要請 요청	申請 신청

抗	抗議 항의	抵抗 저항	対抗 대항	
拘	拘束 구속	拘留 구류	拘禁 구금, 감금	
控	控除 공제(＝差し引き)		控訴 항소	控える 대기하다

判	判決 판결	判断 판단	判明 판명	批判 비판
	裁判 재판	評判 평판		
伴	伴奏 반주	*同伴 동반		

般	一般 일반	全般 전반, 전체	*諸般 제반, 여러 가지	
搬	搬出 반출	搬送 반송	搬入 반입	運搬 운반
盤	地盤 지반	基盤 기반		

即	即座 즉석, 당장	即位 즉위	即死 즉사	即決 즉결	
却	却下 기각	退却 퇴각	冷却 냉각	売却 매각	返却 반환
脚	脚光 각광(＝フットライト)		脚本 각본(＝台本・シナリオ)		脚色 각색
	失脚 실각	*行脚 (승려의) 행각, 도보여행			

疫	防疫 방역	検疫 검역	
症	症状 증상	炎症 염증	
疾	疾病 질병		
療	療養 요양	治療 치료	診療 진료

路	路上 노상(＝道端)	路面 도로위	路傍 길가	迷路 미로	
	旅路 여행길	家路 귀로, 귀갓길	*四十路 40세		
跡	追跡 추적	旧跡 구적, 고적	遺跡 유적	足跡 발자국	跡継ぎ 후계자
践	実践 실천				
躍	躍動 약동	躍進 약진(눈부시게 진출함)	飛躍 비약	跳躍 도약
踏	未踏 아무도 밟지 않음	踏査 답사	踏襲 답습	雑踏 붐빔(＝人込み)

兆	兆し 조짐, 징조	兆候 조짐, 징조	前兆 전조, 조짐		
挑	挑戦 도전	挑発 도발	挑む 도전하다		
逃	逃走 도주	逃避 도피	逃亡 도망		
眺	眺望 조망	眺める 조망하다, 바라보다			
跳	跳躍 도약	跳ねる 멀리 뛰다			

輸	輸出 수출	輸送 수송	輸血 수혈	運輸 운수	密輸 밀수
愉	愉快 유쾌(↔不愉快 불쾌)				
癒	癒着 유착	治癒 치유	平癒 병이 나음	癒し 치유	
	癒す ①(상처, 병) 치유하다 ②(고민) 풀다				

慢	慢心 자만함(=うぬぼれ)		慢性 만성	怠慢 태만(怠る・怠ける 게으르다)
	自慢 자랑	緩慢 완만함		
漫	漫画 만화	漫然 산만함, 멍함	散漫 산만함	

貴	貴重 귀중	貴族 귀족	兄貴 형	
貫	貫通 관통	貫徹 관철	一貫 일관	貫く 관철시키다
遺	遺産 유산	遺族 유족	遺跡 유적	補遺 (문장, 글) 빠진 것을 보충하는 일
	遺言 유언			
遣	派遣 파견			
	～遣い ~을 사용함	言葉遣い 말씨, 말투	心遣い 배려	金遣い 돈의 씀씀이
潰	潰す 뭉개다			

喝	恐喝 공갈	一喝 일갈(한 번 큰소리로 꾸짖음)	喝破 큰소리로 꾸짖음	
渇	渇望 갈망	枯渇 고갈	飢渇 기갈(굶주림과 목마름)	渇く (목이) 마르다
掲	掲示 게시	掲載 게재	掲揚 게양	掲げる (높이) 내걸다

巨	巨人 거인	巨大 거대	巨額 거액(=多額)		
距	距離 거리				
拒	拒絶 거절	拒否 거부	抗拒 항거	拒む 막다, 거절하다	
拠	拠点 거점	根拠 근거	*証拠 증거		

覧	回覧 회람	観覧 관람	展覧会 전람회	閲覧 열람	
	ご覧になる 보시다(見る의 존경어)				
濫	濫用 남용	濫発 남발	氾濫 범람		

屈	屈辱 굴욕	退屈 지루함	理屈 논리, 이론	卑屈 비굴	窮屈 답답함
	屈指 굴지	屈折 굴절			
掘	発掘 발굴	採掘 채굴	掘る (구멍) 파다		
壁	壁面 벽면	壁画 벽화	壁 벽		
璧	完璧 완벽				
癖	潔癖 결벽	*癖 버릇	悪癖 나쁜 버릇(あくへき라고도 읽는다) 口癖 입버릇		
避	避難 피난	回避 회피	逃避 도피		
	避ける 피하다, 꺼리다		避ける 피하다, 옆으로 비키다, (피해) 방지하다		

良	良心 양심	改良 개량	不良 불량	良性 양성	
	良識 양식, 건전한 판단력(〜のある人・〜に訴える)				
朗	朗読 낭독	朗報 낭보, 기쁜 소식	明朗 명랑함(=朗らか)		
廊	廊下 복도	画廊 화랑	回廊 회랑		
郎	新郎 신랑	野郎 녀석, 놈			
浪	浪人 재수생	浪費 낭비	放浪 방랑		

麻	麻酔 마취	麻薬 마약		
磨	磨耗 마모	磨滅 마멸, 닳아 없어짐	研磨 연마	
	磨く (실력) 연마하다, 광을 내다			
摩	摩擦 마찰			

| 奮 | 奮闘 분투 | 興奮 흥분 | 発奮 발분, 분발 | 奮う 흥분하다, 분발하다 |
| 奪 | 奪略 약탈 | 奪取 탈취 | 奪う 빼앗다 | |

噴	噴火 분화	噴射 분사	噴水 분수	
慎	慎重 신중함	謹慎 근신	慎む 삼가다, 조심하다	
	주의 真剣だ 진지하다, 慎ましい 얌전하다, 조신하다, 수줍다			
憤	憤怒 분노	悲憤 (정치나 사회적 일에) 슬픔과 함께 노여움을 느낌	憤る 분개하다	

波	波長 파장	波乱 파란	電波 전파	波 파도	人波 인파(사람의 물결)
破	破壊 파괴	破損 파손	突破 돌파	破る ①찢다 ②(약속) 깨다	
	破れる ①찢어지다 ②패배하다(＝敗れる)				
派	派遣 파견	派手だ 화려하다	立派 훌륭함		

仮	仮眠 선잠	仮定 가정			
	仮病 꾀병				
街	街頭 길거리, 노상	市街 거리	商店街 상점가		
	街道 가도, 교통상 중요한 도로				
強	強制 강제	強敵 강적	強弱 강약	強靭 강인함	強硬 강경함
	強盗 강도	強引に 억지로	強情 고집이 셈	強奪 강탈	
拠	根拠 근거	拠点 거점			
	証拠 증거				
口	口頭 구두	口述 구술			
	口調 말의 어조				
極	極端 극단	両極 양극	究極 궁극	極力 최대한	
	極楽 극락	極秘 극비	＊至極 ①더할 나위 없음 ②지극히, 더없이		
金	金銭 금전	基金 기금	残金 잔금		
	黄金 황금	賃金 임금			

納	納税 납세	滞納 체납	納入 납입	
	納得 납득	出納 출납		
旦	元旦 설날(아침)	一旦 일단, 우선		
	旦那 남편			
代	代弁 대변	代行 대행		
	交代 교대	代謝 (신진)대사		
道	歩道 보도	街道 간선도로	軌道 궤도	道理 도리, 이치
	神道 신도(일본의 토속신앙)			
図	図形 도형	図案 도안	指図 지시	図星 급소, 적중함
	意図的 의도적			
度	確度 확실도	幾度 몇 번(＝いくたび・何度)		
	支度 (식사, 외출 등의) 준비			
露	露骨 노골	暴露 폭로	露天風呂 노천목욕탕	
	披露 피로(보여줌), 공개함			
明	賢明 현명함	鮮明 선명함	不明 불명	明瞭 명료함 · 明朗 명랑함
	明日 내일	光明 광명		
模	模擬 모의(시험)	模倣 모방	模索 모색	
	規模 규모			
謀	陰謀 음모	無謀 무모함	共謀 공모	
	謀反 모반, 반역			
文	文脈 문맥	案文 초안, 초고(＝下書き)		
	文句 트집	一文なしで 돈 한 푼 없이		
迷	迷路 미로	迷惑 폐, 귀찮음		
	迷子 미아			
拍	拍手 박수	拍車 박차(～をかける 박차를 가하다)		
	拍子 ①박자 ②～하는 바람에			
発	始発 첫차	発育 발육	発言 발언	活発 활발 · 反発 반발
	発足 (단체)발족	発端 발단	発作 발작	
煩	煩雑 번잡함	煩忙 번망, 다망(＝多忙)	煩労 번로, 걱정하고 수고함	
	煩悩 번뇌			

病	<ruby>臆病<rt>おくびょう</rt></ruby> 겁이 많음	<ruby>病歴<rt>びょうれき</rt></ruby> 병력	<ruby>発病<rt>はつびょう</rt></ruby> 발병	
	<ruby>疾病<rt>しっぺい</rt></ruby> 질병			
歩	<ruby>譲歩<rt>じょうほ</rt></ruby> 양보	<ruby>徒歩<rt>とほ</rt></ruby> 도보	<ruby>進歩<rt>しんぽ</rt></ruby> 진보	
	<ruby>歩合<rt>ぶあい</rt></ruby> 돈의 비율, 수수료			
貧	<ruby>貧弱<rt>ひんじゃく</rt></ruby> 빈약	<ruby>貧困<rt>ひんこん</rt></ruby> 빈곤	<ruby>貧血<rt>ひんけつ</rt></ruby> 빈혈	<ruby>貧富<rt>ひんぷ</rt></ruby> 빈부
	<ruby>貧乏<rt>びんぼう</rt></ruby> 가난함			
緒	<ruby>内緒<rt>ないしょ</rt></ruby> 비밀	<ruby>由緒<rt>ゆいしょ</rt></ruby> 유서(깊은)		
	<ruby>情緒<rt>じょうちょ</rt></ruby> 정서, 희로애락의 감정(じょうしょ라고도 읽음)			
盛	<ruby>盛大<rt>せいだい</rt></ruby> 성대함	<ruby>全盛期<rt>ぜんせいき</rt></ruby> 전성기	<ruby>興盛<rt>こうせい</rt></ruby> 흥성, 왕성하고 흥함	
	<ruby>繁盛<rt>はんじょう</rt></ruby> 번성			
修	<ruby>改修<rt>かいしゅう</rt></ruby> (공사) 개수, 수리	<ruby>修飾<rt>しゅうしょく</rt></ruby> 수식	<ruby>修復<rt>しゅうふく</rt></ruby> 복원	<ruby>修補<rt>しゅうほ</rt></ruby> 보수, 수리
	<ruby>修行<rt>しゅぎょう</rt></ruby> 수행			
寂	<ruby>静寂<rt>せいじゃく</rt></ruby> 정적	<ruby>閑寂<rt>かんじゃく</rt></ruby> 한적		
	<ruby>寂然<rt>せきぜん</rt></ruby> 적연, 쓸쓸하고 고요한 모양(じゃくぜん・じゃくねん이라고도 읽음)		<ruby>寂<rt>せき</rt></ruby>として 적막하여	
心	<ruby>心境<rt>しんきょう</rt></ruby> 심경	<ruby>心願<rt>しんがん</rt></ruby> 염원, 소망	<ruby>一心<rt>いっしん</rt></ruby> 일심, 한마음	<ruby>内心<rt>ないしん</rt></ruby> 내심, 속마음
	<ruby>肝心<rt>かんじん</rt></ruby> 중요함	<ruby>用心<rt>ようじん</rt></ruby> 조심	<ruby>心地<rt> here>ここち</rt></ruby> ~한 기분, 느낌	
児	<ruby>育児<rt>いくじ</rt></ruby> 육아	<ruby>児童<rt>じどう</rt></ruby> 아동	<ruby>幼児<rt>ようじ</rt></ruby> 유아	
	<ruby>小児科<rt>しょうにか</rt></ruby> 소아과			
厳	<ruby>厳密<rt>げんみつ</rt></ruby> 엄밀함	<ruby>厳格<rt>げんかく</rt></ruby> 엄격함	<ruby>厳禁<rt>げんきん</rt></ruby> 엄금	<ruby>厳守<rt>げんしゅ</rt></ruby> 엄수
	<ruby>荘厳<rt>そうごん</rt></ruby> 장엄함			
由	<ruby>理由<rt>りゆう</rt></ruby> 이유	<ruby>不自由<rt>ふじゆう</rt></ruby> ① 자유롭지 못함 ② 빈곤 ③ 불편		
	<ruby>由来<rt>ゆらい</rt></ruby> 유래	<ruby>由緒<rt>ゆいしょ</rt></ruby> 유서		
一	<ruby>一度<rt>いちど</rt></ruby> 한 번	<ruby>第一<rt>だいいち</rt></ruby> 제일, 첫 번째(가장 중요)		
	<ruby>一般<rt>いっぱん</rt></ruby> 일반	<ruby>同一<rt>どういつ</rt></ruby> 동일	<ruby>統一<rt>とういつ</rt></ruby> 통일	<ruby>唯一<rt>ゆいいつ</rt></ruby> 유일
遺	<ruby>遺産<rt>いさん</rt></ruby> 유산	<ruby>遺跡<rt>いせき</rt></ruby> 유적	<ruby>遺棄<rt>いき</rt></ruby> 유기, 내다 버림	
	<ruby>遺言<rt>ゆいごん</rt></ruby> 유언			
応	<ruby>応募<rt>おうぼ</rt></ruby> 응모	<ruby>応援<rt>おうえん</rt></ruby> 응원	<ruby>応対<rt>おうたい</rt></ruby> 응대	
	<ruby>反応<rt>はんのう</rt></ruby> 반응	<ruby>感応<rt>かんのう</rt></ruby> 감응		

外	外人 외국인	外交官 외교관	外貨 외화, 외국돈	外来 외래	
	外科 외과				
衣	衣服 의복	衣食住 의식주			
	浴衣 여름 기모노				
装	装飾 장식	舗装 (도로)포장	装備 장비		
	衣装 의상				
情	情況 정황	実情 실정	情勢 (사회)정세	情緒 정서	人情 인정
	風情 풍치, 운치(＝趣)				
定	否定 부정	改定 개정	判定 판정	肯定 긍정	
	案の定 아니나다를까		勘定 계산	定規 (문구) 자	
地	境地 처지, 경지	見地 견지, 관점	余地 여지	領地 영지	心地 기분, 느낌
	意地 고집	生地 옷감, 반죽	下地 밑바탕, 밑그림	地元 그고장, 그지역	地主 지주
質	気質 기질	質疑 질의	質素 검소(함)		
	人質 인질				
執	執行 집행	固執 고집	執務 집무	確執 불화, 갈등	
	執着 집착	執念 집념			
惨	悲惨 비참함	惨事 참사	惨状 참상		
	惨敗 참패				
体	身体 신체	気体 기체	主体 주체	本体 본체	
	体裁 체재, 외관	風体 풍채, 태도			
就	就業 취업	就職 취직			
	成就 성취				
平	平凡 평범함(＝月並み)	平方 평방			
	平等 평등				
暴	暴落 폭락	暴力 폭력	暴走 폭주		
	暴露 폭로				
献	貢献 공헌	献上 헌상			
	献立 식단, 메뉴				
懸	懸命 열심임	懸案 현안	懸賞 현상(금), 경품		
	懸念 걱정, 염려				

嫌	嫌悪 혐악	嫌疑 혐의(＝容疑)			
	機嫌 기분				
滑	円滑 원활	滑走 활주			
	滑稽 골계, 우스꽝스러움				
解	誤解 오해	解明 해명	瓦解 와해	解剖 해부	和解 화해
	解熱 해열	解脱 해탈	解毒 해독		
行	移行 이행	現行 현행	徐行 서행	走行 주행	並行 병행
	行政 행정	行儀 예의범절, 예절			
後	午後 오후	背後 배후	産後 산후	後日 후일	
	後半 후반	後悔 후회			
興	興味 흥미	興趣 흥취	即興 즉흥		
	復興 부흥	振興 진흥	新興 신흥	興業 흥업	興奮 흥분
会	宴会 연회	会談 회담	会心 회심, 마음에 듦		総会 총회
	会釈 가벼운 인사				

03 탁음 및 촉음 구별에 자주 나오는 단어

圧縮(あっしゅく) 압축	幹旋(あっせん) 알선	依然(いぜん) 여전함
閲覧(えつらん) 열람	大柄(おおがら) 큰 무늬, 큰 몸집	辞儀(じぎ) 인사, 절
概説(がいせつ) 개설, 개론	開拓(かいたく) 개척	街道(かいどう) 간선도로
街頭(がいとう) 가두	該当(がいとう) 해당	海抜(かいばつ) 해발
過剰(かじょう) 과잉	合致(がっち) 합치	合併(がっぺい) 합병
眼科(がんか) 안과	頑固(がんこ) 완고, 고집이 셈	願書(がんしょ) 원서
肝心(かんじん) 중요함	危害(きがい) 위해	起源(きげん) 기원
毅然(きぜん)とした 의연한	偽造(ぎぞう) 위조	逆転(ぎゃくてん) 역전
境遇(きょうぐう) 경우(처해진 환경)	極端(きょくたん) 극단	疑惑(ぎわく) 의혹
群衆(ぐんしゅう) 군중	群集(ぐんしゅう) 군집	掲載(けいさい) 게재
軽蔑(けいべつ) 경멸	激励(げきれい) 격려	欠乏(けつぼう) 결핍
幻想的(げんそうてき) 환상적	強引(ごういん)に 억지로	交渉(こうしょう) 교섭

詐欺(さぎ) 사기　　　　錯覚(さっかく) 착각　　　　殺到(さっとう) 쇄도

残酷(ざんこく) 잔혹　　　賛否(さんぴ) 찬성과 반대　　刺激(しげき) 자극

持続(じぞく) 지속　　　　謝絶(しゃぜつ) 사절　　　　若干(じゃっかん) 약간

手際(てぎわ) 솜씨, 수완　　襲撃(しゅうげき) 습격　　　衝撃(しょうげき) 충격

奨励(しょうれい) 장려　　親善(しんぜん) 친선　　　　迅速(じんそく) 신속

辛抱(しんぼう) 참음, 인내　成熟(せいじゅく) 성숙　　　清純(せいじゅん) 청순

生涯(しょうがい) 생애　　絶好(ぜっこう) 절호　　　　折衷(せっちゅう) 절충

絶望(ぜつぼう) 절망　　　送迎(そうげい) 보내고 맞이함　壮大(そうだい) 장대

率先(そっせん) 솔선　　　待遇(たいぐう) 대우　　　　大衆(たいしゅう) 대중

待望(たいぼう) 대망　　　打開(だかい) 타개　　　　　妥協(だきょう) 타협

脱出(だっしゅつ) 탈출　　多忙(たぼう) 다망　　　　　担架(たんか) 들것

断然(だんぜん) 단호히　　弾力(だんりょく) 탄력　　　賃金(ちんぎん) 임금

沈没(ちんぼつ) 침몰　　　提示(ていじ) 제시　　　　　独占(どくせん) 독점

突破(とっぱ) 돌파　　　　鈍感(どんかん) 둔감　　　　内蔵(ないぞう) 내장

念願(ねんがん) 염원　　　漠然(ばくぜん) 막연함　　　発掘(はっくつ) 발굴

抜粋(ばっすい) 발췌　　　抜擢(ばってき) 발탁　　　　繁盛(はんじょう) 번성

半端(はんぱ) 어중간함　　否決(ひけつ) 부결　　　　　微笑(びしょう) 미소

頻繁(ひんぱん) 빈번　　　紛失(ふんしつ) 분실　　　　奮闘(ふんとう) 분투

便宜(べんぎ) 편의　　　　妨害(ぼうがい) 방해　　　　発作(ほっさ) 발작

矛盾(むじゅん) 모순　　　融通(ゆうずう) 융통　　　　略奪(りゃくだつ) 약탈

若手(わかて) 젊은 사람

握手(あくしゅ) 악수	隠居(いんきょ) 은거	影響(えいきょう) 영향
汚染(おせん) 오염	介護(かいご) (병)간호	解除(かいじょ) 해제
介抱(かいほう) 병구완, 간호	架空(かくう) 가공	過労(かろう) 과로
過疎(かそ) 과소(어느 지역의 인구가 급격히 감소한 상태)		干渉(かんしょう) 간섭
簡素(かんそ) 간소함	関与(かんよ) 관여	希少(きしょう) 희소
窮乏(きゅうぼう) 궁핍	郷愁(きょうしゅう) 향수	脅迫(きょうはく) 협박
拒絶(きょぜつ) 거절	苦情(くじょう) 불평, 불만	工面(くめん) 주머니 형편
玄人(くろうと) 전문가	謙虚(けんきょ) 겸허	控除(こうじょ) 공제
抗争(こうそう) 항쟁	荒廃(こうはい) 황폐	交付(こうふ) 교부
候補(こうほ) 후보	誤差(ごさ) 오차	孤児(こじ) 고아
戸籍(こせき) 호적	誇張(こちょう) 과장	碁盤(ごばん) 바둑판
雇用(こよう) 고용	細工(さいく) 세공	嫉妬(しっと) 질투
守衛(しゅえい) 수위	柔軟(じゅうなん) 유연함	趣旨(しゅし) 취지
消去(しょうきょ) 소거	情緒(じょうしょ / じょうちょ) 정서	招致(しょうち) 청해서 오게 함
除外(じょがい) 제외	助言(じょげん) 조언	所属(しょぞく) 소속
処罰(しょばつ) 처벌	遂行(すいこう) 수행	前途(ぜんと) 전도, 장래
雑木(ぞうき) 잡목	捜索(そうさく) 수색	操縦(そうじゅう) 조종
騒動(そうどう) 소동	阻止(そし) 저지	訴訟(そしょう) 소송
措置(そち) 조치	逮捕(たいほ) 체포	秩序(ちつじょ) 질서
中枢(ちゅうすう) 중추	徴収(ちょうしゅう) 징수	挑戦(ちょうせん) 도전
著書(ちょしょ) 저서	追求(ついきゅう) 추구	転居(てんきょ) 이사, 이전
逃走(とうそう) 도주	動揺(どうよう) 동요	徒歩(とほ) 도보
内緒(ないしょ) 비밀	排除(はいじょ) 배제	配布(はいふ) 배포
配慮(はいりょ) 배려	封鎖(ふうさ) 봉쇄	富豪(ふごう) 부호, 부자
侮辱(ぶじょく) 모욕	赴任(ふにん) 부임	腐敗(ふはい) 부패
浮力(ふりょく) 부력	報酬(ほうしゅう) 보수	舗装(ほそう) 포장
明瞭(めいりょう) 명료	要旨(ようし) 요지	

諦め 포기	憧れ 동경	味わい 맛, 풍미
扱い 취급	侮り 모멸, 모욕	過ち 과오, 잘못
争い 다툼, 분쟁	哀れ 애처로움	怒り 분노
憤り 분노	憩い 휴식	営み 일, 작업
戒め 훈계, 징계	嫌け 싫증(嫌き라고도 표기)	癒し 치유
打ち上げ 쏘아올림, 발사	訴え 호소, 소송	映り 배색, (그림자·영상) 비침
自惚れ 자만, 자부심	生まれつき (용모, 성질, 능력) 타고난 것	
恨み 원망	潤い (알맞은) 습기, (물질적) 혜택	愁い 근심, 걱정
恐れ 두려움	お手上げ 어찌할 도리 없음, 손듦, 도중포기	
驚き 놀람	飾り 장식	構え 구조, 준비(태세)
気兼ね 사양, 어렵게 여김	兆し 징조	気立て 심지, 마음씨
気まぐれ 변덕쟁이	切れ目 단락	企て 기도, 계획(= もくろみ)
暗闇 어두운 곳	肥やし 거름	栄え 번영
探り 탐색, 의중을 떠봄	差し支え 지장	諭し 타이름
悟り 깨달음	裁き 중재, 재판(심판)	滴り 물방울
仕付け 훈육(예의범절을 가르침)	据え置き 그대로 둠	透かし 틈새를 만듦
滑り 미끄러짐	揃い 갖춰짐, 가지런함	巧み 기교, 착상
蓄え 저금, 저장	誓い 맹세	償い 보상(보답), 속죄
慎み 신중함, 조심성	集い 모임	手遅れ 때를 놓침, 때늦음
手がかり 단서, 실마리	手回し 준비, 채비	眺め 조망
慰み 위로, 위안	情け 인정	斜め 비스듬함
怠けもの 게으름뱅이	憎しみ 미움, 증오	濁り 탁함, 더러움
励み 열성	弾み 탄력, 여세, (그때의) 추세	踏み切り 건널목
隔て 칸막이(=仕切り)	誇り 자랑, 긍지	施し 은혜를 베풂
増し 증가, 불음	瞬き 눈을 깜빡임	見合わせ 대조, 비교
乱れ 흐트러짐, 혼란	見積もり 견적	見通し 전망
実り 결실(성과), 소득	催し 주최, 행사	緩み 느슨해짐, 헐거움
装い 치장, 풍치(=風情)	煩い 번민, 근심	

あ

欺く 속이다, 기만하다

操る 부리다, 조종하다

危ぶむ 위험스럽게 여기다

歩む 걷다, 거쳐오다

営む 영위하다

挑む 도전하다, 덤비다

訴える 호소하다, 고소하다

敬う 공경하다

占う 점치다

潤う 눅눅해지다, 습기를 띠다

上回る 상회하다, 웃돌다

老いる 늙다, 노령이 되다

侵す 침해하다

拝む 공손히 모아 절하다, 간절히 바라다

補う 보충하다

煽てる 치켜 세우다, 부추기다

脅かす 위협하다

陥れる 함락시키다, 계략에 빠뜨리다

訪れる 방문하다

衰える 쇠퇴하다

怯える 두려워하다, 가위눌리다

赴く 향하여 가다, 나아가다

か

顧みる 돌아보다, 회고하다

霞む 흐릿하게 보이다

庇う (남의 죄, 잘못) 감싸다, 두둔하다

刻む 잘게 썰다, 조각하다

築く 구축하다

鍛える 단련하다, 훈련히다

覆す 뒤엎다, 전복시키다

志す 뜻을 세우다, 지향하다

試みる 시험하다

拘る 구애되다

凝らす 엉기게 하다, (마음·눈) 한곳에 집중시키다

懲りる 넌더리나다, 질리다

さ

遮る 차단하다, 가로막다

悟る 깨닫다, 터득하다

沈む 가라 앉다

慕う 사모하다, 우러르다

唆す 꼬드기다, 부추기다

背く 등지다, 반항하다, 어기다

逸らす (방향) 딴데로 돌리다, 피하다

た

耕す (밭) 경작하다	携わる (어떤 일에) 관계하다, 종사하다
戦う 싸우다, 전투하다	漂う 떠돌다, 감돌다
試す 시험하다	費やす 소비하다
繕う 고치다, 수선하다(깁다)	告げる 알리다, 고하다
募る 심해지다, 모으다, 모집하다	呟く 중얼거리다, 투덜대다
摘む 잡다	貫く 관철하다
尊ぶ 공경하다, 존중하다	説く 설득하다
研ぐ (칼) 갈다, (거울) 닦다, (쌀) 씻다	途絶える 왕래가 끊기다
滞る 밀리다, 막히다	整える 정돈하다, 조절하다
唱える 외다, 읊다, 주창하다	伴う 함께 가다, 따르다

な

嘆く 한탄하다	担う 짊어지다, 떠맡다
鈍る 무디어지다, 약해지다	睨む 노려보다, 감시하다
粘る 끈적거리다, 진득거리다	練る 반죽하다, (초안, 기획) 다듬다
見逃す 못보고 빠뜨리다, 묵인하다	臨む 임하다, 직면하다

は

這う 기다, 뻗어 나가다	捗る 일이 잘 되어 가다
諮る 의견을 묻다, 상의하다	剥ぐ 벗기다
挟む 사이에 끼우다	外す 떼다, 빼다
阻む 기가 꺾이다, 방해하다	省く 줄이다, 생략하다
率いる 인솔하다	浸す (물, 액체에) 담그다, 흠뻑 적시다
防ぐ 막다, 방지하다	誇る 자랑하다, 뽐내다
綻びる (솔기 등이) 풀리다, (실밥이) 터지다	施す 베풀다, 시행하다

ま

賄う 꾸리다, 조달하다

免れる 피하다, 벗어나다

催す 주최하다, 개최하다

勝る 뛰어나다, 우수하다

群がる 떼지어 모이다, 군집하다

や・ら

養う 기르다, 양육하다

歪む (모양) 삐뚤어지다

蘇る 되살아나다, 소생하다

和らぐ 누그러지다, 풀리다

装う 꾸미다, 그런 체하다

い・な형용사

鮮やか 또렷함, 산뜻함

潔い 미련없이 깨끗하다

恭しい 공손하다, 정중하다

愚か 어리석음

快い 기분 좋다

健やか 튼튼함, 건전함, 건강함

巧み 교묘함, 솜씨가 좋음, 정교함

乏しい 모자라다, 가난하다

生臭い (피, 생선) 비린내가 나다, 건방지다

華やか 화려함

見苦しい 보기 흉하다, 볼꼴 사납다

空しい 허무하다

煩わしい 번거롭다, 귀찮다

淡い (형태, 빛) 희미하다

著しい 분명하다, 현저하다

穏やか 온화함, 평온함, 침착하고 조용함

清らか 맑은 모양

渋い 떫다, 수수하다

速やか 신속함, 빠름

月並み 평범함, 진부함

和やか 부드러움, 온화함

滑らか 매끄러움

待ち遠しい 몹시 기다려지다

無口 말수가 적음

脆い 무르다, 약하다

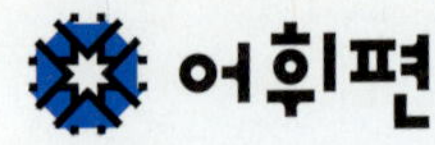 어휘편

あ

仰ぐ 우러르다	明かす ①밝히다(=明らかにする) ②선수를 치다
欺く 속이다(=騙す), 기만하다	あざわらう 비웃다, 코웃음치다
あせる 바래다, 퇴색하다	焦る 안달하다, 초조하다
値する 값어치가 있다	あつらえる 맞추다, 주문하다
宛る ~앞으로 보내다	操る 부리다, 조종하다
危ぶむ 의심하다, 위태로워하다	誤る 잘못하다, 실패하다
歩む 걷다, 거쳐오다	荒す 손상하다
案じる 생각하다, 염려하다(=心配する)	生かす 되살리다, 활용하다
意気込む 각오를 굳히다	いじる 만지작거리다, 손대다
傷める 흠내다, 상처 내다(→傷む 아프다, 상하다)	いたわる 돌보다, 노고를 위로하다
営む 영위하다, 경영하다	挑む 도전하다, 덤비다(=挑戦する・チャレンジする)
受け入れる 받아들이다, 승낙하다	受け継ぐ 계승하다, 이어받다 (→引き継ぐ 이어받다(인수인계))
受け止める 받아들이다	打ち明ける 털어놓다
打ち切る 중단하다	うつむく 머리(고개)를 숙이다
促す 재촉하다(=催促する), 촉진시키다	潤う 눅눅해지다, 습기를 띠다 (→湿る 축축하다, 눅눅하다)
上回る 상회하다, 웃돌다	追い込む 몰아넣다
追い出す 몰아내다	負う 업다, 지다, 매다
犯す 범하다, 어기다	侵す 침해하다(→浸かる (액체에) 잠기다)
治まる 안정되다	収まる 보기 좋게 들어가다
納まる 납입되다, 입고되다	押し寄せる 몰려오다
押し切る 강행하다	襲う 습격하다
恐れ入る 죄송해하다, 황송해하다	おだてる 치켜 세우다, 부추기다
おどす 협박하다	衰える 쇠퇴하다
怯える 두려워하다, 가위눌리다	脅かす 위협하다

帯びる (성질, 색, 기미를) 띠다	赴く 향하여 가다, 나아가다
重んじる/ずる 존중하다	及ぶ 이르다, 필적하다

か

害する 해치다, 방해하다	霞む 흐릿하게 보이다
擦る 가볍게 스치다, 가로채다	傾ける 기울이다, 마시다
固める 굳히다	叶う (꿈, 바램) 이루어지다
かなわない 이길 수 없다, 견딜 수 없다	かばう (남의 죄, 잘못) 감싸다, 두둔하다
かぶれる 물들다, 빠지다	噛み切る 물어 끊다(→噛みつく 매달리다)
絡む ①(관계) 얽히다 ②트집 잡다	枯れる (식물) 마르다
交す (인사를) 주고받다	きしむ 삐걱거리다
築く 쌓다, 구축하다	傷付く 다치다, 상처를 입다
傷付ける 상처를 입히다, 훼손하다	鍛える 단련하다, 연마하다
興じる 흥겨워하다, 즐거워하다	切り替える 새것으로 바꾸다
食い違う 엇갈리다	口ずさむ 흥얼거리다
朽ちる 썩다, 허망하게 끝나다	覆す 뒤엎다, 전복시키다(→ 翻す 번복하다)
組み合わせる 편성하다	組み込む 짜 넣다
蹴飛ばす 걷어차다	けなす 나쁘게 말하다, 헐뜯다
心掛ける 명심하다	志す 뜻을 세우다, 지향하다
こだわる 구애되다	ごまかす 속이다, 얼버무리다
籠もる ①담기다, 깃들다 ②틀어박히다	凝らす 응결시키다, (눈·귀·마음) 집중시키다
懲りる 질리다, 넌더리나다 (＝飽きる・うんざりする・こりごり)	凝る ① 열중하다, 몰두하다 ②(근육) 뭉치다

さ

遮る 차단하다, 가로막다	冴える 맑아지다, 능숙해지다
裂ける 찢어지다	捧げる 양손으로 받들다, 바치다
差し出す 제출하다	差し支える 지장이 있다 (→差し支えなければ 지장없으시다면)
授ける 하사하다, 전수하다	定まる 정해지다(제정·확정), 안정되다

定める 결정하다	サボる 게을리하다, 빼먹다(＝怠ける)
さらう 날치기하다, 유괴하다, 채다	障る 지장을 초래하다, 해가 되다
触る 만지다	仕上げる 일을 끝내다, 완성하다(＝完成する)
強いる 억지로 시키다, 강요하다	仕入れる 매입하다
仕掛ける 공세를 취하다, 시작하다	しくじる 실수하다, 해고되다
湿気る 눅눅해지다	沈める 가라앉히다, 진정시키다
慕う 사모하다, 우러르다	仕立てる ①만들다, 마련하다 ②양성하다
躾ける (아이, 애완동물) 예의 범절을 가르치다	凌ぐ ①견디어 내다 ②능가하다
染みる 배다, 번지다	準じる 준하다
生じる (일, 사건) 생기다	称する 칭하다, 부르다
記す 적다, 기록하다(＝記入する)	据え付ける 설치하다
据える ①설치하다 ②앉히다, 모시다	透き通る 투명하다
すくう 뜨다, 퍼내다, 건져내다	廃れる 쓸모 없게 되다, 쇠퇴하다
済ます 끝내다, 마치다(＝終える)	澄ます 맑게 하다
制する 제지하다, 지배하다	添える 곁들이다, 거들다
備え付ける 비치하다, 설치하다	備わる 갖추어지다, 구비되다
そびえる 높이 솟다	染まる 물들다, 감화되다
背く ①등지다, 반항하다 ②어기다	染める 물들이다, 염색하다

た

題する 제목을 붙이다	耐える 견디다, 참다
絶える 끊어지다, 그치다	高まる 높아지다, 고조되다
蓄える 비축하다, 저축하다	漂う 떠돌다, 감돌다
立ち去る 떠나다	立ち寄る 다가서다
断つ ①(술·담배) 끊다 ②차단하다, 금기하다	脱する ①벗어나다 ②제거하다
立て替える (돈) 대신 치르다	奉る 바치다, 헌상하다
辿り着く 겨우 도착하다, 당도하다	辿る 더듬어 가다
束ねる 묶다, 다발을 짓다	縮まる (크기, 길이) 줄어들다
費やす 소비하다, 낭비하다	仕える 섬기다, 모시다, 시중들다
司る 직무를 맡아 하다, 관장하다	尽きる 다하다, 떨어지다

継ぐ 계승하다, 지속하다	尽くす 다하다, 진력하다 (→ます형+尽くす 다 ~하다)
付け加える 덧붙이다, 첨가하다(=追加する)	告げる 고하다, 알리다
慎む 조심하다, 삼가다	突っ張る 버티다, 고집을 부리다(=意地を張る)
募る ①심해지다 ②모으다, 모집하다	呟く 중얼거리다, 투덜거리다
つぶる 눈을 감다, 못 본 척하다	摘む ①집다, 잡다 ②요약하다
強まる 강해지다	強める 강화하다
貫く 관철하다	手掛ける 손수 다루다
出くわす 맞닥뜨리다	徹する ①사무치다 ②꿰뚫다
照り返す 반사하다	転じる 변하다, 바뀌다
問い合わせる 조회하다, 문의하다	問う 묻다, 질문하다, 추궁하다
遠ざかる 멀어지다, 소원해지다	途切れる (왕래가) 끊기다, 중단되다
説く 설득하다	遂げる 이루다, 달성하다
途絶える 왕래가 끊기다	滞る 밀리다, 막히다
整える 정리(정비)하다, 준비하다	止める 멈추다, 억제하다
唱える ①외다, 읊다 ②주장하다	とぼける 얼빠지다, 시치미를 떼다
伴う 함께 가다, 따르다	取り扱う 취급하다
取り組む 몰두하다	取り締まる 감독하다, 단속하다
取り調べる 조사하다	取り巻く 둘러싸다
取り立てる 징수하다	取り次ぐ 전하다, 건네주다
取り付ける 설치하다	取り除く 치우다, 없애다(=除外する)
取り寄せる 끌어당기다	とろける 녹다, 황홀해지다

な

嘆く 한탄하다, 슬퍼하다	投げ出す 내팽개치다
なつく 친숙해서 따르다	名付ける 명명하다
嘗める ①핥다 ②깔보다	悩ます 괴롭히다
成り立つ 이루어지다, 성립되다	賑わう 활기차다, 북적거리다
逃げ出す 달아나다	にじむ 번지다, 스미다, 배다
担う 짊어지다, 떠맡다	鈍る 무뎌지다, 약해지다
抜かす ①빠뜨리다 ②세력을 잃다	抜け出す 빠져나가다

ねじれる 꼬이다, 비뚤어지다

ねだる 조르다, 보채다

逃れる ①도주(도망)하다 ②면하다, 벗어나다

練る ①반죽하다 ②(초안, 기획) 다듬다

乗っ取る 탈취하다, 점령하다

飲み込む 삼키다, 수용하다

妬む 질투하다, 시샘하다

逃す 놓아주다, 놓치다

粘る 끈적거리다, 진득거리다(→ 粘り 끈기)

臨む 임하다, 직면하다

罵る 비난하다

は

はかどる 일이 잘 되어 가다(＝うまくいく)

諮る 자문하다, 상의하다

励ます 격려하다

化ける 둔갑하다, 변장하다

恥じる 부끄러워하다

叩く 때리다, 털다(たたく라고도 읽음)

果てる 끝나다, 없어지다 (→ ～た果て(に) ~한 끝에)

阻む 기가 꺾이다, 방해하다

生やす 기르다, 자라게 하다

引き上げる ①인상하다 ②철수하다

引き下げる ①인하하다 ②뒤로 물리다

引き取る 물러나다, 인수하다

冷やかす 조롱하다

深める 깊게 하다

踏まえる 감안하다

隔たる (공간적으로) 떨어지다

報じる 보답(보복)하다, 보도하다

放り出す 내팽개치다

吠える 짖다, 으르렁거리다

誇る 자랑하다, 뽐내다

解ける (긴장이) 풀리다

ぼやく 불평하다

図る 도모하다

剥がす 벗기다, 떼다

励む 힘쓰다, 노력하다

弾く ①튀기다 ②계산하다

弾む ①뛰다 ②활기를 띠다, 들뜨다

果たす 완수하다, 달성하다

ばてる 지치다, 녹초가 되다 (→ 夏ばて 여름을 탐)

はまる 꼭 끼이다

控える ①대기하다 ②삼가다 (→ 控え目 소극적임, 삼감)

率いる 인솔하다

引きずる 질질 끌다

歪む 비뚤어지다

広まる 퍼지다

老ける 나이를 먹다, 늙다

振り返る 회고하다(→ 振り向く 뒤돌아보다)

経る (시간, 세월) 경과하다

放り込む 집어넣다

放る 내던지다 (→ 放す 풀어주다, 놓아주다)

惚ける 둔해지다, 바래다

綻びる ①(실밥이) 타지다 ②웃다

施す 베풀다, 시행하다

ぼやける 희미해지다

ま

負かす 이기다, 지게 하다	任す 맡기다
任せる (일, 역할) 맡기다	まかなう 꾸리다, 조달하다
勝る 뛰어나다, 우수하다	交える 교차시키다, 맞대다
交わる ① 어울리다(다니다) ② 교차하다	待ち望む 몹시 기다리다
免れる 피하다, 벗어나다	見掛ける 눈에 띄다, 언뜻 보다
見せびらかす 과시하다	満たす 채우다, 충족시키다
乱れる 흐트러지다, 문란해지다	導く 안내하다, 인도하다
みなす 간주하다, 가정하다	

<h2>02 자주 출제되는 い형용사</h2>

～い

あくどい 악랄하다	荒っぽい 거칠다, 난폭하다
決まり悪い 쑥스럽다	くすぐったい (낯)간지럽다
煙たい 거북하다, 어렵다	心強い 마음 든든하다
心細い 불안하다	快い 기분 좋다
渋い ① 떫다 ② 수수하다	しぶとい 고집세다, 끈질기다
すばしこい 잽싸다, 민첩하다	素早い 재빠르다, 민첩하다
容易い 용이하다, 만만하다	怠い 나른하다
でかい 크다	貴い 소중하다, 고귀하다(＝尊い)
情け深い 정이 많다	名高い 유명하다
生臭い 비린내나다	生温い 미지근하다, 엄하지 않다
平たい 평평하다, 평탄하다	眠たい 졸리다
まんまるい 아주 둥글다	脆い 무르다, 약하다
安っぽい 값싸다, 싸구려처럼 보이다	緩い 느슨하다, 헐렁하다
欲深い 욕심 많다	

〜しい

浅（あさ）ましい ① 비열하다 ② 비참하다	厚（あつ）かましい 뻔뻔하다
著（いちじる）しい 분명하다, 현저하다	卑（いや）しい 비열하다, 탐욕스럽다
嫌（いや）らしい 불쾌한 느낌이 들다, 징그럽다	うっとうしい 음울하다, 마음이 개운치 않다
惜（お）しい ① 아깝다 ② 섭섭하다(애석하다)	おびただしい ① (수량) 많다 ② (정도) 심하다
輝（かがや）かしい 훌륭하다	汚（けが）らわしい 더럽다, 추잡스럽다
好（この）ましい 호감가다, 바람직하다	清々（すがすが）しい 상쾌하다
たくましい 늠름하다, 다부지다	だらしない 칠칠치 못하다
慎（つつ）ましい 조심스럽다, 얌전하다	乏（とぼ）しい 부족하다, 가난하다
悩（なや）ましい 괴롭다, 고통스럽다	馴（な）れ馴（な）れしい 허물없다, 친한 척하다
望（のぞ）ましい 바람직하다	ばかばかしい 어처구니 없다
はなはだしい 매우 심하다	華々（はなばな）しい 눈부시다, 매우 화려하다
久（ひさ）しい 오래되다, 오랫만이다	等（ひと）しい 동등하다, 동일하다
相応（ふさわ）しい 어울리다, 걸맞다	紛（まぎ）らわしい 헷갈리기 쉽다
待（ま）ち遠（どお）しい 몹시 기다려지다	眩（まぶ）しい 눈부시다
見苦（みぐる）しい 보기 흉하다, 꼴사납다	みすぼらしい 초라하다, 빈약하다
むさ苦（くる）しい 더럽다, 지저분하다	空（むな）しい 허무하다, 덧없다
目覚（めざ）ましい (활약·진보·일) 눈부시다, 놀랍다	申（もう）し分（ぶん）ない 더할 나위 없다
もっともらしい 그럴듯하다, 그럴싸하다	やかましい 시끄럽다
ややこしい 복잡해서 알기 어렵다, 까다롭다	余所余所（よそよそ）しい (지금까지와는 달리) 쌀쌀하다, 데면데면하다
若々（わかわか）しい 아주 젊다	煩（わずら）わしい 번거롭다(＝厄介（やっかい）だ、面倒（めんどう）だ、おっくうだ)

〜ない

あっけない 싱겁다, 어이없다	おっかない 두렵다(＝こわい・恐（おそ）ろしい)
済（す）まない 미안하다	素（そ）っ気（け）無（な）い 인정머리없다, 쌀쌀맞다
切（せつ）ない 애달프다, 안타깝다	つれない 무정하다, 냉담하다
情（なさ）けない 한심하다	何気（なにげ）ない 아무렇지 않다
はかない 허무하다, 덧없다	紛（まぎ）れもない 틀림없다
みっともない 꼴불견이다	物足（ものた）りない 어딘지 불만스럽다, 어딘가 부족하다

鮮やか 뚜렷함, 산뜻함	あべこべ 거꾸로, 반대, 뒤바뀜
あやふや 애매함, 모호함, 불확실함	ありのまま 있는 그대로, 실제대로
いい加減 적당함, 대충	粋 세련되고 운치와 매력이 있음
依然 여전함, 전과 다름 없음	一様 한결같음
一律 일률, 한결같음	陰気 음침한 기운
空ろ 속이 텅 빔	エレガント 우아함, 고상함
円滑 원활함	婉曲 완곡함
大袈裟 과장됨	大雑把 ① 대략적임 ② 조잡함
大まか 대범함, 대충	大幅 큰 폭
臆病 겁이 많음	厳か 엄숙함
穏やか 온화함	乙 멋짐, 특이함
愚か 어리석음, 바보스러움	快適 쾌적함
格別 ① 각별함 ② 유별남	微か 희미함, 미약함
過疎 지나치게 드묾	簡易 간이
簡潔 간결함	頑固 완고, 외고집
頑丈 튼튼함, 옹골참	肝心 중요, 요긴함
完璧 완벽	寛容 너그러움
気軽 ① 소탈함 ② (점산을 빼지 않고) 선선함	気障 (언어, 행동) 비위에 거슬림
几帳面 착실하고 꼼꼼한 모양	気まぐれ 변덕, 또 변덕스러운 사람
生真面目 ① 고지식함 ② 진국, 올곧음	華奢 화려하고 사치스러움
極端 극단적	窮屈 거북함, 답답함
強硬 강경함	清らか 맑은 모양
煌びやか 눈부시게 아름다운 모양	軽率 경솔함
けち 인색함	謙虚 겸허함
厳密 엄밀	強引 강제
高尚 ① 고상함, 품격이 높음 ② 점잖음	公然 공공연함
滑稽 우스움, 익살맞음, 우스꽝스러움	細やか ① 자상함, 세밀함 ② (색깔·밀도) 짙음
固有 고유, 특유	雑 조잡함, 엉성함

早急（さっきゅう）	매우 급함, 지급
残酷（ざんこく）	잔혹함, 혹독함
シック	멋진 모양, 세련된 모양
淑やか（しとやか）	정숙함, 단아함
邪魔（じゃま）	방해, 훼방
種々（しゅじゅ）	갖가지, 여러 가지
迅速（じんそく）	신속, 재빠름
速やか（すみやか）	빠름, 신속, 조속
切実（せつじつ）	절실함
盛大（せいだい）	성대함
精密（せいみつ）	정밀함
相応（そうおう）	상응, 걸맞음
ぞんざい	일을 소홀히 함, 겉날림
大胆（だいたん）	대담함, 겁이 없음, 당돌함
怠慢（たいまん）	태만
巧み（たくみ）	①교묘함 ②솜씨가 좋음, 기교 ③정교함
妥当（だとう）	타당함
断然（だんぜん）	단연(현격한 차이가 나는 모양)
重宝（ちょうほう）	①편리해서 유용함 ②소중히 여김
痛切（つうせつ）	뼈에 사무치게 절실함
円ら（つぶら）	동그랗고 귀여움
手数（てすう）	수고
堂々（どうどう）	①당당함, 거침없음 ②버젓함
とんだ	①뜻하지 않은 ②돌이킬 수 없는
滑らか（なめらか）	매끄러운 모양, 매끈매끈한 모양
俄（にわか）	돌연
呑気（のんき）	느긋함
漠然（ばくぜん）	막연함
遥か（はるか）	①아득히, 훨씬 ②매우
卑怯（ひきょう）	비겁함
爽やか（さわやか）	상쾌함
自在（じざい）	자재, 마음 먹은 대로임
質素（しっそ）	검소함
しなやか	보들보들함
柔軟（じゅうなん）	유연함
真剣（しんけん）	진지함
健やか（すこやか）	①튼튼함 ②건전함
正規（せいき）	정규
清純（せいじゅん）	청순함
贅沢（ぜいたく）	사치스러움
先天的（せんてんてき）	선천적
粗末（そまつ）	변변치 않음
大層（たいそう）	매우, 몹시
台無し（だいなし）	아주 망가진 모양, 엉망이 됨
タイムリー	때맞춤, 시의 적절함
達者（たっしゃ）	달인, 명인, 능숙함
単一（たんいつ）	단일
知的（ちてき）	지적
著名（ちょめい）	저명함, 유명함
月並み（つきなみ）	평범함, 진부함
適宜（てきぎ）	적당함
出鱈目（でたらめ）	엉터리
ドライ	일을 딱딱 잘라 하는 모양
和やか（なごやか）	부드러움, 온화함
ナンセンス	①무의미함 ②어리석고 가소로움
長閑（のどか）	①한가로움 ②날씨가 화창함
薄弱（はくじゃく）	박약
華やか（はなやか）	화려함, 눈부심
半端（はんぱ）	어중간함
悲惨（ひさん）	비참함

密か (ひそか) 은밀함, 몰래 함	敏感 (びんかん) 민감함
頻繁 (ひんぱん) 빈번, 잦음	貧乏 (びんぼう) 가난함
不意 (ふい) 불시, 갑작스러움	不吉 (ふきつ) 불길함
不順 (ふじゅん) 불순, 순탄치 못함	不審 (ふしん) 의심스러움, 수상함
不振 (ふしん) 부진함	物騒 (ぶっそう) 뒤숭숭하고 위험함
不服 (ふふく) 불복, 납득이 가지 않음	不明 (ふめい) 불명, 명료하지 않음
無礼 (ぶれい) 무례, 실례	ふんだん ①많음 ②충분함
便宜 (べんぎ) 편의	呆然 (ぼうぜん) 어리둥절함
増し (ま) 더 나음, 더 좋음	まちまち 각기 다름
見事 (みごと) 훌륭함	惨め (みじ) 비참함
密接 (みっせつ) 밀접함, 빈틈없이 꼭 붙음	無邪気 (むじゃき) 천진난만함, 순진함
無駄 (むだ) 쓸데없음	無知 (むち) 지식이 없음, 어리석음
無茶 (むちゃ) 터무니없음	無茶苦茶 (むちゃくちゃ) 엉망진창
無念 (むねん) 분함, 원통함	明瞭 (めいりょう) 명료함
明朗 (めいろう) ①명랑함 ②거짓이 없고 공정함	猛烈 (もうれつ) 맹렬함, 정도가 심함
物好き (ものずき) 별남	厄介 (やっかい) 귀찮음, 번거로움
憂鬱 (ゆううつ) 우울함	勇敢 (ゆうかん) 용감함
優勢 (ゆうせい) 우세함	ユニーク 특이함, 독특함
緩やか (ゆる) 완만함, 느릿함, 느슨함	欲張り (よくば) 욕심쟁이
良質 (りょうしつ) 양질, 좋은 성질	ルーズ ①칠칠치 못함, 허술함 ②헐렁함
冷酷 (れいこく) 냉혹함	冷淡 (れいたん) 냉담함
ろく 제대로임, 변변함	露骨 (ろこつ) 노골적임
ロマンチック 낭만적	僅か (わず) 고작, 불과, 아주 적음

〜に

いいかげんに (되는 대로) 함부로 (=むやみに・やたらに)

いかに ①어떻게(의문) ②아무리(정도) (→ いかに…も 〜ない 아무리…해도 ~하지 않는다)

いかにも ①자못, 꽤 ②아무리 봐도

いちように(一様に) 한결같이 (=一途に・ひたすら・専ら)

いっきょに(一挙に) 단번에 (=一気に・いっぺんに)

いっこうに(一向に) 조금도, 전혀 (=まるっきり・ちっとも)

いっせいに(一斉に) 일제히 (=同時に)

いまだ(に)(未だ(に)) 아직(까지)도

うつろに(虚ろに・空ろに) 공허하게

かりに(仮に) 가령, 만약 (+たら・ば・としたら・とすれば・とすると)

ことに(殊に) 특별히, 유난히 (=特別に・殊更)

即座に(そくざに) 즉석으로

ぞんざいに 아무렇게나, 대충대충 (=適当に)

とっさに 순식간에

はるかに(遥かに) 훨씬

ふんだんに 충분히(넉넉하게) (=豊かに)

むやみに(無闇に) 무턱대고, 함부로

もろに(諸に) 직접, 정면으로 (=直に)

やけに 무턱대고, 마구 (=むやみに・むちゃくちゃ)

ろくに(碌に) 충분히, 만족하게(~하지 않다) (=思い通りに・満足に)

〜て(で)

あえて(敢えて) 일부러, 굳이

いたって(至って) 매우, 극히 (=きわめて・はなはだ)

かつて ①일찍이, 이전에 ②아직껏, 이제껏 (+부정)

かねて(予て) 미리, 전부터 (=以前から・前もって・予め)

かろうじて(辛うじて) 겨우, 간신히 (=ようやく・やっと)

きわめて(極めて) 극히, 더없이, 지극히 (=とても)

しいて(強いて) 억지로, 구태여 (=わざわざ・無理に)

せんだって(先だって) 일전에, 요전에 (=先ごろ・この間)

つとめて(努めて) 애써, 되도록

てんで 아예, 애당초, 전혀 (=まったく・皆目・根から)

まして(況して) ①하물며, 더구나 ②한층 더, 더욱더 (=さらに)

もって(以て) ①게다가, 또한 ②~도(강조)

～り

うっそり 멍하니

うっとり 황홀한 모양 (→ ～みとる 넋을 잃고 바라보다)

うんざり 지긋지긋하게 (=飽きる・こりごり)

おっとり 의젓한, 태연한

がっくり 털석, 기운 빠진, 낙담한

かっちり 딱 들어맞음

がっしり ①꽉, 단단히 (→ ～組む 단단히 짜다) ②딱 벌어진 (→ ～した肩 딱 벌어진 어깨)

がっちり ①꽉, 다부진 (=がっしり) ②빈틈없고 야무진

きっかり ①딱, 정확히 (=きっちり) ②선명히 (=くっきり)

ぎっくり 가슴이 철렁 (=ぞっとする)

きっちり 빈틈없이 꽉

くっきり 뚜렷하게, 선명하게 (=はっきり)

げっそり 홀쭉해진 (→ ～痩せる 홀쭉 마르다)

げんなり 신물이 나다, 진절머리가 나다

こじんまり 아담한 (=こぢんまり)

こってり (맛, 빛깔) 아주 진한

さっくり 담백한, 깔끔한

しっくり 원만한, 잘 맞는 (→ ～しない 원만하지 않다)

じっくり 차분히, 곰곰이 (=丹念に)

しっとり 촉촉한

じっとり 흥건히, 축축히

しょんぼり 쓸쓸히, 맥없이

しんなり 나긋나긋

しんみり 차분히

ずばり(と) ①썩둑 (→ ～切る 썩둑 자르다) ②거침없이

すんなり 날씬하게, 막힘 없이, 수월하게

ちゃっかり 빈틈없이, 약삭빠르게

ちんまり 작고 아담한

てっきり 틀림없이, 꼭(예상과 다른 상황)

どっきり 깜짝

どんより 날씨가 잔뜩 흐린 모양

なんなり 뭐든지

にこり 방긋, 살짝 웃는 모양 (=にこっと)

ねっちり 간족간족 (→ ～いやみをいう 간족간족 듣기 싫은 소리를 하다)

のんどり 유유히, 한가로이 (=のんびり)

ぱっちり 또렷하게

びっしょり 흠뻑 젖은

ひっそり 조용히, 고요히

ぴっちり 딱(맞는)

ひりひり 따끔한

ぴりぴり 찌릿 찌릿	ひんやり 서늘한
ふっさり 숱이 많고 더부룩한 모양	ふんわり 부드러운
ほっそり 홀쭉한 모양	ほんのり 살짝
ぼんやり 어렴풋이, 아련히	もっさり 우둔한
やんわり 부드럽게	ゆったり 느긋한

かちっと 찰칵 (→ 音が～した 소리가 찰칵 났다)	かっと 울컥
からっと 활짝, 탁트인	きちっと ①깔끔히 ②규칙적으로 (=きちんと) ③정확히
ぎょっと 섬뜩, 철렁	きょとんと 멀뚱멀뚱하게
ぐいと ①훨씬 (=ぐんと) ②(감동되어) 뭉클, 꽉	ぐっと 단숨에, 꿀꺽
くらっと 아찔한	こうこうと(煌々と) 휘황찬란하게
さっと 홀쩍, 날렵하게, 재빨리 (→ ～旅立つ 홀쩍 여행을 떠나다, ～片づける 재빨리 치우다)	
しいんと 쥐죽은 듯이 조용한	じっと 가만히 (=丹念に)
しゃきっと 산뜻해지다 (→ ～する 산뜻해지다)	しゃりっと 차가운 감촉 (→ ～した生地 차가운 감촉의 옷감)
しゃんと 단정하게, 반듯하게	しらっと 흥이 가신 (→ ～した雰囲気 흥이 가신 분위기)
しれっと 천연덕스러운, 태연한	ずらっと 죽 늘어선 (→ ～建ち並ぶ 죽 늘어서 있다)
そっと 살짝, 가만히 몰래	ぞっと (추위, 공포) 오싹
たっぷり(と) 듬뿍	ちらっと 언뜻, 잠깐, 슬쩍 (=さっと)
てきぱき(と) (일을) 척척	びくっと 움찔, 흠칫
はっと ①문득 (→ ～目が覚める 문득 잠이 깨다) ②깜짝 (→ ～する 깜짝 놀라다)	
ぴたっと 딱, 바짝 (=ぴたりと・ぴったり)	ひょっと ①갑자기, 불쑥 ②만약, 혹시 (=もしや)
ぴりっと 얼얼하도록(맵다)	ふっくら(と) 부풀어 있는 모양, 통통
ふわっと 둥실둥실	ぼうっと 가물가물
ぼけっと 멍하니, 멍청히 (=ぼさっと)	ぼそっと 우두커니, 멀거니 (=呆然と)
ほっと 한숨짓는, 마음놓는 (→ ～した 한숨 놓았다)	むかっと 울컥
ほろっと ①(눈물) 떨어지는 모양, 뚝 ②(가볍게) 취한 모양 (→ ～酔う 얼근하게 취하다)	
むっと ①부루퉁한 ②후덥지근한	もっそり(と) 느리게, 굼뜨게

あたふた 허둥지둥 (＝慌てふためく)	あぶあぶ 조마조마, 허우적허우적
いじいじ 쭈뼛쭈뼛	いそいそ 허겁지겁
うきうき 들뜬 기분, 신이 나서	うざうざ 장황하게, 지루하게
うじうじ 우물쭈물	うずうず 근질근질
うとうと 꾸벅꾸벅	うろうろ (장소 주위를) 어슬렁어슬렁, 우왕좌왕
おずおず 머뭇머뭇	おたおた 허둥지둥, 갈팡지팡
おどおど 안절부절	おろおろ 허둥지둥
かたかた 달그락달그락	がつがつ 바득바득(욕심을 부리는 모양)
がやがや 왁자지껄	がんがん 꽥꽥(시끄럽게 지껄이는 모양)
ぎくぎく 흠칫흠칫	ぎすぎす 딱딱한(분위기), 껄끄러운(관계)
きやきや 조마조마 (＝はらはら・ひやひや)	きょろきょろ 두리번두리번
くらくら 어질어질 (→目が～ 눈이 어질어질)	くねくね 구불구불
くよくよ 속상해서 끙끙 (→～悩む 끙끙 고민하다)	けちけち 인색하게, 쩨쩨하게
こそこそ 몰래	ごそごそ 바스락바스락
ごつごつ 거친 모양	こてこて (흉할 정도로) 더덕더덕
ごみごみ (쓰레기, 먼지) 너저분, 어수선한 모양	ころころ 데굴데굴
ざわざわ 와글와글	じくじく 질척질척, 끈적끈적
しとしと 부슬부슬	しなくな 시들시들
じめじめ 눅눅한	しゃきしゃき 아삭아삭, 척척(처리)
すうすう 술술 (→～仕事がはかどる 술술 일이 진척되다)	せかせか 성급히
そわそわ 안절부절, 신숭생숭	だらだら (액체가) 줄줄
ちくちく 쿡쿡	ちやほや 애지중지
ちょこちょこ 종종, 이따금	ちょろちょろ 졸졸
ちらちら 팔랑팔랑	つんつん ①새치름히, 뚱하게 ②(냄새가) 콕콕, 콱
でれでれ (이성) 치근거리는 모양	てんてん 여기저기 옮겨다님
とげとげ 삐쭉삐쭉, 거친 (→～した言い方 거친 말투)	どさどさ 우르르 (→～と来る 우르르 오다)
どたどた 우당탕 (→～走る 우당탕 뛰다)	なえなえ 시들시들
長々 길게	なまなま 생생
にやにや 히죽히죽	ねとねと 끈적끈적

のそのそ 느릿느릿	のっそつ (따분해서) 몸을 비비틂
のびのび ①무럭무럭 ②느긋한 모양	のらくら 빈둥빈둥
はきはき 시원시원 (→～と答<ruby>こた</ruby>える 시원시원하게 대답하다)	ぱちぱち 깜빡깜빡
はらはら 조마조마	ひくひく 실룩실룩, 꿈틀꿈틀
びくびく 벌벌	ぴちぴち 팔팔한, 씽씽한
ひやひや 조마조마	ぴんぴん 팔팔한
ふくふく 폭신폭신 (＝ふかふか)	ぷつぷつ 뚝뚝(끊어지다)
ぶるぶる 벌벌	ぷんぷん ①물씬(냄새가 코를 찌르는 모양) ②화난 모양
ほかほか 따끈따끈, 후끈후끈	ぼそぼそ 소근소근
ほれぼれ 반한, 넋을 잃고	まごまご 우물쭈물
まじまじ 물끄러미, 말똥말똥	むかむか 메슥메슥
むしむし 푹푹(무더운 모양)	むしゃくしゃ 기분이 언짢음
むずむず 근질근질(좀이 쑤시는 모양)	めそめそ 홀쩍홀쩍
もがもが 우물우물 (＝もぐもぐ・もごもご)	もくもく 모락모락
もじもじ 머뭇머뭇	もたもた 우물쭈물
もやくや 개운치 않은 감정, 떨떠름한	ゆらゆら 흔들흔들, 한들한들
よたよた 어기적어기적	わくわく 두근두근

그밖의 부사

ああして 저렇게 하고	あっというまに 순식간에
あらかじめ(予め) 미리, 사전에 (＝<ruby>前<rt>まえ</rt></ruby>もって)	ありのまま 있는 그대로, 사실대로
あれぐらい 저것 정도 (＝あれくらい)	あれほど 그토록
あんのじょう(案の定) 아니나다를까 (＝やはり)	いくらなんでも 아무리 뭐라해도
いざ 정작, 막상 (→～というとき 정작 필요할 때에)	いずれ ①머지않아 ②어느 쪽 (＝どちら)
いずれまた 머지않아 또	いつからか 언제부턴가
いっさい(一切) 일체, 전혀 (＋부정)	いっそ 차라리, 정말로
いっそのこと 차라리 (＝いっそ)	いまさら(今更) 이제 와서, 새삼스럽게
<ruby>生<rt>う</rt></ruby>まれつき (용모, 성질, 능력) 타고난, 천성적으로	<ruby>大<rt>おお</rt></ruby>いに 많이
おおかた(大方) 대략, 대충, 거의	おおよそ 대체로
おのずから(自ずから) 저절로, 자연히 (＝<ruby>自然<rt>しぜん</rt></ruby>に)	およそ 대략(수량상)

かえって 오히려	かつ 게다가, 또
かわるがわる(代わる代わる) 번갈아	逆に(ぎゃく) 반대로
くれぐれ 아무쪼록	こうして 이렇게 해서
ことごとく 모두, 모조리	ことによると 어쩌면, 혹시
これぐらい 이것 정도, 이 정도 (＝これくらい)	これほど 이 정도
これまで 지금까지	先ほど(さき) 조금 전
さぞ 아마, 필시(추측)	さほど(然程) 그다지, 별로
さも ①자못, 아주, 정말로 (＝いかにも) ②그렇게	実に(じっ) 실로
実は(じっ) 실은	しゅじゅ(種々) 여러 가지
しょっちゅう 언제나 (＝いつも・常に(つね)・始終(しじゅう))	すすんで(進んで) 나아가
そうして 그렇게 해서	そのうち 머잖아 (＝近々(ちかぢか))
そのとおり 그대로	それぐらい 그것 정도, 그 정도 (＝それくらい)
それまで 그것까지	たえず(絶えず) 끊임없이
たがいに 서로	たった 단지 (＝ただ)
だんぜん(断然) 단연코 (＝必ず(かなら)), 훨씬	近々(ちかぢか) 일간, 가까운 시일내에
ちゃくちゃく(着々) 착착(진행되다)	ちょくちょく 가끔
つい 무심코	ついに 마침내
つねに(常に) 항상	どうか 아무쪼록 (＝どうぞ)
どうして 어째서 (＝どうやって)	どうしても ①아무래도 ②꼭 (＝ぜひとも)
どうじに(同時に) 동시에	とうてい(到底) 도저히
どうにか 그럭저럭	どうやら 아무래도 (→ ～ようだ 아무래도 ～같다)
とかく ①이러쿵저러쿵 ②아무튼 (＝とにかく)	ときおり(時折) 가끔 (＝ときどき)
どこまで 어디까지	どこまでも 어디까지나
とりわけ 특히 (＝特に(とく), ことに)	とんだ 뜻밖에, 의외로 (＝思いがけず(おも))
どんちゃん 떠들썩 (→ ～騒ぎ(さわ) 떠들썩한 소동)	ないし ①～내지 ②또는, 혹은
なおさら 게다가, 한층 더 (＝ますます)	何から何まで(なに)(なに) 하나부터 열까지
なにしろ 어쨌든	なにより 무엇보다
なんか 어쩐지	なんだか 어쩐지, 왠지 (＝なんか)
なんでも 뭐든지	なんと(何と) ①어떻게 ②뭐라고 ③이 얼마나
何と言っても(なん)(い) 뭐니뭐니해도	なんとか(何とか) 어떻게든

なんとなく 어딘지 모르게	二度と再び 두 번 다시 (＝二度と)
年々 해마다	はなはだ 매우 (＝非常に・大層・大変)
ひいては(延いては) 나아가서는	びくとも 꿈쩍도 (→ ～しない 꿈쩍도 하지 않다)
一人一人 한 사람 한 사람, 저마다	まさしく 틀림없이
まっさき(真っ先)に 맨 먼저	見る見るうちに 순식간에
むろん(無論) 물론 (＝もちろん)	もっか(目下) 현재 (＝ただいま・今のところ)
もともと 원래	もはや(最早) 이제는, 벌써, 이미
わざわざ 일부러	わりと(割と) 비교적, 생각보다는
わりに(割りに) 비교적	

05 N1에서 알아두어야 할 접미어 35

001	―余り	(어떤 한도에서) 남짓, 가량	三十余りの男の人 30살 가량의 남자
			三日余り 삼일 남짓
			一時間余り 한시간 남짓
002	―あらし	～을 터는 사람(～털이)	銀行あらし 은행털이
			道場あらし 도장털이(시합에서 이기면 간판을 떼거나 금품을 뜯어가는 사람)
003	―いっぱい	～껏	手一杯 힘껏(잔뜩)
			目いっぱい 할 수 있는 껏 (＝精一杯)
004	―下	～밑, ～아래	台風下 태풍 아래　政治下 정치 아래
005	―処	～곳	あり処 있는 곳　住み処 사는 곳
006	―甲斐	～한 보람	生きがい 사는 보람　やりがい 하는 보람
			働き甲斐 일하는 보람
007	―がた		
	①～型	～형, ～타입	天才型 천재형　努力型 노력형
	②～方	～편, ～측	敵方 적의 편, 적측
	③～形	～형, ～모양	卵形 계란형　うずまき形 소용돌이 모양

008	ー がち	(좋지 못한) ~경향, 상태가 많음	病気がち 병이 잦은　遅れがち 잘 늦는
009	ー柄	① 몸집 ② 품위 ③ 무늬	大柄 몸집이 큼　小柄 몸집이 작음 人柄 인품　しま柄 줄무늬
010	ー がらみ	(수량) ~가량, ~쯤	40代がらみの男の人 40살 가량 되는 남자 百円がらみの品物 100엔 어치 안팎의 물건
011	ー着	~복, ~옷	外出着 외출복　下着 속옷
012	ー気味	약간 ~한 느낌	風邪気味 약간 감기 느낌 遅れ気味 약간 늦는 느낌
013	ー ぐるみ	~까지 몽땅, ~까지 합쳐서	家族ぐるみ 가족 전체 町ぐるみで 마을 전체가
014	ー ごと	~째 통째	皮ごと 껍질째　骨ごと 뼈 째　車ごと 차 통째
015	ー毎に	~마다	用度ごとに 용도별로　世帯ごとに 세대마다
016	ー差し	~모양	色ざし 색채　面差し 얼굴의 생김새 まなざし 보는 눈, 눈의 표정
017	ー三昧	마음 내키는 대로 함	贅沢ざんまい 마구 사치를 부림 読書ざんまい 독서삼매경
018	ー しな(に)	그때 ~하는 길(＝~がけ)	出てきしなに 막 밖으로 나오려고 할 때
019	ー色	~색, ~상태, ~모양	保護色 보호색　地方色 지방색　国際色 국제색
020	ー ずから	~으로, ~에 의해서	身ずから 몸소　口ずから 입으로
021	ー すがら	~하는 길(도중)에, ~하는 김에	旅行から帰りすがら 여행에서 돌아오는 길에
022	ー尽く	~(만)으로	腕ずくで 완력만으로　相談ずく 상담만으로
023	ー尽くめ	~투성이	規則ずくめ 규칙투성이 黒ずくめの服装 검정 일색의 복장
024	ー済み	~완료, ~필	届け済み 배달완료　払い済み 지불완료 約定済み 약정완료
025	ー そろって	~모두 모여, 빠짐없이	家族そろって 가족 모두 모여 夫婦そろって 부부가 모여서
026	ー立て	일부러 ~함	かばい立て 싸고 돎　隠し立て 대놓고 숨김
027	ー尽くし	전부 열거, 있는 모든 것을 다함	食べ尽くし 다 먹음 花尽くし 꽃을 있는 대로 다 열거함

028	一漬け	~절이, 담근 것	塩漬け 소금절이　お茶づけ 차에 만 밥
029	~連れ	~동반	子供連れ 아이동반　家族づれ 가족동반
030	一並み	~과 같은 수준(정도)	例年なみ 예년과 같은 수준　人並み 남 못지않은
031	一なり	~나름	彼なり 그 나름　支店なり 지점 나름
032	一張り	~풍, ~투(흉내, 닮음)	ピカソ張りの絵 피카소풍의 그림 夏目漱石張りの文章 나츠메 소세키 풍의 문장
033	一放題	마음껏 행하는 것	食べ放題 뷔페　遊び放題 마음껏 놂
034	一めく	~다워지다, ~인듯 하다	春めく 봄다워지다　田舎めく 촌스럽다
035	一止し	도중에 그만둠	読みよしの本 읽다가 만 책 燃えよしのごみ 타다 만 쓰레기

06　N1에서 외워야 할 관용어 150

001	呆気にとられる	(생각치 못한 상황에) 어리둥절하다, 어안이 벙벙하다
002	当てが外れる	기대가 빗나가다
003	当てにする	의지하다
004	当てにならない	믿을 수 없다, 불확실하다
005	後先考えず	(무모하거나 아무 대책없이) 전후(앞뒤) 생각없이
006	後へ(に)引けない	(절박한 상황이라) 양보할 수 없다
007	油を売る	(일을 하는 도중에) 농땡이를 치다
008	甘く見る	만만하게 보다, 깔보다, 얕잡아 보다
009	言いなり(になる)	말하는 대로 (되다)
010	幾分なりとも	조금이라도
011	些かも~ない	조금도 ~않다
012	意地を張る	억지를 쓰다, 고집을 피우다
013	痛い目に遭う／痛い目を見る	따끔한 맛을 보다, 된통 당하다
014	居ても立っても居られない	(불안, 초조 등으로) 안절부절못하다
015	異を唱える	반대 의견을 내놓다, 토를 달다
016	現を抜かす	(지나칠 정도로) 미쳐 있다, 빠져 있다

017	腕を振るう	실력(솜씨)을 발휘하다
018	鵜呑みにする	통째로 삼키다, (뜻도 모르면서) 그대로 받아들이다
019	有無を言わせず	불문곡직하고, 덮어놓고, 억지로
020	裏を返せば	바꿔 말하면, 사실을 말하면
021	大目に見る	잘봐주다, 용서하다
022	公にする	(저작, 의견 등을) 공표하다, 공개하다
023	お気に召す	마음에 드시다
024	お言葉に甘えて	염치 불구하고, 염치없이
025	お茶を濁す	어물어물 얼버무리다, 속여서 그 자리를 모면하다
026	思いを寄せる	호의를 품다, 연모하다
027	お安い御用だ	(타인의 부탁에 즉답으로) 쉬운 일이다, 문제없다
028	恩に着せる	공치사하다, 은혜 베푼 것을 생색내다
029	顔を売る／顔が売れる	널리 알려지게 하다/유명해지다
030	顔を揃える	모두 모이다
031	顔を潰す	얼굴에 먹칠을 하다, 체면을 손상시키다
032	片っ端から	모조리, 죄다, 닥치는 대로
033	肩身が狭い思いをする	떳떳하지 못하다, 창피하다, 주눅들다
034	かちんと来る	화가 울컥 치밀다
035	壁に突き当たる	벽(난관)에 부딪치다, 한계에 다나브다(＝壁にぶつかる)
036	気が進まない	마음이 내키지 않다
037	気が済む	(걱정거리가 없어져) 마음이 홀가분해지다, 기분이 풀리다
038	気が散る	정신집중이 안 되다, 마음이 산란해지다
039	けじめをつける	(어떤 것과 구별) 분명히 하다, 구분을 짓다
040	桁が違う	격차가 매우 크다, 차원이 다르다
041	けちをつける	(일이나 상품 등에 결점을 잡아) 트집잡다
042	けりがつく／けりをつける	결말이 나다, 끝장이 나다/결말을 짓다
043	喧嘩を売る	싸움을 걸다
044	口実を設ける	그럴듯한 핑계를 대다
045	心を入れ替える	마음을 고쳐먹다, 심기일전하다
046	心を躍らす	(기쁨이나 즐거운 기대에) 설레게 하다 (＝心を躍らせる)

047	腰を抜かす	(엉덩방아를 찧는 것에 빗대어) 기겁을 하다, 얼이 빠지다
048	言葉を濁す	(애매모호하게) 말끝을 흐리다, 말을 얼버무리다
049	小耳に挟む	언뜻 듣다
050	採算が取れる	채산이 맞다 (＝採算が合う)
051	先が思いやられる	앞날이 걱정되다
052	匙を投げる	손들다, 가망이 없어 포기하다
053	鯖を読む	(이익을 얻기 위해) 수량을 속이다
054	散々な目に遭う	호된 꼴을 당하다
055	思案に暮れる	(골몰해도 좋은 수가 나지 않아) 고민에 빠지다
056	自腹を切る	(공적인 돈을 어떤 사정으로) 자기 돈으로 내다
057	借金の肩代わりをする	(남의) 빚을 대신 떠안다
058	終止符を打つ	종지부를 찍다 (＝ピリオドを打つ)
059	真に迫る	박진감이 있다, 생생하다
060	筋が通る／筋を通す	이치에 맞다／조리를 세우다
061	捨てたものではない	아직 희망은 있다, 나쁘지만은 않다
062	隅から隅まで	구석구석
063	～するにも程がある	(부정적인 행동을 나무라는) ～하는 것에도 정도가 있다
064	～する羽目になる	～할 처지가 되다
065	世話が焼ける	돌보기 힘들다
066	先手を打つ	선수를 치다, 기선을 잡아 우위에 서다
067	先頭を切る	선두에 서다, 앞서서 하다
068	想像を絶する	감히 상상할 수 없다
069	底をつく	(나중에 쓰기 위해 모아둔 것이) 바닥이 나다
070	そっぽを向く	(무관심한 태도로) 모른체하다
071	その手は食わない	그 수에는 넘어가지(속지) 않는다
072	大概にする・大抵にする	대충하다
073	たかが知れている	뻔한 일이다, 대수롭지 않다
074	つかぬこと (を伺いますが／お聞きしますが)	뜬금없는 이야기(를 여쭙니다만)
075	掴みどころがない	(증거나 논거가 없어) 막연하다, 종잡을 수 없다

076	都合をつける	변통하다, 마련하다
077	辻褄が合う	앞뒤가 맞다, 이치에 맞다
078	手が込んでいる／手の込んだ	(자잘한 것까지) 공을 들이다, 정성을 들이다／공들인
079	手取り足取り	(꼼꼼하게 가르치는) 하나부터 열까지
080	手に余る	(자신의 능력을 넘어서 어찌할 바를 몰라) 힘에 겹다, 벅차다
081	手に負えない	(자신의 힘으로는 도저히) 손쓸 수가 없다, 감당할 수가 없다
082	手も足も出ない	(힘이 못 미쳐) 손도 못대다, 꼼짝달싹 못하다
083	手を携える	손을 잡다, 협력하다
084	手を尽くす	(모든 수단을 동원하여) 손을 다 쓰다
085	手を抜く	날림으로 하다, 어물어물 넘기다
086	手を焼く	애먹다, 속썩이다
087	どういう風の吹き回し?	(평소하지 않는 행동에 놀라) 무슨 바람이 불어서?
088	～とは見上げたものだ	～라는 것은 훌륭한 일이다
089	飛ぶように売れる	날개돋힌 듯이 팔리다
090	途方に暮れる	어찌할 바를 모르다
091	名が上がる	명성이 오르다
092	名乗りを上げる	경쟁 참가를 표명하다, 입후보하다
093	波に乗る	시대의 흐름에 편승하다, 분위기를 타다
094	名を売る／名が売れる	이름을 팔다, 널리 알려지게 히디／이름이 팔리다, 유명해지다
095	～に裏打ちされた	～에 뒷받침된, ～에 근거된
096	荷が重い	책임이 크다, 부담이 크다
097	似ても似付かない	아예 다르다, 딴판이다
098	似て非なるもの	(외견은) 비슷한 것 같지만 (내용은) 다른 물건
099	念には念を入れる	공을 들이다, 주의에 주의를 기울이다
100	念を押す	(상대에게 충분히) 다짐을 받다, 확인하다
101	飲み込みが早い	이해(납득)가 빠르다
102	歯が立たない	당해내지 못하다
103	ぱっとしない	별로다, 두드러지지 않다
104	歯止めが利く	(욕망, 충동 등에) 제동이 걸리다
105	話がつく	결말이 나다, 매듭이 지어지다

106	話が弾む	이야기가 활기를 띠다
107	羽を伸ばす	느긋하게 보내다, 자유로이 행동하다
108	腹を括る	(어떠한 사태에도 동요하지 않도록) 단단히 각오하다
109	びくともしない	꿈쩍도 하지 않다
110	引っ込みがつかない	(일이 수습되지 않아) 물러나기가 어렵다
111	一息入れる	(일을 하다가) 한숨 돌리다
112	一言多い	(쓸데없는) 말 한마디가 많다
113	人ごとではない	남의 일이 아니다
114	一段落する・一段落がつく	일단락되다, 마무리되다
115	人並み外れる	(일반 사람과는 달리) 뛰어나다
116	人目を盗む	남의 눈을 피하다
117	一役買う	한몫을 하다, 한 역할을 맡다
118	日を改める	새로 날짜를 잡다, 다른 날로 하다
119	懐が寒い	주머니 사정이 여의치 않다
120	腑に落ちない	납득이 가지 않다
121	不評を買う	악평을 받다
122	平行線を辿る	(교섭 등이) 평행선을 걷다, 의견일치를 보지 못하다
123	前倒しにする	예정을 앞당기다
124	全く以て	참으로, 정말이지
125	目の当たりにする	친히 하다, 직접 겪다
126	満更でもない	(매우 만족한 것의 완곡한 표현) 반드시 나쁜 것은 아니다, 그런대로 괜찮다
127	見栄を張る	허세를 부리다, 겉치레를 하다
128	店を畳む	가게를 정리하다, 폐점하다
129	身に覚えがある	짚이는 데가 있다
130	見るに見兼ねて	보다 못해
131	無駄足を踏む	헛걸음을 치다
132	胸を撫で下ろす	(긴장이 풀려 안심이 되어) 가슴을 쓸어내리다
133	胸を弾ませる	가슴이 두근거리다
134	胸を膨らます	(기대감 등으로) 가슴이 부풀다, 마음이 들뜨다

135	目が眩む	① 현기증이 나다 ② (욕심에) 눈이 뒤집히다
136	目処がつく	실현되거나 해결될 전망이 서다
137	目に余る	(정도가 너무 심해서) 묵과할 수 없다, (도가 지나쳐) 눈꼴 사납다
138	目の玉が飛び出る	(눈이 튀어 나올 정도로) 놀라다, 심하게 혼이 나다
139	目を背ける	(자신도 모르게) 눈을 돌리다
140	目を瞑る	① 눈을 감다 ② 죽다 ③ 묵인하다 ④ 참다, 단념하다
141	目を放す／目が放せない	눈을 떼다, 한눈 팔다/눈을 뗄 수 없다
142	目を見張る	(화, 놀람, 감탄 등의 감정으로) 눈을 크게 뜨다
143	面子が潰れる	체면이 깎이다, 체면을 구기다
144	焼き餅を焼く	질투하다, 시샘하다
145	厄介になる	귀찮게 되다, 번거롭게 되다
146	山を掛ける	요행을 노리다 (＝山を張る)
147	融通が利く	융통성이 있다
148	予断を許さない	예측을 불허하다
149	弱音を吐く	우는(약한) 소리를 하다
150	歴々とした／歴然としている	뚜렷한, 확실한

001	アシスタント	조수 鼬 助手(じょしゅ)
002	アットホームな	가정적이고 편안한
003	アドバイス	충고, 조언 鼬 助言(じょげん)
004	アプローチ(する)	접근(하다) 鼬 接近(せっきん)
005	アポイント(を取(と)る)	약속(을 잡다) 鼬 約束(やくそく)
006	アマチュア	초보자 鼬 素人(しろうと)
007	ウエート(を置(お)く)	무게(를 두다) 鼬 重点(じゅうてん)
008	ウエットな	정에 약하고 감성적인
009	エキスパート	전문가 鼬 専門家(せんもんか)
010	エゴ	자아 鼬 自我(じが)
011	エレガントな	우아한, 기품있는, 세련된
012	オフィシャルな	정식적인 鼬 正式的(せいしきてき)な
013	オリジナルな	독창적인, 고유의
014	カムバック	컴백, 재기 鼬 再起(さいき)
015	カンパ(する)	모집(하다) 鼬 募集(ぼしゅう)
016	キャッチ(する)	파악(하다), 잡음(잡다) 鼬 把握(はあく)
017	キャリア(を・生(い)かす／積(つ)む)	경력(을 살리다/쌓다) 鼬 経歴(けいれき)
018	ギャップ(がある／を埋(う)める)	차이(가 있다/를 메우다) 鼬 差(さ)
019	ギャラ(が安(やす)い)	(미리 계약된) 출연료, 계약금(이 싸다)
020	クールな	냉철한 鼬 冷静(れいせい)な・感情(かんじょう)に溺(おぼ)れない
021	クレーム(を付(つ)ける)	트집(을 잡다) 鼬 苦情(くじょう)・文句(もんく)
022	コスト(が掛(か)かる/を抑(おさ)える)	원가, 생산비(가 들다/를 억제하다)
023	コネ	연줄
024	コンセプト	컨셉, 개념, 관념
025	コンタクト(を取(と)る)	접촉(하다)
026	コンディション(が・いい／悪(わる)い)	조건·상태(가 좋다/나쁘다) 鼬 状況(じょうきょう)
027	コントラスト	대조, 대비 鼬 対比(たいひ)
028	コントロール(する)	조절(하다) 鼬 調節(ちょうせつ)

029	コンプレックス(を持つ)	열등감(을 갖다) 圖 劣等感
030	サポート(する)	지원(하다) 圖 支援
031	シェア(を占める)	시장점유율(을 차지하다)
032	シグナル(を送る)	신호(를 보내다) 圖 信号
033	シックな	멋진, 세련된 圖 洗練された
034	シナリオ	시나리오, 각본 圖 脚本・台本
035	シャープな	날카로운, 예민한 圖 鋭い
036	シンプルな	소박한 圖 素朴な・簡素な
037	ジョーク	농담 圖 冗談
038	ジレンマ(に陥る)	곤경(에 빠지다) 圖 苦境
039	スケール(が大きい)	규모(가 크다) 圖 規模
040	ストック	저장, 재고 圖 在庫
041	ストレートな	직접적인 圖 直接的な
042	スリムな	가냘픈, (옷이 몸에 꼭 맞아) 날씬한 圖 ほっそりしている
043	セキュリティー(が・いい／悪い)	안전(보장), 방범(이 잘 되어 있다/좋지 않다) 圖 防犯
044	セクション	항목 圖 項目・部分
045	セレブ	돈이 많고 고급스러운 취향의 사람, 명품족
046	センス(が・いい／悪い)	분별력, 사려(분별력이 있다/사려 깊지 않다)
047	ソフトな	온화한 圖 温和な
048	タイトな	몸에 꼭 맞는 圖 きつい
049	タイムリー	때맞춤, 시의 적절함
050	タッチ(する)	접촉(하다) 圖 接触
051	ダイヤ(が乱れる)	철도운행시간표(운행에 차질이 생기다)
052	ダメージ(を受ける)	손해, 피해(를 입다) 圖 損害
053	テンション(が・上がる／下がる)	긴장·불안(이 올라가다/내려가다)
054	ディベート(する)	논쟁·토의·의논(하다)
055	デリケートな	민감한 圖 敏感な
056	トータル(に考える／に見る)	통합·전체적(으로 생각하다/으로 보다)
057	トライ(する)	시도(하다) 圖 試す

058	ドライな	무미건조한, 냉정한
059	ドリル	①전기드릴 ②반복 연습
060	ナンセンス	무의미, 터무니없는 생각, 허튼 말
061	ニーズ	수요 유需要
062	ノルマ(がある／を課す／を達成する)	목표량, 할당량(이 있다/을 부과하다/을 달성하다)
063	ハードル	①장애 ②기준
064	ハンデ	불리한 조건 유不利条件
065	バック	뒤, (금전적) 후원자
066	バトンタッチ(する)	(사무 등의) 인계(하다) 유引き継ぎ 인수인계
067	バラエティー(に富む)	다양성, 변화(가 풍부하다) 유多様性
068	パック(する)	포장(하다) 유包装
069	パンク	한계초과로 인한 기능마비
070	ヒット(する)	크게 성공(하다) 유大成功・大当たり
071	ピンチ(を切り抜ける)	위기(를 헤쳐나가다) 유危機
072	ピント(がずれる／が合う／を合わせる)	초점(이 벗어나다/이 맞다/을 맞추다) 유焦点
073	フォロー(する)	원조, 지원(하다) 유支援
074	フロント	정면 유正面
075	ブレイク	휴식, 크게 히트침 유休憩・ヒット
076	プレッシャー	압력, 정신적 중압감
077	ペース	속도 유速度
078	ボイコット(する)	불매운동, 공동으로 배척(하다)
079	ポイント	요점 유要点
080	ポスト	①우체통 ②직위 유ポジション
081	マンネリ(化／に陥る)	매너리즘(화/에 빠지다)
082	ムード(がある／漂う)	분위기(가 있다/감돌다)
083	メカニズム	(기계 장치) 구조 유仕組み
084	メンタルな	정신적인
085	モラル(が高い／無い／低い)	윤리, 도덕(이 높다/없다/낮다)
086	ユニークな	독특한 유独特な

087	ラフな	①(태도나 행동 등이) 난폭한, 거친 [유]荒_{あら}い
		②(복장 등이) 세련되지 않은
088	リアルな	사실적인 [유]現実的_{げんじつてき}な・写実的_{しゃじつてき}な
089	リクエスト(する)	요청(하다) [유]要求_{ようきゅう}
090	リスク(がある／を負_おう)	(사업상 전망되는) 위험(이 있다/을 지다) [유]危機_{きき}
091	リストアップ(する)	리스트업(하다), 나열(하다)
092	リフォーム(する)	개량(하다) [유]改良_{かいりょう}
093	リフレッシュ	심신을 상쾌하게 함
094	リラックス(する)	긴장을 풀고 쉼(쉬다)
095	ルーズな	①헐렁한 [유]だらしない
		②(시간, 돈, 약속 등을) 잘 지키지 않는
096	ルート	경로, 통로, 노선 [유]路線_{ろせん}
097	レジュメ(を・配_{くば}る／作_{つく}る)	개요(를 나눠주다/만들다) [유]概要_{がいよう}
098	レッテル(を貼_はる)	일방적인 평가(를 하다), 딱지(를 붙이다)
099	ロス	낭비 [유]浪費_{ろうひ}
100	ローン	융자 대부금

1교시

문법편

- 문제 유형별 설명 및 비법 TIP
1 기출 문법 체크
2 JLPT 완벽 대비

문제 유형별
설명 및 비법 TIP

문제이해   문법형식 판단 문제는 제시된 문장의 공란 부분에 알맞은 기능어를 넣는 문제이다. 형식은 이전 JLPT와 같지만 출제 문항수가 10문제로 줄었고, 문장 자체가 커뮤니케이션 중심의 내용으로 바뀌었다. 때문에 자연스레 일상생활에서 사용빈도가 적은 기능어는 출제 빈도가 줄었고, '안내문구, 공지사항, 비즈니스 인사표현' 등에서 자주 사용되는 존경표현과 겸양표현 관련 문제가 매회 1문항 이상 출제되고 있다. 더불어 부사와 함께 사용되는 문법 및 부탁표현과 관련된 문제 역시 출제되고 있다.

기출문제유형   유형1 昔から「毒も（　　　）薬になる」と言われている。 `2012-1회`

1 使うとなると   2 使おうものなら

3 使わんばかりに   ✔ 使いようによっては

해석

> 옛날부터 '독도 쓰기에 따라서는 약이 된다'라고들 한다.

해설

공란 뒤에는 「薬になる 약이 된다」라는 표현이 있다. 선택지에서는 항상 그런 것은 아니지만 '쓰기에 따라서는' 이라는 뜻의 「使いようによっては」가 가장 잘 어울린다. 「동사 ます형+ようによっては」는 '～하기에 따라서는' 이라는 문형이다.

유형2 他人の口座から不正に現金を（　　　）、40代がらみの男が現行逮捕された。 `2012-1회`

1 引き出したとするとして   2 引き出したとするのに対して

✔ 3 引き出そうとしたとして   4 引き出そうとしたのに対して

해석

> 타인의 구좌에서 부정하게 현금을 인출하려고 했다고 해서 40대 가량의 남자가 현행범으로 체포되었다.

우선 선택지 1번과 2번에는 「〜とする 〜라고 가정한다」가 들어 있는데, 현금을 인출한 것은 가정이 아니
므로 1번과 2번은 오답으로 지워야 한다. 더불어 '대상(〜に対して)'에 대한 것이 아니라 '(명분)으로써(〜
として)' 이기에 정답은 3번이 된다.

비법 TIP

문법형식 문제에 대비하기 위해서는 우선 어떠한 문제들이 출제되는지 살펴둘 필요
가 있다. 최근 기출문제를 살펴보면 기능어 문법에서는 N1레벨의 기능어 문제, 그리
고 그와 더불어 N2레벨의 기능어 문제가 출제되고 있다. 따라서 N 1 레벨에 필요한
기능어와 함께 N2 기능어 역시 외워두어야 한다.

왼쪽의 유형1 과 같은 문제의 경우에는 「〜となると、〜ようものなら、〜とばか
りに、〜ようによっては」의 정확한 의미를 외우는 것이 중요하다. 그러나 유형2 와
같은 문제의 문장은 오히려 引き出そうとしたとして 이 자체를 그대로 연결 해석
해서 문제를 풀면 더 독이 될 수 있다. 이와 같은 문형문법 문제의 경우는 선택지의
예문을 각각의 기능어로 쪼개서, 즉 「引き出そうとした ＋ として」로 표현을 나눈
후 오답을 먼저 지워야 정답이 보인다. 따라서 어디에 중점을 두고 외워야 할지를 잘
생각해야 하다.

그 외 문형부분에서는 앞에서 언급한 것과 같이 존경표현과 겸양표현 관련 문형 및
부탁표현 관련 문형의 문제, 그리고 부사와 같이 쓰이는 문형 문제들이 출제되고 있
다. 특히 존경어와 겸양어 관련 문제에서는 실제 커뮤니케이션에서 자주 듣고 볼 수
있는 내용들이 출제되고 있기 때문에 안내장의 문구, 공지사항의 문구, 안내방송 등
을 주위 깊게 챙겨두는 것이 시험에 도움이 될 수 있다.

부사와 같이 쓰이는 문형의 경우 부사의 의미만을 외우는 것이 아니라, 예를 들어 一
切라는 부사는 부정형과 같이 쓰인다든지, 또는 どうも 등의 부사는 〜ようだ 등과
같이 추량의 문형과 함께 쓰인다는 점에 중점을 두고, 평소에 문형과 부사를 같이 정
리해서 외우는 것이 중요하다.

마지막으로 N1인데도 불구하고 N2에서도 출제되는 문법문제가 있다. 바로 수동,
사역, 사역수동형 파트이다. 특히 수동과 사역, 사역수동형 관련 문제의 경우는 기존
N2 기능어 문법이 결합된 문제가 출제되고 있기 때문에 기본적인 의미만 파악하고
있다면 충분히 대비할 수 있다.

문제이해   문장의 배열을 묻는 이 문제는 보기 1~4번의 문장 및 단어를 순서대로 배열하여 올바른 문장으로 만든 후 ★표시가 되어 있는 부분의 문장을 찾는 문제이다.
이 문제는 문장을 만드는 능력을 필요로 하며, 문장에서 문형을 이해하는 것뿐만 아니라 실제로 문장을 만들어 보거나 많은 예문을 읽어서 그 문형의 전형적인 사용방법을 알아두는 것이 중요하다.

기출문제유형   ネット犯罪といった議論があるが、インターネットはただの手段だ。 2012-1회
その価値は ＿＿＿ ＿＿＿ ＿★＿ ＿＿＿ ものだと思う。

1 人の使い方　　　2 使う　　　3 決まる　　✔ 次第で

해석

> 인터넷 범죄라는 논의가 있지만, 인터넷은 단순한 수단이다. 그 가치는 <u>사용하는 사람의 사용방법에 따라서 정해지는</u> 것이라고 생각한다.

해설
우선 「N+次第で ~에 따라서」라는 문형을 보는 순간 떠올려야 한다. 문형 ④次第で 앞에는 '명사'가 오므로 우선 [1-4]가 된다. '~에 따라서 (정해진다)'의 문형이 자연스럽기 때문에 [1-4-3]이 되며 「使う」는 명사를 수식하는 형태로도 쓰이므로 [2-1-4-3]이 된다. 즉 「その価値は ②使う ①人の使い方 ④★次第で ③決まる ものだと思う。」라는 문장이 완성된다. 이 경우 ★에 보기 4가 들어가므로 정답은 ④가 된다.

비법 TIP   문장 만들기 문제에 대비하기 위해서는 우선 문장형 문형을 외우는 것이 필요하다. 즉 문제를 풀 때 무조건 한국어로 해석해서 푸는 것이 아니라, 예문의 단어 및 문장들을 보고 연결 가능한 것을 파악하여 연결한 뒤 나머지 단어들을 연결하면 쉽게 문장을 구성할 수 있다.

문제이해　글의 문법은 중문 독해 정도의 지문을 읽고 글의 흐름에 맞는 문장이 어떤 것인지를 묻는 문제로 지문의 공란을 메워가는 형식으로 5문제가 출제된다. 문제 패턴을 보면 문맥상 알맞은 어휘, 접속사, 부사, 기능어 등을 고르는 문제가 출제되고 있다. 기능어의 경우에는 문장의 흐름에 맞는 문법요소나 어휘들이 출제된다고 생각하면 된다. 2013년도까지 주로 자신의 주장을 쓴 글들이 출제되었다면 2014년도에는 고민을 상담하는 글과 그에 대한 두 사람의 각기 다른 회답을 제시하는 글의 형태가 출제되고 있다.

기출유형문제　2011–1회

問題7　次の文章を読んで、文章全体の趣旨を踏まえて、 41 から 45 の中に入る最もよいものを、1・2・3・4から一つ選びなさい。

広告主の品位

きょうはＣＭの中身ではなく、ＣＭの出し方について、広告主の人たちにお願いをしたい。

番組の途中にＣＭが 41 。が、モンダイはその入り方のタイミングだ。たとえば、歌やものまねのうまさを競い合う番組の中で、いざ、審査員の点数が出ようとするその直前に、ポンとＣＭが割って入る。あるいは、クイズ番組の中で正解が発表されようとするその瞬間に、サッと画面がＣＭに入れ替わる。ああいうせこいことは 42 。（注1）

あれは広告主がやっているわけでなく、番組を作っているテレビ局の人の考えでやっているんだろう。が、それだったら、そういういやらしいＣＭの入れ方はしないでほしいと、テレビ局の人に注文をつけてもらいたい。

43-a 、みんながテレビの前で身を乗り出している瞬間にＣＭを入れれば、見られる 43-b 。が、わざわざ番組の流れを断ち切り、視聴者の感興をそいでまで強引にＣＭを見せようとするやり方って、さもしくないだろうか。みっともなくないだろうか。（注2）

> **41**
>
> | | |
> |---|---|
> | 1　入るのにいい | 2　入るのがいいのか |
> | ✓3　入るのはいい | 4　入るのでいいのか |
>
> **42**
>
> | | |
> |---|---|
> | 1　やめようと思う | ✓2　やめてほしいのだ |
> | 3　やめるのだろうか | 4　やめられるものではない |
>
> **43**
>
> | | | | |
> |---|---|---|---|
> | 1 | a　やはり | / | b　ところだった |
> | 2 | a　いったい | / | b　のか |
> | 3 | a　といっても | / | b　わけでもない |
> | ✓ | a　たしかに | / | b　ことは間違いない |

해석

광고주의 품위

　오늘은 CM의 내용이 아닌 CM의 송출방법에 대해 광고주들에게 부탁을 하고 싶다.
프로그램 중간에 CM을 넣는 **것은 좋다**. 하지만 문제는 그 들어가는 방법의 타이밍이다. 예를 들어, 노래와 성대 모사의 능숙 함을 겨루는 프로그램에서 정작 심사 위원의 점수가 나오려고 하는 그 직전에 CM이 툭 끼어 든다. 또는 퀴즈쇼에서 정답이 발표되려고 하는 그 순간에 화면이 CM으로 잽싸게 바뀐다. 그런 치사한 짓은 **그만두었으면 좋겠다**.
　그것은 광고주가 하고 있는 것이 아니라 프로그램을 제작하는 방송국 사람들이 생각해서 하고 있는 것이겠지. 하지만 그렇다면, 그렇게 불쾌하게 CM을 넣지 말아 달라고 방송국 사람에게 주문을 해 줬으면 한다.
　분명히 모두가 TV 앞에서 몸을 내밀고 있는 순간에 CM을 넣으면 보게 되는 **것은 틀림 없다**. 하지만 일부러 프로그램의 흐름을 차단하고 시청자의 감흥을 깨면서 까지 억지로 CM을 보여 주려고 하는 방식은 야비하지 않을까. 꼴불견이지 않을까.

해설

41 문형 뒷부분에 「が(하지만)」가 있으므로 역접을 찾아야 한다. '~것일까'의 의미를 갖는 「~のか」는 우선 오답으로 지워야 한다. 그리고 뒷문장이 「モンダイはその入り方のタイミングだ 문제는 그 넣는 방법의 타이밍이다」라고 되어 있으므로 '~하는 것은 괜찮다'가 자연스럽다. 따라서 「~のはいい」인 3번이 정답이 된다.

42 시작부분이 「広告主の人たちにお願いをしたい 광고주들에게 부탁하고 싶다」로 시작한 것으로 보아 내 생각이 아닌 광고주들에게 부탁하고자 하는 내용을 담고 있다. 따라서 「1 의지형 +と思う(내가) ~하려고 한다」 「3 ~のだろうか(정말) ~인 것일까(＝かもしれない)」 「4 ~ものではない ~인 것은 아니다(일반적인 논리 설명)」는 정답이 될 수 없다. 따라서 남에게 부탁하는 「3 ~てほしい ~하길 바란다」가 정답이 된다.

43 선택지 1의 「~ところだった ~할 뻔했다」나 추측을 나타내는 2번의 「いったい~のか 도대체 ~인 것일까」는 정답이 될 수 없다. 이 부분에서는 'TV를 집중해서 보고 있는 중에 CM을 넣는다면 확실히 보겠지만 ~'이라는 문장이 되어야 하므로 「たしかに~ことは間違いない 확실히 ~한 것은 틀림없다」가 들어가는 것이 자연스럽다. 따라서 4번이 정답이 된다.

(1) 지시어

회화문에서 지시대명사는 지시를 하는 대상이 화자의 주위에 있는 경우는「こ」, 듣는 사람 주위에 있는 경우에는「そ」, 화자와 듣는 사람 모두에게 멀리 있는 대상일 경우에는「あ」를 사용한다. 그러나 글의 경우에 지시어는 사용하는 방법이 조금 다르기 때문에 주의해서 대비해두어야 한다.

a. 말을 가리키는「こ〜」「そ〜」

① 앞문장에서 나왔던 것을 가리킴「そ〜」

先週木村さんという人にあった。その人は大学の先生だ。

지난주 기무라 씨라는 사람을 만났다. 그 사람은 대학교 선생님이다.

②「(もし)〜」의 문장인 경우「そ〜」

新しいデータが出たら、すぐそれを報告しなければならない。

새로운 데이터가 나오면 즉시 그것을 보고해야 한다.

③ XのY(순서, 위치, 소유 등)「そ〜」

クレジットカードは会員とその家族しか使えない。

신용카드는 회원과 그 가족밖에 사용할 수 없다.

④ 데이터나 인용문「こ〜」

このグラフから、次のことがわかる。

이 그래프에서 다음 사항을 알 수 있다.

b. 문장의 내용을 가리킴

①「こ〜そ〜」는 하나의 말이 아니라 문장을 가리키는 경우도 있다.

父がカナダに転勤になった。そのとき、私は中学生だった。

아버지가 캐나다로 전근가게 되었다. 그 때 나는 중학생이었다.

②「このように(な)」등으로 문장의 내용을 정리할 수도 있다.

(2) 의견을 나타내는 표현

① 〜と思われる / と考えられる / といえる 〜라고 생각되다

　→「〜と思う」「〜と考える」보다「〜と思われる」「〜と考えられる」쪽이 사실을 토대로 그렇게 생각하는 것이 당연하다는 인상을 주기 때문에 의견에 객관성을 주는 효과가 있다.

② 〜だろう ~이겠지 / 〜にちがいない ~임에 틀림없다 /
　〜はずである ~일 것이다.

　→「〜にちがいない」는 보다 강한 확신을 나타내고 싶을 때 사용한다.

③ 〜(の)ではないか ~이지 않은가 / (の)でないだろうか ~가 아닐까

　의문의 형태를 취함으로써 읽는 사람의 동의를 구하는 말투가 되어 의견을 주장하는 표현이 된다.

④ ～ように思^{おも}える　～인 것처럼 생각되다 / ～かもしれない　～일지도 모른다
⑤ ～は(なぜ)だろうか　～은 (왜)일까?
　　→ 이 표현을 통해 이어서 다른 사람의 의견이 나올 것을 어느 정도 예측할 수 있다.

(3) 정보원(타인으로부터 얻은 사실)을 나타내는 표현

① (정보원) ～によれば・によると / の話^{はなし}では
　　＋そうだ・ということだ / ようだ・らしい
　　～에 의하면/의 이야기로는＋라고 한다・라는 말이다/같다
② (정보원) は、～と述^のべている / 説明^{せつめい}している / 指摘^{してき}している / 主張^{しゅちょう}している
　　～은 ～라고 서술하고 있다/설명하고 있다/지적하고 있다/주장하고 있다

(4) 글의 마무리 문형

① ～でしょうか　～인 걸까요? 〈상대방의 의견을 받아서 되묻는 문구〉
② ～のでしょう　～이겠지요, ～할 것입니다 〈원인, 이유, 근거〉
③ ～そうです　～라고 합니다 〈정보〉
④ ～のではないだろう　～것은 아닐 것이다 (＝のではないでしょう、～のではないか)
　　→ 필자가 자신의 주장을 신중하게 나타낼 때 쓴다.
⑤ ～だろう / でしょう　～겠지/～이겠지요
　　→ 화자가 말한 것에 대한 확신, 또는 상대방에 대해 동의를 구할 때 쓴다.
⑥ ～のではないだろうか　～이(가) 아닐까?

(5) 접속사로 사용되는 문형

および 및(ならびに), 또(また)	おまけに 그위에, 게다가
それに反^{はん}して 그에 반하여	その反面^{はんめん} 그 반면
そのゆえ 그러므로	がゆえに 때문에
ゆえに 그러므로, 따라서	が 그러나
しかしながら 그렇지만	にもかかわらず 그럼에도 불구하고
とはいえ 그렇다고 하더라도	ないし 내지, 혹은
だからといって 그렇다고 해서	かといって 그렇다고
そうはいっても 그렇다고 해도	さりとて 그렇다고 해서
すなわち 바꿔 말하면, 즉, 곧	いってみれば 말하자면
ちなみに 더불어, 게다가	それはさておき 그것은 어쨌든
もしくは 또는, 그렇지 않으면	だったら 그렇다면

✳ JLPT 기출 문법 체크

2015-1회

まるで〜 전혀~ (+부정)	〜をもって ~으로, ~로써
〜なければ ~하지 않으면	〜ようとはしない ~하려고는 하지 않다
思い出される 생각나다, 상기되다	〜てからでは ~하고 나서는
〜ともいうべき ~라고 해야 할	〜ものだ ~법이다
〜ようじゃないか ~않을래?	たとえ〜とも・ても 비록(설령) ~라도
〜ていただけると助かるんですが ~해주시면 감사하겠습니다만	
〜にむけて ~을 향해서	〜をめぐって ~을 둘러싸고
〜につれて ~에 따라서 (자연변화)	〜たとしたら ~했다고 한다면
〜ようが〜ないが ~하든 ~하지 않든	〜なかったにしろ ~하지 않았다고 해도
〜ほかはない ~밖에 없다	〜ないでもない ~하지 않는 것도 아니다
〜ねばならない ~하지 않으면 안 된다	それどころか 그렇기는커녕(오히려)
〜はずだ ~일 것이다	〜にしても ~인 경우에도
〜に応じて (정면) ~에 따라서	〜ないかもしれない ~아닐지도 모른다
〜にと(思って) ~에게 라고(생각해서)	

2014-1회

〜限り ~(가능한) 한	〜といえば ~로 말하자면
〜にもかかわらず ~에 상관없이	〜ようにも〜ない ~하려고 해도 ~할 수 없다
〜(た)が最後 (일단) ~했다 하면	〜を皮切りに ~를 시작으로(크게 확장)
〜に当たって ~에 즈음하여(격식 차린 말씨)	〜に沿って ~에 따라서 (똑같이)
だって〜もん 하지만 ~인걸, ~했는걸	〜っけ ~였던가?
〜きらいがある ~하는 (나쁜) 경향이 있다	〜を余儀なくさせる 어쩔 수 없이 ~하게 만들다
〜と〜ないとでは ~하고 ~않고는 (확연히 다르다)	〜つつも ~하면서(도)
〜ようとしない ~하려고 하지 않다	〜なだけなのに ~일뿐인데
〜としか言いようがない ~라고 밖에 말로 표현할 수 없다	

～と言ってもしかたがない ～라고 말해도 어쩔 수 없다

～といったらない 정말이지 ～하다　　　～に至った ～에 이르렀다

どうやら～ようだ 아무래도 ～인 것 같다　　　～を受けて ～(영향)을 받아서

～なくは(も)ない ～없는 것은(도) 아니다, 괜찮다(회화체)

～から頂戴した ～로부터 받았다　　　～ばいいものを ～했으면 좋을 텐데

～か～ないかのころ 막 ～했을 즈음　　　～にしては ～치고는 (＝～の割には)

～なくて(ずに)すむ ～없어도 괜찮다　　　～てならない 너무 ～하다, ～해서 참을 수 없다

AだのBだの A라든지 B라든지　　　～なり～なり ～든지 ～든지

まさか～ないだろうと 설마 ～아닐거라고　　　なんで 어째서, 왜

かえって 오히려　　　～もしない ～하지도 않는다

～に限って ～에 한해서(① 우연히 좋지 않은 일이 겹침 ② 믿는 대상에 한해서 그럴리 없다)

～に～ず ～하려 해도 ～할 수 없어　　　なさる 하시다

差し上げる 드리다　　　おいでくださる 오시다

～ようとしない ～하려고 하지 않다　　　～ているところに ～하고 있는 곳에 (우연히)

～ないかぎりは ～하지 않는 한은(변함이 없음)　　　～っぱなし ～한 채로

～ないようにする ～하지 않도록 하다　　　～んでばかりだ (마치) ～하는 듯 하다

～べきではない ～해서는 안 된다　　　～つもりではない ～할 생각(의도)가 없다

～なまで ～할 정도로　　　～なくして (차마) ～없이는

～ようもない ～할 수도 없다(강조)　　　～からといって (아무리) ～라고 해서

～かというと ～인가 하면　　　～をもって ～으로, ～로써

～にして ～이 되어서야, ～라도(정도의 강조)　　　～のではないか (＝～んじゃないか) ～지 않을까

～を皮切りに ～를 시작으로(크게 확장)　　　～をピークに ～을 절정으로

～をもって ～으로, ～로써　　　～ですら ～조차도

～だけでも ～만이라도　　　～上で ～한 뒤에(た형) / ～함에 있어서(기본형)

～上に ～한데다가　　　～を～で ～을 ～으로

～とする ～로 하다　　　～限りではない 그 범위에 들지 않는다

～に<ruby>限<rt>かぎ</rt></ruby>る ～하는 게 제일이다　　　　　～にもほどがある ～에도 정도가 있다

～ものなら ～할 수 있으면(가능)　　　　～ものがある ～하는 데가 있다(감탄)

はたして 과연　　　　　かりに 가령

どうやら 어쩐지　　　　　おそらく 아마

<ruby>存<rt>ぞん</rt></ruby>じる 생각하다, 여기다　　　　うけたまわる 삼가 듣다

<ruby>頂戴<rt>ちょうだい</rt></ruby>する 받다　　　　～ながらも ～하면서도

～もさることながら ～은 물론이거니와　　　　～からすれば ～의 입장에서 보면

2013-2회

～が～だけに ～이 ～인 만큼　　　　～<ruby>極<rt>きわ</rt></ruby>まりない ～하기 짝이 없다, 극히 ～하다

～にあって ～에 있어서, ～에서　　　　～とあって ～이라서

～かと<ruby>思<rt>おも</rt></ruby>いきや ～라고 생각했더니(사실과 다름)　　　　～にすぎない ～에 지나지 않다

～といったらない 정말이지 ～하다(이루 말할 수 없다/이를 데 없다)

～ほどのことではない ～할 정도의 일이 아니다　　　　～とも<ruby>限<rt>かぎ</rt></ruby>らない (꼭) ～라고 할 수 없다

～のみでなく ～뿐만 아니라　　　　～として ～로써

たとえ～だろうと 비록 ～라도　　　　～ついでに ～하는 김에

～とは<ruby>比<rt>くら</rt></ruby>べものにならない (상대가 뛰어나서) ～와는 비교할 대상이 안 된다

かつ 동시에, 한편　　　　～わけにはいかない ～할 수는 없다

2012-1회

～となると ～라고 한다면　　　　～ざる ～하지 않다

～ようものなら (계속)～했다 하면 (나쁜 일이 예상)　　　　～んばかりに (사실은 아니지만 마치) ～하는 듯하게

～ようによっては(ようでは) ～(하는 방법/하기)에 따라서는

まず ①아마도, 거의 ②우선　　　　かりに 가령

なかなか 좀처럼　　　　～てほしいものだ ～했으면 한다

～かねる ～할지도 모른다, ～할 법도 하다　　　　～かねない ～하기 어렵다, ～할 수 없다

～として ～로써　　　　～に<ruby>対<rt>たい</rt></ruby>して (대상) ～에 대해서

～であろうと ～라도　　　　～<ruby>次第<rt>しだい</rt></ruby>で ～에 따라서

～にとっては ～에게 있어서는　　　　～ようと～ようと ～하든 ～하든

～とともに ～와 함께

~に沿って ~에 따라서 (똑같이)	~に基づき ~를 토대로, ~에 기초를 두고
~にともない ~(사태, 변화)에 따라서	~にこたえて ~(기대, 요구)에 부응해서
~べく ~하기 위해서	~べからず ~해서는 안 된다, ~할 수 없다
~べし (응당) 그렇게 해야 할(~べき의 고어체)	~だろうと~だろうと ~든 ~든
~というか~というか ~라고 해야 할까 ~라고 해야 할까	
~ようがない ~할 수 없다	~ものの ~이지만
~から~させてもらえば ~(입장)에서 ~하면	~に~ず ~할래야 ~할 수 없고
~ばこそ ~야말로	~にあっては ~에서는

~にして ~이 되어서야, ~에 와서	~にあって ~에 있어서, ~에서
~として ~로써	~とあって ~이라서
~につけ ~할 때마다(항상)	~なり ~하자마자
~とは ~하다니(감탄, 탄식)	~にしてみると ~(입장)에서 보자면
~たあげく ~한 끝에	~のではないか ~이지 않은가
~以上 ~하는 이상	~でしかない ~에 지나지 않다
~と思えるぐらい ~라고 여겨질 정도로	~ていただく (남이) ~해주다
~わけにはいかない ~할 수 없다	~かというと ~인가 하면
~ないように ~하지 않도록	~てまで ~하면서까지
たとえ~ても 비록 ~하더라도	~と思いきや ~라고 생각했더니(반대의 상황)

~を受けて ~(영향)을 받고서	~に沿って ~에 따라서 (똑같이)
~にわたって ~에 걸쳐서	~を通じて ~을 통해서
ゆえに 그러므로, 따라서	~どころか (~은)커녕
~なくして ~없이	~がらみ ~가량, ~쯤 되는
~といったところだ (기껏 해봐야) ~인 정도이다	~ごとく / ごとき ~와 같이/~와 같은
~ならではの ~만의, ~특유의	~ないでもない ~하지 않는 것도 아니다
~よりほかない ~할 수밖에 없다	~じゃあるまいし ~도 아니고

～としても ~라고 한들, ~치더라도 (부정적인 표현)	～ずに(は)すまない 반드시 ~해야 한다
～にかぎる ~하는 게 제일이다	～がたい ~하기 어렵다
～からといって ~라고 해서	～わけではない ~한 것은 아니다
～のみならず ~뿐만 아니라	あたかも～がごとく 마치 ~인 것처럼

～にわたって ~에 걸쳐서	～から ～にかけて ~부터 ~에 걸쳐서
～ならではの ~만의, ~특유의	～まま / ままを ~인채/~그대로를
～として ~로써	～てはいられない ~하고서는 있을 수 없다
～にして ~이 되어서야, ~에 와서	～に越したことはない ~(보다) 더 좋은 것은 없다
～極まりない ~하기 짝이 없다, 극히 ~하다	～こともある ~인 경우도 있다
～に決まっている 당연히 ~하다	～に違いない ~임에 틀림없다
～にしても ~라고 한들, ~치더라도	～にもかかわらず ~에도 불구하고
～ほかはない ~할 수밖에 없다	～からといって ~라고 해서
～かというと ~인가 하면	～だけあって ~한 만큼
～ものか ~쏘냐, ~할 것 같냐! (강한 부정의 의지)	～にまで ~(해)서 까지
～ばかりに ~(한, 하는) 바람에	～からして ~부터가 (다름)

～を限りに ~을 끝으로	～を皮切りに ~를 시작으로(크게 확장)
～をよそに ~을 아랑곳 하지 않고	～を機に ~(사건)을 계기로(급변)
～はしない ~(하)지 않는다	一切(+부정) 일절 (~하지 않다)
とても～ない 도저히 ~할 수 없다	まさか～ないだろう 설마 ~아니겠지
～始末だ ~한 꼬락서니다	～思いをする ~경험을 하다
～じゃないか ~아니냐	～のではないか ~지 않은가
～うる ~할 수도 있다	～つつある ~하고 있다
～だけのことがある ~했다 할 만하다	～にすぎない ~에 지나지 않다
～ほどのことはない ~할 정도는 필요 없다	～べきだ ~해야만 한다
～べきではない ~해서는 안 된다	～あっての ~있고서의
～からには ~한 이상	～さえ～ば (최소한) ~만 ~하면 (충분하다)

01 필수 기능어 100

001 　〜いかんだ　　〜여하이다

オリンピックがこの国で開催されるかどうかは、国民の協力いかんだ。

올림픽이 이 나라에서 개최되는 여부는 국민의 협력 여하이다.

1次筆記試験は合格したので、面接の結果いかんで採用が決まるそうだ。

1차 필기시험은 합격했기 때문에, 면접의 결과 여하에 채용이 결정된다고 한다.

TIP '(~할지 어떨지는) ~여하이다'의 의미로 자주 출제되기 때문에「いかんだ」앞에「~かどうか」가 자주 온다. 활용표현 중「~いかんで ~여하에」의 경우「~かもしれない ~일지도 모른다」「~ことがある (때때로) ~인 경우가 있다」「決まる 결정되다」등과 같은 문형이 자주 출제되므로 잘 살펴둬야 한다.

유사문법 ● 명사+次第だ ~에 따름이다, ~에 달려있다

今度の試験に合格するかどうかはあなたの努力次第だ。

이번 시험에 합격 여부는 당신의 노력에 달려있다.

002 　〜いかんにかかわらず・〜いかんによらず・〜いかんを問わず
〜여하에 관계없이, ~여하를 막론하고 〈반드시, 절대적〉

理由のいかんにかかわらず、この件においては個人情報になるのでここではお答えかねます。

이유 여하에 관계없이 이 건에서는 개인 정보가 되므로 여기에서는 대답해드리기 어렵습니다.

国籍のいかんを問わず、採用試験を受けることのできる大手企業が増えている。

국적에 관계없이 채용 시험을 볼 수 있는 대기업이 늘고 있다.

TIP「〜にかかわらず/によらず/を問わず」각각의 문법은 다른 의미로 사용되지만,「〜いかん 여하」가 더해지면 모두 같은 의미가 된다.

003 **～上に** ~데다가 (＝それに) 〈금상첨화, 설상가상〉

広瀬さんは真面目な上に、よく気配りをする人だ。
히로세 씨는 성실한 데다가 배려를 잘하는 사람이다. 〈금상첨화〉

契約を解除された上に修理費用まで請求された。
계약을 해제당한 데다가 수리비용까지 청구당했다. 〈설상가상〉

유사문법 ● ① 명사+の上では＝명사+上では ~상으로는 〈통계, 수치〉
② ～た上は ~한 이상은 (＝～からには・からは)

TIP 「～上には」는 사용할 수 없다.
③ ～た 명사+の上で ~한 다음에, ~한 후에 (＝～たあとで, ～てから)
④ 기본형/명사+の上で ~하는 데 있어서, ~하기 위한 (전제조건)

004 **～(よ)うと(も)・～(よ)うが** (설령) ~라 할지라도, ~해도

どんなに悪人であろうと少しの家族愛はあるだろう。
아무리 나쁜 사람일지라도 조금의 가족애는 있을 것이다.

たとえ私が知っていようが、あなたには教えるわけにはいきません。
설령 내가 알고 있어도 당신에게는 가르쳐 줄 수 없습니다.

TIP 앞에는 「たとえ 설령」「いくら、どんなに 아무리」등의 부사가 자주 온다.

유사문법 ● ～(よ)うと～まいと・～(よ)うが～まいが ~하든 안 하든
田中さんは周囲の人が反対しようとしまいとあまり気にしない人だ。
다나카 씨는 주위 사람들이 반대하든 안 하든 별로 신경쓰지 않는 사람이다.

005 **～限り** ~한 전부 〈100%〉

チームのためにできる限りのことをしたいと思います。
팀을 위해서 할 수 있는 일 전부를 하고 싶습니다.

プロというのは力の限り正々堂々と戦い、勝負がついたら互いに健闘をたたえ合うものです。
프로라는 것은 있는 힘껏 정정당당하게 싸우고, 승부가 나면 서로 건투를 칭찬하는 것입니다.

TIP 앞에는 가능표현이 자주 오며, 동사 또는 「명사+の」에 접속되며, 관용표현으로 「声をかぎりに 목청껏」, 「力の限り 있는 힘껏」으로 자주 사용된다.

 ① ~限^{かぎ}り(では) ~한, ~동안, ~인 이상 (범위, ~인 상태로는)

② ~に限^{かぎ}らず ~뿐만 아니라 (앞에 한정하지 않고 뒤에까지도)

③ ~とは限^{かぎ}らない ~라고는 단정할 수 없다(꼭 그런 것은 아니다)

   =~というものではない, ~わけではない

④ ~に限^{かぎ}って (다른 때는 안 그런데) 하필이면 ~때에 한해

⑤ ~に限^{かぎ}り ~만(은) (한정해서, 특별해서)

⑥ ~を限^{かぎ}りに ~을 끝으로 (=~をもって)

⑦ 감정형용사+限^{かぎ}りだ ~하기 그지없다(감정 강조) (=~ものだ, ~といったらありゃしない)

⑧ ~に限^{かぎ}る ~하는 게 제일이다

⑨ ~限^{かぎ}りでは ~하는 바로는 (見^みた・知^しっている・覚^{おぼ}える 등에 주로 접속)

006　**～かたわら**　~하는 한편 〈두 가지 일〉

私^{わたし}の母^{はは}は自分^{じぶん}が編^あみ物^{もの}を習^{なら}うかたわら、人^{ひと}にも教^{おし}えている。

나의 어머니는 자신이 뜨개질을 배우는 한편, 다른 사람에게도 가르치고 있다.

彼^{かれ}は銀行員^{ぎんこういん}としての仕事^{しごと}のかたわら、作曲^{さっきょく}もしていました。

그는 은행원으로 일을 하는 한편, 작곡도 하고 있었습니다.

TIP 해석만 놓고 생각하면 「~一方^{いっぽう}で」와 같지만, 「~かたわら」는 반대의 상황인 역접이 아니라, 주업과 부업이 함께 존재한다는 뜻을 나타낸다.

007　**～がてら**　~할 겸해서(=~のついでに)

うちの近^{ちか}くにお越^こしの際^{さい}には、お遊^{あそ}びがてら、お寄^よりください。

우리집 근처에 오실 때에는 놀 겸해서 들려주세요.

 ~のついでに ~할 겸해서

買^かい物^{もの}のついでに、大阪^{おおさか}の鶴橋^{つるはし}という在日^{ざいにち}コリアンタウンに寄^よりました。

쇼핑 겸해서 오사카의 츠루하시라는 재일 코리안타운에 들렀습니다.

~かたがた ~할 겸해서(=~を兼^かねて)

無事^{ぶじ}に就職^{しゅうしょく}ができたので、推薦^{すいせん}してくださった教授^{きょうじゅ}に報告^{ほうこく}かたがた、手紙^{てがみ}を書^かいた。

무사히 취직을 할 수 있어서, 추천해 주신 교수님에게 보고할 겸해서 편지를 썼다.

TIP 한 장소에서 다른 목적을 갖고 두 가지를 함께 해결하는 1석 2조 느낌의 문법이다.

008

〜かと思うと・〜かと思ったら　　~라고 생각했는데

息子はほとんど家にいない。帰ってきたかと思うと、またすぐ出かけてしまう。

아들은 거의 집에 없다. 돌아왔다고 생각하면 또 금새 나가버린다.

今泣いたかと思ったら、もう笑っている。子どもの機嫌は変わりやすいものだ。

방금 울고 있었다고 생각했는데 벌써 웃고 있다. 아이들의 기분은 변하기 쉬운 법이다.

TIP 이 문형의 뒤에는 실제로 일어난 사건을 설명하는 문장이 오기 때문에「〜ようと思う」「〜つもりだ」등과 같은 의지나 명령, 부정문 등은 오지 않는다.

비교문법 ●　① 〜かと思うほど ~라고 생각될 정도로 〈사실은 다름〉

合格の知らせがうれしくて、夢かと思うほどだった。

합격소식이 기뻐서 꿈이라고 생각될 정도였다.

② 〜かと思いきや ~라고 생각했더니 〈사실과 다름〉

今回の試験は簡単だったので、合格したかと思いきや、答案用紙に間違えてマークをして、落ちてしまった。

이번 시험은 간단했기 때문에 합격이라고 생각했더니, 답안 용지를 잘못 표기해서 떨어지고 말았다.

TIP「〜かと思うほど」는 상황이 심해서 실제는 아니지만 그렇게 느껴진다는 뜻을 담고 있다.

「〜かと思いきや」의 경우에는 '~라고 생각하고 있었는데 (사실과 달랐다)'의 뜻으로, 두 개의 기능어가 비슷한 형태를 띄어 오답으로 자주 출제되므로 구분을 정확하게 해둘 필요가 있다.

009

〜かねない　　~할 수도 있다, ~할 법도 하다

収益を上げれば問題はないが、それができなければ公企業の運営に悪影響が出かねない。

이익을 올린다면 문제는 없지만, 그것을 할 수 없다면 공기업의 운영에 악영향이 나올 수도 있다.

TIP '~할 수도 있다'와 같이 의미적으로는 긍정처럼 느껴지지만, 나쁜 상황에만 사용하기 때문에 문장은 마이너스의 의미를 담고 있다.

あなたならやりかねない。 너라면 저지를 수 있어. (○) ←너라면 할 수 있어. (X)

〜が早いか　　~하자마자 (곧장)

彼は最近とても忙しいらしい。食事をするが早いか、すぐに飛び出していった。

그는 요즘 매우 바쁜 것 같다. 식사를 하자마자 바로 뛰쳐 나갔다.

学生たちは授業が終わるが早いか、教室を飛び出した。

학생들은 수업이 끝나자마자 교실을 뛰쳐 나갔다.

 ① ～か～ないかのうちに ～하자마자 (동시에)

彼女は高校を卒業するかしないかのうちに、結婚してしまった。
그녀는 고등학교를 졸업하자마자 (동시에) 결혼해버렸다.

② (동사기본형)や・～や否や ～하자마자 (곧장, 거의 동시)

サイレンが聞こえるや否や、みんな一斉に立ち上がった。
사이렌이 들리자마자 모두 일제히 일어섰다.

011

～からある　～(씩)이나 되는 〈수량, 무게, 크기, 양〉
～からする　～(씩)이나 되는 〈가격〉
～からの　～(씩)이나 되는 〈인원수〉

２トンからあるこの岩を、どうやって運ぶつもりだろう。
2톤(씩)이나 되는 이 바위를 어떻게 해서 옮길 생각일까.

彼女は10万円からする服を、値段も見ないで気軽に買った。
그녀는 10만 엔(씩)이나 되는 옷을 가격도 보지 않고 선뜻 샀다.

その大会には10万人からの人々が参加したそうだ。
그 대회에는 10만 명(씩)이나 되는 사람들이 참가했다고 한다.

TIP ～からある・からする・からの의 경우에는 앞 부분에 반드시 최대 수량이 온다는 사실을 알아야 한다. 최대 수량은 아니지만 수량 자체를 강조할 때는 「조수사＋も ～씩이나」를 사용해서 표현한다.

012

(いくら)～ からといって(も)　(아무리) ～라고 해서(해도)

いくら彼女が貧しいからといって集金したお金を盗んだとは限らない。
아무리 그녀가 가난하다고 해서 수금한 돈을 훔쳤다고는 할 수 없다.

TIP 뒤에 '(항상) ～인 것은 아니다'라는 내용으로 자주 출제되므로 「～とは限らない・～とは言えない・～(という)わけではない・～(という)ものではない」와 같은 문형과 짝을 이루는 경우가 많다.

013

～きらいがある　～하는 (나쁜) 경향이 있다

父は最近、どうも飲みすぎるきらいがある。
아빠는 요즘 아무래도 과음하는 경향이 있다.

彼女は物事を悲観的な結論を出すきらいがある。
그녀는 매사를 비관적인 결론을 내는 경향이 있다.

 〜がちだ 〜하기 쉽상이다, 〜이 많다

最近の若者は政治問題について軽視しがちだ。
요즘 젊은이는 정치문제에 대해서 경시하기 쉽상이다.

014 〜極まる・〜極まりない　〜하기 짝이 없다, 극히 〜하다

あんなに信号を無視して突っ走るなんて、危険極まる行為だ。
저렇게 신호를 무시하고 냅다 달리다니 위험하기 짝이 없는 행위이다.

間違い電話をかけてきて謝りも一言しないなんて、本当に失礼極まりない。
전화를 잘못 걸어서는 사과 한마디도 하지 않다니, 정말 무례하기 짝이 없다.

TIP 뜻은 두 문법이 비슷하지만, 極まる는 부정적 의미이고 極まりない는 이 자체가 형용사이기 때문에
접속형태(な형+極まる / な형(なこと)・い형こと + 極まりない)에 주의해야 한다.
その景色は美しいこと極まりないものだった。 그 경치는 매우 아름다웠다.

또「感極まる(몹시 감동하다)」와 같이 관용표현으로 사용되기도 한다.

015 〜くせに・〜くせして　〜이면서, 〜인 주제에

自分も何も知らないくせに、偉そうなことを言うな。
자기도 아무것도 모르는 주제에 잘난척 말하지 말아라.

美恵子は彼氏ができないくせして、いつも恋愛関係のアドバイスを言おうとしている。
미에코는 남자친구를 못만드는 주제에, 항상 연애 관계의 조언을 하려고 한다.

016 〜くらいなら　〜할 정도라면

満員のバスに乗るくらいなら、駅まで20分歩く方がいい。
만원인 버스에 탈 정도라면 역까지 20분 걷는 편이 낫다.

TIP 「〜方がいい(〜인 편이 낫다), 〜方がましだ(〜인 편이 (그나마) 낫다)」등의 표현과 함께 자주 출제된다.

017 〜ごとき/〜ごとく　〜 같은/〜와 같이 (＝〜ような/〜ように)

彼のごとき指導者はこの世に二人とはいないだろうと思う。
그와 같은 지도자는 이 세상에 둘은 없을 것이다.

彼の言うごとく市場はまもなく安定した。
그가 말하는 것과 같이 시장은 곧 안정되었다.

018 ～ことなしに　～하지 않고 (＝～(し)ないで)

私たちの「お客さまのため」というこの方針は今後も変えることなしに、守っていきたいと思います。
우리들의 '손님을 위해'라는 이 방침은 앞으로도 바꾸지 않고 지켜나가고자 합니다.

今の状況を知ることなしに、解決策を立てるのはできない。
현재의 상황을 인식하지 않고 해결책을 세우는 것은 불가능하다.

TIP 「～ないで、～ずに、～ことなく(ことなくして)」로 출제되는 경우도 있으므로 함께 봐두자.

019 さぞ～ことだろう　분명 ~일 것이다 (＝きっと～だろう/でしょう)

面接の履歴書をタクシーの中に忘れて、田中君はさぞあせったことだろう。
면접 이력서를 택시 안에 두고 내려서 다나카는 분명 초조했을 것이다.

念願の試験に合格して彼の両親はさぞ喜んだことだろう。
염원하던 시험에 합격해서 그의 부모님은 분명 기뻤을 것이다.

020 ～始末だ　～인 형편이다, ~하는 꼬락서니이다

部長は酔っぱらって大きな声でしゃべり続けた後で、ついに泣き出す始末だった。
부장은 술에 취해서 큰 소리로 계속 떠든 후에, 결국 울기 시작하는 꼬락서니였다.

彼を信じて任せたらこの始末だ。그를 믿고 맡겼더니 이런 형편이다.

021 ～ずじまいだ　～하지 못하다, ~하지 않고 말다(끝나다)

忙しくてあの連続ドラマはとうとう見ずじまいだった。
바빠서 그 연속극은 결국 보지 못하고 말았다.

TIP '결국(끝내는) ~하지 못했다'로 자주 사용되기 때문에, 앞에「とうとう・とどのつまり・結局」와 함께 자주 출제된다.

022 ～そばから　～하자마자, ~하는 족족~〈반복성〉

毎日返事を書くそばから次々と新しいメールが来る。
매일 답장을 쓰자마자 잇달아서 새로운 메일이 온다.

聞いたそばから忘れてしまうなんて、本当に情けない。
듣는 족족 잊어버리다니 정말로 한심하다.

TIP 동사의 사전형과 과거형에 접속되며, 뒤에는「次々・また・出てくる」등과 같은 어휘가 자주 쓰인다. 주로 좋지 못한 일에 사용한다.

023 ます形 + そびれる ~할 기회를 놓치다, ~하려다가 못하다

彼女と久々にデートしようと思っていたのに、最近忙しくて言いそびれた。
그녀와 오랜만에 데이트를 하려고 생각했는데, 최근에 바빠서 말할 기회를 놓쳤다.

登録しそびれることのないよう、この記事を読んでもう一度確認しよう。
등록할 기회를 놓치지 않도록 그 기사를 읽고 다시 한번 확인하자.

TIP 「寝そびれる 잠을 설치다」「言いそびれる 말할 기회를 놓치다」등과 같이 ます形에 접속되는 형태로 자주 출제된다.

024 ~だけしか~ない ~밖에 없다

今月残った金はこれだけしかありません。
이달 남은 돈은 이것 밖에 없습니다.

昨日から飲み物を水だけしか飲んでないんです。
어제부터 음료는 물밖에 마신 게 없습니다.

TIP 「명사＋しかない」는 그것 외에 다른 것은 없다는 의미로 자주 사용되던 표현인데,「(수량)しか~ない」가 되면 수량이 적다는 뜻으로 사용되기도 하며, 역으로 개념을 강조하기 위해 だけ를 첨가하여 표현하기도 한다.

025 ~だけに ~인 만큼 〈그에 걸맞는 행위〉

割れやすい物だけに、取り扱いに十分注意してください。
깨지기 쉬운 물건인 만큼 취급에 충분히 주의해주세요.

今度の試験に期待が大きかっただけに、失望も大きかったようだ。
이번 시험에 기대가 컸던 만큼 실망도 컸던 것 같다.

유사문법 ● ~だけのことはある ~할만한 가치가 있다
ここのラーメンは本当においしい。さすが行列ができるだけのことはある。
여기 라면은 정말 맛있다. 역시 줄을 설만한 가치가 있다.

026

～ただ(単に・ひとり)～のみ(だけ)だ　오직 ~할 뿐이다, ~할 따름이다

やることをすべてやったから、後はただ結果を待つのみだ。

할 일을 모두 했으니, 남은 것은 그저 결과를 기다릴 뿐이다.

TIP「ただ～のみならず 단지(그저) ~뿐만 아니라」로 출제되는 경우도 있으므로 잘 봐둬야 한다.

会社の業績改善は、ただ営業部の人のみならず、社員全体の努力にかかっている。

회사의 실적 개선은, 단지 영업부 사람뿐만 아니라 사원 전체의 노력에 달려있다.

～だに　~하는 것만으로도, ~조차

この病気が広まって100万人もの人が死ぬなど、想像するだに恐ろしい。

이 질병이 확산되어 100만 명이나 되는 사람이 죽는 등, 상상하는 것만으로도 무섭다.

TIP 관용표현인「想像するだに 상상하는 것만으로도」「考えるだに 생각하는 것만으로도」「聞くだに 듣는 것만으로도」 등이 자주 출제된다.

028

～たら最後・～たが最後　(일단) ~했다 하면

息子はテレビの前に座ったら最後、声をかけても返事もしない。

아들은 텔레비전 앞에 앉기만 하면 말을 걸어도 대답도 안 한다.

友達というものは、いったん失ったが最後、取り戻すのは難しい。

친구라는 존재는 일단 잃었다 하면 되찾기는 어렵다.

TIP 앞에는 '일단'의 뜻인「いったん・ひとまず・一応」등의 부사, 뒤에는 좋지 못한 내용의 문장이 자주 온다.

～たりとも～ない　단(최소단위) ~라 할지라도

あなたのことは1日たりとも忘れたことはありません。

당신에 대한 것은 단 하루라도 잊은 적은 없습니다.

TIP 앞에는 최소단위인「一年・一円・一滴」등과 같이「一」로 시작되는 단위가 온다. 더불어 같은 뜻을 갖는 표현들로「～であっても、～であろうと、～も」등이 있다.

030 의지형+ったって   ~하려 해도

帰ろうったって、こんな時間じゃもう電車もバスもない。
돌아가려 해도 이런 시간이면 이제 전철도 버스도 없다.

この場から逃げようったってだめだ。
이곳에서 도망치려 해도 소용없다.

TIP 「なんてったって (누가) 뭐래도」라는 관용표현으로 사용되기도 한다.
誰がなんてったって私は元アイドルだ。 누가 뭐래도 나는 원조 아이돌이다.

031 ~ったら   ~라면, ~라니깐

母がいけないったらいけないことだ。 어머니가 안 된다면 안 되는 일이다.

早く起きなさいったら。 빨리 일어나라니까요.

032 ~つ~つ   ~하기도 하고 ~하기도 하고

ラッシュアワーの車内で、乗客は他人に押しつ押されつしている。
러쉬아워의 차안에서 승객은 다른 사람을 밀기도 하고 밀리기도 한다.

店の前を行きつ戻りつ、うろうろしながら彼を待っていた。
가게 앞을 왔다갔다 어슬렁거리며 그를 기다리고 있었다.

TIP 대조적인 내용의 동사가 사용되지만, 그렇다고 반드시 상반되는 어휘가 오는 것은 아니다.

033 ~つつ(も)   ~하면서(도)

医者に行かなければと思いつつも、忙しさに紛れて忘れてしまった。
의사에게 가야 된다고 생각하면서도, 바쁜 나머지 잊어버렸다.

人というのは、失敗を繰り返しつつ、成長していくものだ。
사람이란 실패를 거듭하면서 성장해가는 법이다.

～っぱなしだ　～한 채이다〈방치〉

昨日は電気をつけっぱなしで寝てしまった。 어제는 불을 켠 채로 자버렸다.

TIP「～たまま ～한 채로」와 혼동하기 쉬운데, 「～たまま」는 현재 상태를 나타내고, 「～っぱなし」는 나쁜 상태로 방치된 것에 대한 불만이나 비판을 나타낸다.

～であっても　～라도

たとえ国会議員であっても、悪いことをすれば新聞に名前が出てしまう。
비록 국회의원이라도 나쁜 일을 한다면 신문에 이름이 실려 버린다.

たとえお客様のご意向に添えない場合であっても、今後の参考とさせていただきます。
비록 고객님의 의향에 따를 수 없는 경우라도 향후에는 참고로 하겠습니다.

TIP「たとえ～であっても 비록 ～라도」또는「たとえそうであっても 비록 그렇다고 해도」로 자주 사용된다.

036

～てからというもの(は)　～하고 나서 (쪽) ～

娘が帰ってきてからというもの、父親は見違えるほど元気になった。
딸이 돌아오고 나서 (쪽) 아버지는 몰라보게 건강해졌다.

この町に引っ越してきてからというもの、彼女は外に出なくなった。
이 동네에 이사오고 나서 (쪽) 그녀는 밖에 나가지 않게 되었다.

TIP「(시기, 시간)～というもの ～라는 시간 동안」의 문법과 자주 사용된다.
ここ(この)10年というもの、科学はまぶしい発展を遂げた。
요 근래 10년이라는 시간 동안 과학은 눈부신 발전을 이루었다.

유사문법 ● もの가 들어있는 문법
① ～ないものでもない (상황에 따라서) ～일지도 모른다
② ～ものと思う (당연히) ～이다
③ ～ものと思われる ～이겠지

～でなくてなんだろう(か)　～가 아니고 무엇이란 말인가(이것이야 말로 ～그 자체다)

毎日仕事が楽しくてしかたがない。 これこそ天職でなくてなんだろう。
매일 일이 너무 즐겁다. 이거야말로 천직이 아니고 무엇이란 말인가.

地震で多くの人が死んでしまうなんて、これが悲劇でなくてなんだろうか。
지진으로 많은 사람이 죽다니, 이것이 비극이 아니고 무엇이란 말인가.

038 　〜ては〜ては　〜하고는 〜하고는〈반복되는 행동〉

書いては消し、書いては消し　쓰고는 지우고, 쓰고는 지우고

読んでは泣き、読んでは泣き　읽고는 울고, 읽고는 울고

TIP 행동의 반복을 나타내는 표현으로 앞뒤 문형 모두 같은 형태를 사용한다.

비교문법 ● 〜かれ〜かれ　〜건 〜건
多かれ少なかれ、今回の台風でみんな被害を受けた。
많든 적든 이번 태풍으로 모두 피해를 입었다.

遅かれ早かれ 公 になることだから、そんなに無理をして隠すことはないのに。
언젠가는(늦던 빠르던) 다 밝혀질 일이니, 그렇게 무리해서 숨길 필요는 없는데.

TIP 문형의 앞뒤에 오는 대립 표현이 문제로 자주 등장하는데, 특히 독해 지문에 빈번하게 출제되므로 뜻을 확실하게 알아두어야 한다.

039 　〜では(じゃ)あるまいし　〜도 아니고

あなたが明子ちゃんみたいに子供ではあるまいし、お菓子をねだるなんて、情けないですね。
당신이 아키코처럼 애도 아니고 과자를 조르다니 한심하네요.

TIP 활용문형으로「〜わけではあるまいし、〜のではあるまいし」도 자주 출제된다.

040 　〜て(は)いられない　(시간적, 정신적 여유가 없어) 〜하고서(는) 있을 수 없다

若いときのままではいられない。
젊었을 때 그대로는 있을 수 없다.

出発時間がもう30分も過ぎているから待ってはいられない。(＝待たない)
출발시간이 벌써 30분이나 지났기 때문에 기다리고만은 있을 수 없다.

비교문법 ● 〜ないではいられない(ずにはいられない) 〜하지 않고서는 있을 수 없다
彼が集金した参加費を全部持っているから待たないではいられない。(＝待つ)
그가 수금한 참가비를 전부 갖고 있기 때문에 기다리지 않고서는 있을 수 없다.

041

〜手前　～한 이상에는 (체면상)

月末までに問題を解決すると約束した手前、どうしても方法を見つけなければならない。
월말까지 문제를 해결한다고 약속한 이상에는 어떻게든 방법을 찾아내야 한다.

TIP 주로 앞에는「断言した・約束した」등의 표현과 체면상 되돌릴 수 없는 행위에 관한 표현들이 자주 온다.

〜てやまない　간절히 (계속) ～하다, ～해 마지 않다 〈강한 감정〉

卒業生の皆さんの幸せを願ってやみません。　졸업생 모두의 행복을 간절히 바랍니다.
今後のみなさんの活躍を期待してやまない。　앞으로 여러분들의 활약을 기대해 마지 않는다.

TIP 정해진 표현인「祈願してやまない 기원해 마지 않다」「期待してやまない 기대해 마지 않다」「愛してやまない 사랑해 마지 않다」등의 표현으로 자주 사용된다.

〜とあれば　～라면

鈴木さんの頼みとあれば彼女はその件は承知してくれるだろう。
스즈키 씨의 부탁이라면 그녀는 그 건은 승낙해줄 것이다.

TIP 관용표현「〜のためとあれば ~를 위해서라면(무엇이든 가능)」의 의미로 자주 출제된다.

비교문법 ● ① 〜あっての ~있고서의

今日の私があるのも、20数年前に私を産んでくれた両親あっての事です。
오늘의 제가 있는 것도 20 수 년 전에 저를 낳아준 부모님이 있어서입니다.

② 〜にあって(も) ~에 있어(도)
どんな厳しい状況にあっても彼女は常に感謝する心を持とうと努力した。
어떤 힘든 상황에 있어도 그녀는 항상 감사하는 마음을 가지려고 노력했다.

③ 〜とあって ~이라서
連休とあって、遊園地には人ごみだった。
연휴라서 유원지에는 사람들로 가득했다.

044 〜といい〜といい　〜로 보나 〜로 보나

あのレストランの料理は量といい味といい文句のつけようがない。
그 레스토랑의 요리는 양으로 보나 맛으로 보나 불평할 것이 없다.

菅野君は、能力といい人柄といい、この仕事にふさわしい人物だ。
간노 군은 능력으로 보나 인품으로 보나 이 일에 적합한 인물이다.

비교문법 ● ① 〜といわず〜といわず 〜며 〜며 할 것 없이 (전부)

大人といわず子どもといわず、みんな携帯にはまっている。
어른이며 아이며 할 것 없이 모두 휴대전화에 빠져 있다.

② 〜というか〜というか 〜라고 해야 할지 〜라고 해야 할지

韓国は食文化というか食事をする時のマナーというか、とにかく独特の文化を持っている。
한국은 식문화라고 해야 할지 식사를 할 때의 매너라고 해야 할지 어쨌든 독특한 문화를 갖고 있다.

045 〜といえども　〜이기는 하나(극단적인 내용), (비록) 〜이라 할지라도

いかにその貨物の輸入者といえども、税関の許可なくしては自分の貨物に手を触れることすらできません。
아무리 그 화물의 수입자라 할지라도, 세관의 허가 없이는 자신의 화물을 만지는 것조차 할 수 없습니다.

たとえ上司といえども許せない言葉はある。　비록 상사라고 할지라도 용서할 수 없는 말은 있다.

TIP 문형으로 「いかに〜といえども」나 「たとえ〜といえども」의 문형으로 출제되는 경우가 많다.

비교문법 ● 〜とはいえ 〜라고는 하나, 〜라고 하더라도(접속사로 쓰일 경우에는 '그렇다고 하더라도'의 뜻으로도 독해지문에 자주 출제된다.)

夏になったとはいえ、まだ朝は肌寒い日々が続いている。
여름이 되었다고는 하나, 아직 아침에는 쌀쌀한 날들이 이어지고 있다.

046 〜といったところだ(というところだ)　(기껏해 봤자, 잘 해야) 〜인 정도이다

他の人にとって厳しいトレーニングでも、いつも運動をしている私にとってはちょうどいい散歩といったところだ。
다른 사람에게 힘든 훈련이라도, 늘 운동을 하고 있는 나에게는 딱 좋은 산책 정도이다.

この電気車は、早く出しても最高速度時速50キロといったところだ。
이 전기자동차는 빨리 (속도를) 내도 최고 속도 시속 50km 정도이다.

TIP '〜하더라도 기껏해야 〜인 정도밖에 안 된다'는 의미로 사용되므로, 부사로는 「せいぜい 기껏」, 문형으로는 「〜(く)ても 〜らど」 등과 함께 출제되는 경우가 많으며 문말 표현에 자주 사용된다.

047

～といったらない・～といったらありゃしない
정말이지 ~하다, 이루 말할 수 없다, 이를 데 없다

このところ残業の続きで疲れるといったらない。
최근 계속된 잔업으로 정말이지 피곤하다.

このごろ見たい番組がぜんぜんなくて、つまらないといったらありゃしない。
요즘 보고 싶은 프로그램이 전혀 없어서 지루하기 이를 데 없다.

～ときたら　　~로 말할 것 같으면 〈비난〉

うちの会社の部長ときたら、社員の話をまったく聞かない。
우리 회사의 부장으로 말할 것 같으면, 사원의 이야기를 전혀 듣지 않는다.

TIP 어느 특정 대상에 대한 비난의 문형이기 때문에 앞에 「父、息子、課長」등과 같이 대상을 지칭하는
단어가 온다.

～ところを　　~인 와중에, ~인 중에

お急ぎのところをすみません。ちょっと伺ってもよろしいでしょうか。
바쁘신 중에 죄송합니다. 잠시 여쭤봐도 될까요?

お食事中のところをすみませんが、ちょっとお話があるのですが。
식사 하시는 중에 죄송합니다만, 잠시 할 이야기가 있습니다만.

비교문법 ●　① ～たところ ~했더니(+결과)
② (今更/どうせ/いくら)～たところで (이제와서/어차피/아무리) ~해 본들, ~해 봤자
　　(＋どうにもならない/どうしようもない)
③ (～ている・た형)～ところだ 막 ~할(한) 참이다
④ (의지형)～としているところに (막) ~하려고 하는 찰나에
⑤ ～ているところを (마침) ~하고 있는 때에
⑥ ～どころか ~는커녕 (＝～はおろか)
⑦ もう少しで～ところだった 하마터면 ~할 뻔했다 (그럴 찰나였지만 넘겼다)
⑧ ～どころではない ~할 처지가 아니다 〈여유 없음〉
⑨ ～たところでは ~한 바로는 (내가 들은 정보로는) (＝～によると)
⑩ ところによっては 곳에 따라서는 〈일기예보〉

〜としか〜ない　~라고 밖에 ~않다

風邪で行けないというのは口実としか思えない。
감기 때문에 갈 수 없다는 것은 핑계라고 밖에 생각되지 않는다.

アマチュア試合なのに内容から見ると、とてもプロとしか思えなかった。
아마추어 시합인데 내용으로 보자면 아무래도 프로라고밖에 생각되지 않았다.

TIP 이 문형은 「とても〜としか思えない 아무래도 ~라고 밖에 생각되지 않는다」의 형태로 자주 출제된다.

051

〜としたところで・〜としたって・〜にしたところで・〜にしたって
~라고 한들, ~이라도

家具の配置を変えるとしたって、家が広くなるわけではないのだ。
가구의 배치를 바꾸더라도 집이 넓어지는 것은 아닌 것이다.

どちらにしたところで、そうたいした価額の差があるとは思えない。
어느 쪽이라고 한들, 그렇게 큰 가격 차이가 있다고는 생각되지 않는다.

TIP 문말에는 '그렇지 않다'는 의미로 「〜とは思えない ~라고는 생각치 않는다」「〜わけではない (꼭)
~인 것은 아니다」 등과 같은 표현들이 자주 오는데, 문제로도 출제되므로도 함께 외워두는 것이 좋다.

〜としたら・〜とすれば・〜とすると　(만약) ~라면, ~라고 한다면

もし学生時代に戻れるとしたら、どんなことをしたいですか。
만약 학생 때로 돌아갈 수 있다면, 어떤 것을 하고 싶습니까?

２週間休館するとすると、今日のうちに必要な本を借りておかなければならないな。
2주간 휴관한다면, 오늘 안으로 필요한 책을 빌려두지 않으면 안 되겠구나.

TIP '(만약) ~라면'의 뜻이므로 앞에 「もし・かりに・万が一」 등의 부사와 함께 출제되는 경우가 많다.

비교문법 ● 〜となると ~라고 한다면
遊ぶことはいいと思うけど、宿題の時間まで犠牲にしてまでとなると、それはどうかと思います。
노는 것은 좋다고 생각하지만, 숙제 시간까지 희생하면서까지 라면 그것은 어떨까 싶습니다.

A: 「部長はご病気で昨日入院されました。」
부장님은 병으로 어제 입원하셨습니다.

B: 「となると、しばらく仕事は無理ということになりますね。」
그렇다면 당분간 일은 무리라는 말이 되네요.

TIP 두 번째 예문처럼 접속사의 형태로 '그렇다면, 그렇게 되면'의 뜻으로도 출제된다.

彼はつりのこととなると目つきが変わります。
그는 낚시 소리만 들으면 눈빛이 바뀝니다.

053 ～としても・～にしても・～したって ~라고 한들, ~치더라도

私が彼女のために一歩譲ってあげたとしても、彼女は優勝はできなかっただろう。
내가 그녀를 위해서 한 발 양보했다 치더라도 그녀는 우승은 못했을 것이다.

若いんだから、失敗したって、いいんだよ。
젊으니까 실패한들 괜찮아.

TIP 「それにしても (그건) 그렇다고 치더라도」「なににしても 어쨌든, 여하튼(＝とにかく)」「いずれにしても 어느 쪽이든, 어쨌든」 등과 같이 관용표현으로 쓰이기도 한다.

유사문법 ● ①(いかに・いくら・どんなに)～といっても (아무리) ~라고 해도

いかに医療が発達したといっても、すべての病気が治療できるとは限らない。
아무리 의료가 발달했다고 해도 모든 질병을 치료할 수 있다고는 할 수 없다.

②(いくら)～からといって(も) (아무리) ~라고 해도

いくら才能がないからといっても、10年も日本に住んでいれば、簡単な挨拶ぐらいはできるだろう。
아무리 재능이 없다고 해도 10년이나 일본에 살았다면 간단한 인사 정도는 할 수 있을 것이다.

054 ～とは ~라니, ~하다니

こんな立派なレポートをたった1日で仕上げたとはすごい。
이렇게 훌륭한 리포트를 단 하루만에 완성했다니 대단하다.

こんなに面白い数学の魅力をわからないとは、もったいない。
이렇게 재미있는 수학의 매력을 모르다니 아깝다.

TIP 「명사＋とは」의 형태로 사용되는 경우에는 '~란'의 의미로 정의를 내릴 때 사용하지만, 「보통형＋とは」의 경우에는 '~라니'와 같이 그 상황에 놀라는 표현으로 사용된다.

055 ～とはいうものの (일단) ~라고는 하지만(+예상되는 상황은 아니다)

人間は平等だとはいうものの、この世は不平等なことばかりだ。
(일단) 인간은 평등하다고는 하지만, 이 세상은 불평등한 것 투성이다.

056

～ともあろう (명색이) ~씩이나 되는 (사람)

教授ともあろうものが基本的な科学理論さえわからないって本当に情けない。
(명색이) 교수씩이나 되는 사람이 기본적인 과학이론조차 모르다니 정말로 한심하다.

유사문법 ● ～たるもの(は) ~되는 자(는)

友達たるものがくだらない話ばかりしている。
친구인 자가 쓸데없는 얘기만 하고 있다.

ビジネスマンたるもの、スケジュール管理をきちんとしなければならない。
(명색이) 비즈니스맨인 자는 스케줄 관리를 제대로 하지 않으면 안 된다.

TIP 뒤에는 의무를 나타내는 「～なければならない」와 같은 표현이 자주 출제된다.

～ともなく・～ともなしに 무심코~, 얼떨결에~

昨日はテレビを見るともなく見ていたら、友達がテレビに出てびっくりした。
어제는 무심코 텔레비전을 보고 있자니 친구가 텔레비전에 나와서 깜짝 놀랐다.

昨日の夜、考えるともなしに会社でのことを考えていたら、課長に大切な伝言があったことを思い出した。
어제 저녁 무심코 회사 일을 생각하다가, 과장님께 중요한 메시지가 있었던 것을 떠올렸다.

TIP 확실하게 의식하지 않고 그 동작을 한다는 표현으로 앞뒤에 같은 동사가 오는 것이 중요하다. 특히 「見る・聞く・待つ」 등과 같은 동사와 자주 출제되며, 「どこからともなく 어디선가, だれともなく 누구라고 할 것 없이, いつからともなしに 언제부턴가」 등과 같은 관용표현으로 사용되기도 한다.

どこからともなく、おいしそうなカレーのにおいがしてくる。
어디선가 맛있을 것 같은 카레 냄새가 난다.

～ないことには～ない ~하지 않으면 ~못 한다(가능부정)

実物を見ないことには、買うかどうか決められない。
실물을 보지 않으면 살지 말지 결정할 수 없다.

とにかく、自分の目で直接みないことには、その噂は信じられない。
어쨌든, 내 눈으로 직접 보지 않으면 그 소문은 믿을 수 없다.

TIP 뒤에는 '(전제조건이 갖춰지지 않으면) ~할 수 없다'의 뜻이 와야 하므로 가능동사의 부정형이 오는 경우가 많다.

～ないではすまない　　~하지 않으면 안 된다, 반드시 ~해야 한다

人の心を傷つけてしまったなら、謝らないではすまない。
다른 사람의 마음에 상하게 했다면 반드시 사과해야 한다.

留学の間、お世話になっているから、帰国の際一度はお礼に寄らないではすまない。
유학시절 신세를 졌으니, 귀국할 즈음 한 번은 인사차 들러야 한다.

TIP 딱딱한 표현인「～ずにはすまない」로 사용되기도 한다.

유사문법 ● ～ないではおかない 반드시 ~하겠다, 반드시 ~할 것이다
ここまで証拠が揃っているから、絶対に自白しないではおかないでしょう。
여기까지 증거가 갖춰져 있으니 반드시 자백하겠지요.

TIP (장소, 상황, 사회규칙상) 그렇게 하지 않는 것은 용납되지 않는다는 의미로, 앞에는「**絶対に・必ず**」
등과 같은 부사가 자주 출제된다.

060

～ないまでも　　(꼭) ~까지는 않더라도

今日は待ちに待った初デートの日、快晴とはいかないまでも、雨が降らなくてよかった。
오늘은 기다리고 기다리던 첫 데이트, 쾌청까지는 않더라도 비가 내리지 않아서 다행이다.

毎週とは言わないまでも、せめて月に1回は外食したい。
매주라고까지는 하지 않더라도 적어도 한 달에 한 번은 외식하고 싶다.

TIP 「～とはいかないまでも・～とは言わないまでも ~라고까지는 하지 않더라도」등과 같이 정해진 문
형으로 사용되는 경우도 있다.

～ながら(も)　　~인데도, ~하지만

彼はその事件を知っていながら、わざと知らないと言った。
그는 그 사건을 알고 있으면서, 일부러 모른다고 말했다.

いけないと思いながらも、ついタバコを吸ってしまう。
안 된다고 생각하면서도, 무심코 담배를 피워 버린다.

TIP 관용표현으로「**勝手ながら** 제멋대로지만」을 함께 알아두자.

062

～ながらに　　~인채로, ~대로

この子は生まれながらに優れた音感を持っていた。
이 아이는 선천적으로 뛰어난 음감을 가지고 있었다.

インターネットを活用すれば、家に居ながらにして世界中の情報を手に入れることができる。

인터넷을 활용하면 집에 있으면서 전세계의 정보를 손에 넣을 수 있다.

TIP 앞에 오는 동사는「居る・生まれる・生きる」, 명사는「涙・昔・いつも」등과 함께 관용구로 사용되는 경우가 많다. 즉「いながらに ~(하고) 있으면서」「生まれながらに 선천적으로」「生きながらに 살아가면서」「涙ながらに 눈물을 흘리면서」「昔ながらに 옛날 그대로의」「いつもながら 항상 그렇지만」과 같이 쓰인다.

063 〜なしに(は)・〜なしで(は)・〜なくして(は)　~없이(는)

この本は誰でも人前で台本なしに10分間話せるようになる本です。

이 책은 누구라도 사람들 앞에서 대본 없이 10분간 말할 수 있게 되는 책입니다.

新しく公開された映画は涙なくしては見られないものだった。

새롭게 개봉된 영화는 눈물없이는 볼 수 없었다.

유사문법 ● 〜をおいて ~을 제쳐놓고, ~말고는(＋ほかに〜ない)

その件について相談するなら、彼女をおいてほかにいないだろう。

그 건에 대해서 상담한다면, 그녀 말고는 달리 없을 것이다.

064 〜ならいざしらず・〜ならともかく　~라면 모를까, ~면 몰라도

10年前のことならいざしらず、最近ではそんなことを信じる人はいないと思う。

10년 전이라면 모를까, 요즘에는 그런 것을 믿는 사람은 없다고 생각한다.

何もなかった大昔ならともかく、今の時代ではそんな雑草を食べる人はいないと思う。

아무것도 없었던 아주 옛날이라면 모를까, 지금 시대에는 그런 잡초를 먹는 사람은 없을 거라 생각해.

TIP「〜ならともかく・〜ならまだしも」등의 문형과 바꿔쓸 수 있으며,「〜なら」앞에는「神(신)・赤ん坊(아기)・大昔(아주 옛날)・大統領(대통령)」등과 같은 어휘가 주로 접속된다.

065 〜ならではの　~만의, ~이 아니고는 없을〈특별하며 다른 것에는 없음〉

これこそ日本の味だ。日本ならではの独特の風味がある。

이것이야말로 일본의 맛이다. 일본만의 독특한 풍미가 있다.

口に含んだ瞬間に梅干しならではの酸っぱさが広がり、たまっていた疲れもどこかへと吹き飛んでしまいますよね。

입에 머금은 순간에 매실 특유의 신맛이 퍼져, 쌓여 있던 피로도 어디론가 날아가 버리네요.

〜なり〜なり　〜든지 〜든지 〈2개 중 하나〉

わからない単語があったら、辞書を引く**なり**だれかに聞く**なり**して、宿題をしておきなさい。
모르는 단어가 있으면 사전을 찾든지 누군가에게 물어보든지 해서 숙제를 해두어라.

コーヒー**なり**ジュース**なり**ください。　커피든지 주스든지 주세요.

TIP　「〜なり〜なり」의 경우 '〜든지 〜든지'로 해석은 하지만 안에 담겨 있는 의미는 '〜하든 〜하든(2개 중 하나)'로 사용되므로 유사문법과 비교해서 체크해두어야 한다.

유사문법　〜든지, 〜든지

① 〜でも〜でも・〜てあろうと〜てあろうと・〜であれ〜であれ 〈모두 사용 가능〉
犬**でも**猫**でも**飼い主に甘えたがる。
개든지 고양이든지 주인에게 응석부리고 싶어한다.

② 〜にしても〜にしても・〜にしろ〜にしろ・〜にせよ〜にせよ 〈모두 사용 가능〉
高い**にしても**安い**にしても**、必要なものを買って帰ろう。
비싸든 싸든 필요한 것을 사서 돌아가자. (상관없음)

〜なりに / 〜なりの　〜나름대로/〜나름대로의 〈최선을 다하고 있음〉

好きな人のために自分**なりに**表現して作った歌です。
좋아하는 사람을 위해서 자기 나름대로 표현해서 만든 노래입니다.

TIP　「それなりに 그 나름대로」 등과 같은 관용표현으로 사용되기도 한다.

〜に至って / 〜に至っても
(극한 상황)〜에 이르러서 (비로서) / (극한 상황) 〜에 이르러서도(아직 하지 않음)

実際に事故が起こる**に至って**はじめて政府は対策を立てることにした。
실제로 사고가 일어나기에 이르러서야 비로소 정부는 대책을 세우기로 했다.

株価がここまで下落する**に至っても**、彼はまだあきらめていないらしい。
주가가 여기까지 하락하기에 이르러서도 그는 아직 포기하지 않은 것 같다.

비교문법　① 〜に至った (극한 상황) 〜에 이르렀다
② 〜に至っては 〜에 이르러서는
彼はとうとう問題を起こしてしまった。でも、ことここ**に至っては**、経験がない私にはどうしようもない。
그는 드디어 문제를 일으키고 말았다. 하지만 일이 이지경에 이르러서는 경험이 없는 나로서는 어찌할 방법이 없다.

③ 〜に至るまで ~에 이르기까지

あの新しい店には家具はもちろん、スプーンに至るまで、数多い品を揃えている。
그 새로운 가게에는 가구는 물론 숟가락에 이르기까지 수많은 상품을 갖추고 있다.

④ 〜の至りだ 너무 ~하다

行方不明になっていた息子に10年ぶりに再会できて、感激の至りだった。
행방불명됐던 아들을 10년 만에 재회할 수 있어서, 너무 감격했다.

069 〜にかたくない ~하기에 어렵지 않다

でき上がった作品を見れば、彼のこれまでの努力は想像にかたくない。
완성된 작품을 보면 그의 지금까지의 노력은 상상하기에 어렵지 않다.

子供をなくした親の心のうちは察するにかたくない。
자식을 잃은 부모의 마음 속은 짐작하기에 어렵지 않다.

TIP 「想像する 상상하다」「察する 짐작하다, 헤아리다」「理解する 이해하다」 등의 표현과 자주 출제된다.

비교문법 ● 〜がたい ~하기 어렵다, ~하기 힘들다

外国から訪れた人も、地元住民も信じがたい光景だった。
외국에서 온 사람도, 그 지역의 주민도 믿기 힘든 광경이었다.

TIP 「信じがたい(믿기 어렵다)・理解しがたい(이해하기 어렵다)・受け入れがたい(받아들이기 어렵다)・許しがたい(허용하기 어렵다)・想像しがたい(상상하기 어렵다)」 등과 같이 정해진 틀로 사용되기도 한다. 하나의 표현으로 묶어서 알아두자.

070 〜にして (높은 단계, 득별한 경우) ~가 되어서야, ~에 와서

40歳にして人生を悟ることができた。
마흔이 되어서야 인생을 알게 되었다.

今にして思えば、決して今までの経験や知識は無に帰したものではなかった。
지금에 와서 생각하면, 지금까지의 경험과 지식은 결코 헛된 것이 아니었다.

TIP 관용표현으로 「今にして 지금에 와서」의 형태로 출제되는 경향이 많다.

～に堪える / ～に堪えない　　~할 만한/(차마) ~할 수 없다, 너무 ~하다

この説は裏打ちできるものが少なく、今度の話し合いにたえるものではない。
이 설은 뒷받침할 수 있는 것이 적어, 이번에 논의할만한 것이 아니다.

きちんと確認しておけば、このような事件は起きなかったかもしれないと、後悔の念に堪えない。
확실히 확인해두면 이러한 사건은 일어나지 않았을지도 모른다고 너무 후회한다.

TIP 앞에「見る・聞く・読む・鑑賞(감상)・批判(비판)・議論(논의)」등과 같은 표현이 자주 오며,「～に堪えない」의 경우「喜びに堪えない 기쁘기 그지없다」와 같이 '~그지없다'로 사용되기도 한다.

비교문법 ● ～を禁じ得ない　~를 금할 수 없다

その事件は衝撃を禁じ得ない。極めて遺憾だ。
그 사건은 충격을 금할 수 없다. 매우 유감이다.

彼の突然の結婚に戸惑いを禁じ得なかった。
그의 갑작스러운 결혼에 당혹감을 금할 수 없었다.

TIP 관용표현으로「涙を禁じ得ない 눈물을 금할 수 없다」의 표현이 자주 출제된다.

～に足らない　　~하기엔 부족한

だれかが離婚したとかしないかなど、取るに足らないニュースだ。
누군가가 이혼했다든가 하지 않는다 등, 대수롭지 않은 뉴스이다.

取るに足らない腕前なので、彼には仕事を頼むことはできない。
하찮은 솜씨이기 때문에, 그에게는 일을 부탁할 수 없다.

TIP「取るに足らない 하찮다, 별볼일 없다, 대수롭지 않다」라는 관용표현으로 주로 출제되므로 해석에 주의해야 한다.

유사문법 ● ～に足りる　~하기에 충분하다

新しく契約した年俸の金額は納得するに足りる金額のはずだ。
새롭게 계약한 연봉 금액은 납득하기에 충분한 금액일 것이다.

～に照らして　　~에 비추어(참조해서)

その件は新しい規則に照らして処理することにしました。
그 건은 새로운 규칙에 비추어 처리하기로 했습니다.

TIP '~에 비교해서 판단을 하겠다'라는 의미를 담고 있기 때문에 신문기사 등에 자주 쓰인다.

〜にとどまらず　～에 그치지 않고

農作物は、台風に襲われた直後にとどまらず、一年中その影響を受ける。
농작물은 태풍에 휩싸인 직후에 그치지 않고, 1년 내내 그 영향을 받는다.

彼の発言は日本の学会にとどまらず、全世界の学会に影響を及んでいる。
그의 발언은 일본 학회에 그치지 않고, 전세계의 학회에 영향을 미치고 있다.

TIP 언뜻 보기엔「〜だけでなく・〜のみならず・〜に限らず ～뿐만 아니라」등과 같은 문법처럼 보이지만, 이 문법은 '～라는 작은 범위에 그치지 않고 그 영향력이 더 넓은 범위까지 미치고 있다'는 의미를 갖고 있기 때문에, 앞에는 좁은 범위 뒤에는 그보다 더 영향력이 넓은 범위의 표현이 들어가야 한다.

〜に〜ない(행동)・〜(よ)うにも〜ない　(감정적) ～하려고 해도 ～할수 없다

これだけでは作るに作れない。
이것만으로는 만들래야 만들 수 없다.

昨日は飲みすぎて、朝起きようにも起きられなくて、遅刻してしまった。
어제는 과음을 해서 아침에 일어나려고 해도 일어날 수 없어서 지각하고 말았다.

TIP 같은 동사를 두 번 사용하며, 뒤에는 가능동사의 부정형이 자주 사용된다.「〜に〜ない」의 경우 심리적 사정,「〜(よ)うにも〜ない」는 물리적 사정을 나타낼 때 주로 사용한다.

〜に(は)当たらない　～할 필요(는) 없다

課長は通勤に往復２時間もかかるそうだが、驚くには当たらない。これは日本では珍しくないことだ。
과장님은 통근에 왕복 2시간이나 걸린다고 하는데, 놀랄 필요는 없다. 이것은 일본에서는 드물지 않은 일이다.

TIP 주로「驚く(놀라다)・悲観する(비관하다)・責める(책망하다)」등과 같은 표현과 자주 쓰인다.

유사문법 ● 〜に及ばない (구태여) ～할 필요는 없다(＝までのない)

そのことについてなら、いまさら話し合うに及ばない。
그 일에 대해서 라면 이제와서 논의할 필요는 없다(구태여 할 필요는 없다).

〜に(と)ひきかえ　～와 달리(반대로)

うちでは、母は気が長いにひきかえ、父は短気だ。
우리집은 엄마는 느긋한 것과 달리 아빠는 성미가 급하다.

～にもまして　～보다도 더

ここ数年、以前にもまして車の需要が高まっている。
요 몇 년 이전보다도 더 자동차의 수요가 높아지고 있다.

TIP 부사 형태로「前にもまして 이전보다도 더」「昨年にもまして 작년보다도 더」「今までにもまして 지금보다도 더」와 같이 정해진 형태로 자주 출제된다.

유사문법 ● ～よりもさらに ～보다도 더

2010年の40.8％よりもさらに下がった数値である。
2010년의 40.8%보다도 더 내려간 수치이다.

～はおろか　～은커녕, ~은 물론이고(＝～はもちろん)

日本に留学をしたのに、漢字はおろかひらがなも書けないなんて！
일본에서 유학을 했는데, 한자는커녕 히라가나도 못쓰다니!

結婚した娘は、もう１年になるのに、手紙はおろか電話さえかけてこない。
결혼한 딸은 벌써 1년이 되는데, 편지는커녕 전화조차 오지 않는다.

TIP 앞뒤 문형을 비교하는 내용으로 주로 부정적인 내용인 경우가 많으며, 뒤에는 '～조차'라는 뜻의 조사형 문법「も・さえ・すら」와 같이 가치를 비교할 수 있는 문형이 자주 출제된다.

～ばこそ　(다름 아닌) ～이기에, ～하기 때문에

先生は学生の将来を心配すればこそ、厳しくするのです。
선생님은 학생의 장래를 걱정하기 때문에 엄하게 하는 것입니다.

유사문법 ● ～からこそ ～하기 때문에
その時彼の泳ぎがうまかったからこそ生き残ったと思う。
그때 그의 수영실력이 뛰어났기 때문에 살아 남았다고 생각한다.

～ばそれまでだ　～하면 그만이다, 그것으로 끝이다

いくらお金持ちであっても、人は死んでしまえばそれまでだ。
아무리 부자라도 사람은 죽어버리면 그것으로 끝이다.

単なるわがままだと言われればそれまでだけど、どうしても会社を休んで遊びに行きたい。
그냥 제멋대로라고 한다면 그뿐이지만, 어떻게든 회사를 쉬고 놀러 가고 싶다.

 「～ても ~라고 해도 (~하면 끝장이다)」로 사용되거나, 관용표현인 「～と言われればそれまでだ ~라고 한다면 그뿐이다」의 형태로 독해지문에 자주 사용된다.

유사문법 ● ～たらおしまいだ ~하면 끝장이다

彼女とはこの言葉を言ったらおしまいだ。
그녀와는 이 말을 하면 끝장이다.

082 ～ば(なら・たら)～で ~(하)면 ~(한)대로 (나름 문제가 있다)

部屋は広い方がいいと思うけど、広ければ広いで、掃除は大変だろう。
방은 넓은 편이 좋다고 생각하지만, 넓으면 넓은 대로 청소는 힘들 것이다.

子供は元気で活気がある方がいいけど、元気なら元気でまた部屋を散らかすので大変だ。
아이는 활발하고 활기가 있는 편이 좋지만, 활발하면 활발한 대로 또 방을 어지르니 큰일이다.

 같은 표현을 두 번 사용해서 강조하지만 좋은 면보다는 '그 나름대로 나쁜 면이 있다'는 것을 나타내는 문형이다. 문법문제 중에서도 문장 만들기 파트에서 자주 출제되고 있다.

083 ～べく ~하기 위해서

歌手になるべく田舎から上京してきた。
가수가 되기 위해서 시골에서 상경했다.

 「～すべく ~하기 위해서」의 형태로 자주 출제되므로 관용표현처럼 외워두자.

유사문법 ● ～んがため(に) ~하기 위해서

あのチームは、勝たんがためにはどんな手も使ってくる。
그 팀은 이기기 위해서는 어떤 수법도 사용한다.

비교문법 ● ① ～べくもない 전혀 ~할 여지가 없다
② ～べからず ~해서는 안 된다, ~할 수 없다
③ ～べからざる ~해서는 안 될(+명사)
④ ～べきだ ~해야 한다
⑤ ～べきではない(べきじゃない) ~해서는 안 된다

084 ～べくもない (이 상황으로는 당연히) ~할 가능성이 없다, ~할 여지도 없다

両親も最近金銭的に大変なので、当分望むべくもない。
부모님도 최근 금전적으로 힘들기 때문에 당분간 바랄 여지도 없다.

 「考える・想像する・知る・望む」등과 같은 표현과 자주 출제된다.

～まじき　(동작이나 행위가 도덕적으로) ~해서는 안 될(+명사)

人としてある**まじき**残酷な行為を彼は軽々と犯している。
사람으로서 있어서는 안 될 잔혹한 행위를 그는 쉽게 범하고 있다.

友人を騙すのはす**まじき**行為なので許すことはできない。
친구를 속이는 것은 해서는 안 될 행위이기 때문에 용서할 수 없다.

TIP する는「すまじき 해서는 안 될」의 형태로 관용 표현으로 사용된다.

～までだ・～までのことだ　(그저) ~할 뿐(따름)이다, ~할 수밖에 없다〈이유 설명〉

その日に全部作業が終わらなければ、次の日に続きをやる**までだ**。
그날에 전부 작업이 끝나지 않으면 다음날에 이어서 할 뿐이다.

車でいけないなら列車でいく**までのことだ**。
차로 갈 수 없다면 열차로 갈 수밖에 없다.

TIP 이유를 설명하면서 그다지 큰일이 아니라는 뜻으로 사용되며, 과거형에는 사용하지 않으므로 주의해야 한다.

～までもない　~할 필요도 없다

このくらいの雨なら、傘をさす**までもない**。
이 정도의 비라면 우산을 쓸 필요도 없다.

あの映画はみたいけど、こんな雨に映画館に行く**までもない**よ。もうすぐDVDで見られると思う。
그 영화는 보고 싶지만, 이런 비에 영화관에 갈 필요도 없어. 이제 곧 DVD로 볼 수 있을 거야.

TIP 「飲む・食べる・行く・走る・傘をさす」등과 같은 의지가 담겨 있는 동사와 함께 '굳이(わざわざ) ~할 필요도 없다'의 형태로 자주 쓰인다.

유사문법 ● ① ～ことはない ~할 필요는 없다
② ～には及ばない ~할 것까지는 없다

～もさることながら　~도 그러하거니와, ~은 물론이고

あの新人歌手は、歌のうまさ**もさることながら**ダンスがまた素晴らしい。
그 신인 가수는 노래의 능숙함은 물론이고 춤이 또한 멋지다.

A社の新型カメラは、コンパックで持ちやすさもさることながら、価格の安さが大きな
魅力である。

A사의 신형 카메라는 소형으로 들고 다니기 쉬움은 물론, 싼 가격이 큰 매력이다.

TIP 이 문형은 둘 다 중요하지만 뒤에 오는 문형이 좀더 중요함을 뜻한다.「～はおろか ～은 물론이고, ～은
커녕」과 혼동하기 쉽다.

089　～ものだから　　～이기 때문에, ～라서

毎日残業が続いたものだから、疲れてしまいました。

매일 잔업이 이어져서 지쳐버렸습니다.

TIP 이유를 정중하게 표현하는 문장이므로 자신의 이유를 표현할 때만 사용한다.

유사문법 ●　① 의지형 + ものなら (계속) ～했다 하면 〈나쁜 일이 예상〉
② 가능형 + ものなら (불가능) ～할 수 있으면 〈실현가능성 낮음〉
③ 원형 + ものだ (당연히) ～인 법이다
④ 원형 + ものではない ～하지 않는 법이다(보통은 그렇게 하지 않는다)
⑤ ～というものではない (항상) ～라는 것은 아니다 〈부분부정〉
⑥ た형 + ものだ ～하곤 했다 〈과거 습관, 과거 회상〉
⑦ 형용사 + ものだ 정말 ～하군 〈감탄〉
⑧ ～には～ものがある ～에는 ～하는 데가 있다 〈감탄〉
⑨ ～たい(ほしい)ものだ 정말 ～하고 싶다
⑩ ～ものを ～했을 텐데 〈후회, 유감, 원망〉
⑪ ～ものか ～쏘냐, ～할 것 같나! 〈강한 부정의 의지, 판단〉

090　～ものを　～인데, ～일 것을

ここまで来るのに電話だけでもしてくれればよかったものを。

여기까지 오는데 전화만이라도 해줬으면 좋았을 것을.

そんな焦らなくてもいいものを、焦るからできることも失敗するんだ。

그렇게 초조하게 굴지 않아도 좋을 것을, 초조하게 구니까 할 수 있는 일도 실패하는 거야.

TIP 감정상 '푸념, 원망, 불평, 불만' 등의 감정을 담아서 이야기할 때 주로 사용하는 표현이므로, 플러스 느
낌보다는 마이너스 느낌이 더 큰 문장에 자주 출제된다.

091 〜やら〜やら　　~랑 ~랑, ~라든지 ~라든지, ~하랴 ~하랴(바쁘고 복잡하다)

今週はレポートやら試験やらでひどく忙しくなりそうだ。
이번 주는 레포트하랴 시험치랴 아주 바빠질 것 같다.

スケート場は子供やら付き添いの母親やらでごったがえしていた。
스케이트장은 아이랑 동행한 어머니로 북적거리고 있었다.

TIP 이것하랴 저것하랴, 그리고 그 밖에도 여러 가지가 있어 정신이 없거나 복잡하다는 뜻을 나타내는 표현이다. 뒤에는 「忙しい・複雑だ」 등과 같은 표현이 자주 등장한다.

비교문법 ●　〜とか〜とか(회화체 〜だの〜だの) ~든가 ~든가
留学した初めは食べ物とか習慣とかが違って困ったんですが、それはもう慣れてきました。
유학 간 초기에는 음식이나 습관같은 것이 달라 곤란했습니다만, 그것은 이제 익숙해졌습니다.

092 〜ようでは　　(계속)~해서는 〈좋지 않은 결과〉

小さな失敗をいちいち気にするようでは、この会社ではやっていけないよ。
작은 실수를 하나하나 신경써서는 이 회사에선 해나갈 수 없어.

この程度の練習に文句ばかりつけようでは優秀な選手になれない。
이 정도의 연습에 불평만 해대서는 우수한 선수가 될 수 없다.

093 〜をおいて　　~을 제쳐두고, ~말고는 (이외에 다른 것은 없다)

こんな緻密な計画をやり遂げられる人は、彼をおいてほかにいないだろう。
이런 치밀한 계획을 해낼 수 있는 사람은 그 사람 말고는 달리 없을 것이다.

TIP 문장 뒤에는 「ほかに〜ない」의 표현이 자주 오며, 앞에는 구체적인 대상이 명시된다.

094 〜を皮切りに(して)・〜を皮切りとして　　~를 시작으로 〈크게 확장〉

あの先生の講演は、東京を皮切りに、名古屋、大阪と日本各地を回る予定だ。
그 선생님의 강연은 도쿄를 시작으로 나고야, 오사카로 일본 각지를 순회할 예정이다.

ひとりが批判の声をあげたのを皮切りに、皆からいっせいに今までの不満の声が出た。
한 사람이 비판의 목소리를 낸 것을 시작으로, 모두에게서 일제히 지금까지의 불만의 목소리가 나왔다.

TIP 같은 행동이나 일들이 잇달아 일어나서 더 크게 확장해간다는 의미로 자주 출제되며, 뒤에는 「次々(연달아)・続々(속속, 연이어)」 등과 같은 부사가 자주 온다.

 〜をはじめとして 〜을 비롯해서(시작으로) 〈순서〉

春になると、桜をはじめとしていろいろな花が咲く。
봄이 되면 벚꽃을 비롯해 여러 꽃이 핀다.

비교문법 ● ① 〜を機に / 〜を契機に 〜(사건)을 계기로 〈급변〉

今回の地震を契機に、うちの町でも防振対策を強化することになった。
이번 지진을 계기로 우리 마을에서도 방진 대책을 강화하게 되었다.

② 〜をきっかけに 〜(우연한 사건)을 계기로 〈시작〉

先生に褒められたことをきっかけに、写真の勉強をはじめました。
선생님에게 칭찬받은 것을 계기로, 사진 공부를 시작했습니다.

095 〜をもって 〜으로, ~로써

その事件は世界中に衝撃をもって伝えられた。
그 사건은 전세계에 충격으로 전해졌다.

君の能力をもってすればどんなことでもやれるだろう。
너의 능력이라면 어떤 일이든 할 수 있을 것이다.

TIP 「〜をもってすれば ~라면」의 활용표현과, 「身をもって 몸소, 스스로」의 관용표현, 「〜をもって〜(さ)せていただきます ~으로서 ~하겠습니다」와 같은 공적인 알림 표현으로도 자주 출제된다.

096 〜をものともせず(に) ~을 아랑곳하지 않고 (보란 듯이)

彼は他人の非難をものともせずに、自分のやり方を押し通そうとする。
그는 타인의 비난을 아랑곳하지 않고, 자신의 방식을 끝까지 밀고 나가려 한다.

TIP 「台風(태풍)・病気(질병)・危険(위험)・非難(비난)」등과 같이 '고난, 역경' 등의 어휘와 함께 자주 출제된다.

097 〜を余儀なくされる (주위의 사정으로 인해) 어쩔 수 없이 ~하게 되다
〜を余儀なくさせる 어쩔 수 없이 ~하게 하다

遅くとも6月までに全体合意できなければ、交渉は中断を余儀なくされる。
늦어도 6월까지 전체 합의를 하지 못하면 어쩔 수 없이 교섭은 중단하게 된다.

今までよくやってきたのに、一回の発注ミスが彼に辞退を余儀なくさせた。
지금까지 잘해 왔는데 한 번의 발주 실수가 그를 어쩔수 없이 사퇴하게 했다.

TIP 수동형을 사용하는 경우에는 '(사정상) 그럴 수밖에 없다'의 관점이지만, 사역형을 쓰게 되면 '어떤 상태를 강제로 시키다'가 되므로 사용법을 확실하게 구분해두어야 한다.

098 ～をよそに　～을 아랑곳하지 않고(무시하고)

まわりの人々の忠告をよそに、わがままを通してきた彼ももう立派な親になっていた。
주위 사람들의 충고를 무시하고 제멋대로 해온 그도 이제 훌륭한 부모가 되어 있었다.

TIP 「心配(걱정)・抗議(항의)・不安(불안)・忠告(충고)・批判(비판)・期待(기대)」등을 무시하고 행동하는 것에 질리거나 또는 감탄했을 경우 사용하므로 같이 활용하는 어휘들을 봐둘 필요가 있다.

099 ～んがため(に)　～하기 위해서(～하려는 목적을 갖고)

彼女は芸能人になりたいという夢を実現させんがため、韓国に来た。
그녀는 연예인이 되고 싶다는 꿈을 실현시키기 위해 한국에 왔다.

彼の商品を売らんがための演説では、人の心を動かせません。
그의 상품을 팔기 위한 연설로는 사람의 마음을 움직일 수 없습니다.

TIP 해석은 '～하기 위해서'라는 목적을 나타내지만 접속은 부정의 뜻을 갖는 **ない**형에 한다. 더불어 **する**의 경우 しない이므로 しんがため를 사용할 것 같지만, せんがため로 활용하므로 주의해야 한다.

100 ～んばかりだ　(사실은 아니지만 마치) ～하는 듯하다

彼は「お前のせいだ」と言わんばかりだった。
그는 '네 탓이야'라고 말하는 듯했다.

TIP 실제는 아니지만 거의 그것에 가까운 행동을 하는 것 같다는 의미이며, 부정형(ない형)에 접속된다.

유사문법 ● ～とばかり(に) (소리를 내서 말하지는 않았지만) ～라는 듯이

彼の仕草は早く頂戴とばかりに思えた。
그의 표정은 (말은 안했지만) 빨리 달라는 듯했다.

彼は隙が見えるとこの時とばかり相手チームを攻めた。
그는 빈틈이 보이자 이때라는 듯이 상대팀을 공격했다.

부정을 나타내는 ない・ぬ・ん・ず

行く(가다)　→ 行かない・行かぬ・行かん(가지 않다)

　　　　　　　行かず(가지 않고) : ず는 ないで의 의미를 담고 있으므로 주의!

＊する(하다)　→ しない・せぬ・せん(하지 않다)으로 접속

　　　　　　　せず(하지 않고)

001	〜一方だ (＝〜ばかりだ)	계속 〜하기만 한다	出産率は減る一方で、老人の数は増える一方だ。 출산율은 줄어드는 한편, 노인의 수는 계속 늘기만 한다.
002	〜うる・える	〜할 수 있다	考えうるアイデアは全部出したが、だめだった。 생각할 수 있는 아이디어는 전부 내놓았지만 소용없었다.
003	〜えない	〜할 수 없다	そんなことはありえない。 그런 일은 있을 수 없다.
004	〜恐れがある	〜할 우려가 있다	このまま放っておくと、大事故になる恐れがある。 이대로 방치해두면 큰 사고로 이어질 우려가 있다.
005	〜かけて	〜하다 말고, 〜하는 도중에	言いかけてやめるのはよくない。 말하다가 마는 것은 좋지 않다.
006	〜かねて	〜할 수 없어서	どうも言い出しかねて、そのまま帰ってきました。 아무래도 말을 꺼낼 수 없어서, 그대로 돌아왔습니다.
007	〜かねない	〜할지도 모른다, 〜할 법하다	彼の性格ならそんなこともやりかねない。 그의 성격이라면 그런 일도 할 법하다.
008	〜かねる	〜할 수 없다, 〜하기 어렵다	そのことに関しては一切責任を負いかねます。 그 일에 관해서는 일절 책임을 질 수 없습니다.
009	〜かのようだ	마치 〜같다	彼はまるで自分がアメリカに行ってきたかのようだ。 그는 마치 자기가 미국에 다녀온 것 같다.
010	〜から(に)は	〜한 이상에는	学生であるからには勉強すべきだ。 학생인 이상에는 공부해야 한다.
011	〜からでないと	〜하고 나서가 아니면	私はコーヒーを飲んでからでないと、目が覚めない。 나는 커피를 마시고 나서가 아니면 잠이 안 깬다.
012	〜からといって	〜라고 해서	医学が進んだからといって、病人の数が減ったわけではない。 의학이 진보했다고 해서 환자의 수가 줄어든 것은 아니다.
013	〜がきっかけで	〜이 계기가 되어	旅行に行ったのがきっかけで、木村さんと親しくなった。 여행을 간 것이 계기가 되어 기무라 씨와 친해졌다.
	〜をきっかけに	〜을 계기로	わたくし、坂本が社外理事に就任したことをきっかけにオープン経営を一層加速していきます。 저, 사카모토가 사외이사로 취임한 것을 계기로 오픈 경영을 한층 더 가속해 가겠습니다.

014	～がっている	(3인칭이) ~하고 있다	彼はいつもお金をほし**がっている**。 그는 항상 돈을 갖고 싶어 한다.
015	～ぐらい(だ)	~정도(이다)	お腹が痛くて我慢できない**ぐらいだった**。 배가 아파서 참을 수 없을 정도였다.
016	～ことか	(얼마나) ~던지	息子がいなくなって、どんなに心配した**ことか**。 아들이 없어져서 얼마나 걱정했던지.
017	～ことが(は)ない	~할 필요가(는) 없다	全部先輩だから、君が払う**ことはない**。 전부 선배니까, 네가 지불할 필요는 없다.
018	～ことだ	~해야 한다	試験の際は鉛筆を持ってくる**ことだ**。 시험을 볼 때에는 연필을 가지고 와야 한다.
019	～ことではない	~라는 뜻은 아니다	私がバカという**ことではない**ですよね。 제가 바보라는 뜻은 아니지요?
020	～ことなく	~하는 일 없이, ~하지 않고	彼は休む**ことなく**10年間働きつづけた。 그는 쉬지 않고 10년간 계속 일했다.
021	～さえ～ば	~만 ~하면	このカップラーメンはお湯**さえ**入れれ**ば**できる。 이 컵라면은 뜨거운 물만 넣으면 완성된다.
022	～ざるを得ない	~하지 않을 수 없다	上司の命令だから、行か**ざるを得ない**。 상사의 명령이므로 가지 않을 수 없다.
023	～しかない	~(할) 수밖에 없다	解決方法はお金を払う**しかない**。 해결방법은 돈을 지불하는 수밖에 없다.
024	～ず(に)	~하지 않고, ~하지 말고	朝ご飯を食べ**ずに**、学校へ行く子供が増えているそうだ。 아침을 먹지 않고 학교에 가는 아이가 늘어나고 있다고 한다.
025	それについても	그것에 대해서도	経済にかかわることの多い国だから、**それについても**知りたい。 경제에 관련된 것이 많은 나라여서 그것에 대해서도 알고 싶다.
026	それにつけても	그런 걸 보면 참, 그건 그렇고	首相がアメリカに行ったらしい。**それにつけても**お金がほしいな。 수상이 미국에 간 것 같다. 그건 그렇고, 돈이 필요해.
027	～だす	~하기 시작하다	急に雨が降り**だした**。 갑자기 비가 내리기 시작했다.

028	たとえ～ても	설령 ~라 해도	たとえ首になっても、正しいと思ったことは言うつもりだ。 설령 해고되더라도 옳다고 생각한 것은 말할 작정이다.
029	たとえば～ような	예컨데(가령) ~같은	好きな花はたとえばバラのような派手なものだ。 좋아하는 꽃은 예컨데 장미와 같은 화려한 것이다.
030	～っこない	~할 리가 없다	こんな弱いチームでは勝ちっこない。 이런 약한 팀으로는 이길 리가 없다.
031	～って	~라고?, ~래	明日行くんだって。 내일 간대.
032	～つつ(も)	~하면서(도)	たばこが悪いと知りつつも、なかなかやめられない。 담배가 나쁘다고 알면서도 좀처럼 끊을 수 없다.
033	～つもりだ	~할 생각(작정)이다	あしたは彼に別れようと言うつもりだ。 내일은 그에게 헤어지자고 말할 생각이다.
034	～て以来	~한 이후로(쭉~)	彼女とは1年前に会って以来、一度も会っていない。 그녀와는 1년 전에 만난 이후로 한 번도 만나지 않았다.
035	～でさえあれば	~만 있으면	いい人でさえあれば結婚するつもりだ。 좋은 사람만 있다면 결혼할 생각이다.
036	～てはじめて	~해서야 비로소	佐藤先生に会ってはじめて、勉強のおもしろさがわかった。 사토 선생님을 만나고서야 비로소 공부의 재미를 알았다.
037	～といえば	~라 하면(대표적인 연상)	日本料理といえば、すきやきが頭に浮かぶ。 일본요리라 하면 스키야키가 머리에 떠오른다.
038	～といっても	~라고 해도	新しいアルバイトが見つかったといっても、一週間働くだけだ。 새로운 아르바이트를 구했다고 해도, 1주일 일할 뿐이다.
039	～ところだ	막 ~할 참이다	今ちょうど食べたところだ。 지금 막 먹은 참이다. 今ちょうど食べているところだ。 지금 막 먹고 있는 참이다. 今ちょうど食べようとしているところだ。 지금 막 먹으려고 하는 참이다.
040	～どころではない	~할 상황(계재)가 아니다	お金がなくて結婚どころではない。 돈이 없어서 결혼할 상황이 아니다.

041	～として	～로써	それは父<ruby>としても人間<rt>にんげん</rt></ruby>としても<ruby>許<rt>ゆる</rt></ruby>せないことだ。 이것은 아버지로서도 인간으로서도 용서할 수 없는 일이다.
042	～とすれば	～라고 (가정)한다면	あした<ruby>死<rt>し</rt></ruby>ぬとすれば、あなたは今日何をしますか。 내일 죽는다고 한다면 당신은 오늘 무엇을 하겠습니까?
043	～とともに	～와 함께	<ruby>人口<rt>じんこう</rt></ruby>の<ruby>増加<rt>ぞうか</rt></ruby>とともに、<ruby>住宅<rt>じゅうたく</rt></ruby>問題も<ruby>深刻<rt>しんこく</rt></ruby>になってきた。 인구의 증가와 함께 주택문제도 심각해졌다.
044	～ないことには	～하지 않고서는	<ruby>靴<rt>くつ</rt></ruby>は<ruby>直接<rt>ちょくせつ</rt></ruby>はいてみないことには<ruby>買<rt>か</rt></ruby>えない。 구두는 직접 신어보지 않고서는 살 수 없다.
045	～ないように	～하지 않도록	明日は<ruby>遅<rt>おく</rt></ruby>れないように、気をつけてください。 내일은 늦지 않도록 조심하세요.
046	～なんて	～라니, ～다니, ～따위	<ruby>出産<rt>しゅっさん</rt></ruby>なんてこわくない。 출산 따위 무섭지 않다.
047	なんと～	세상에, 이 얼마나	なんと5<ruby>歳<rt>さい</rt></ruby>の<ruby>子<rt>こ</rt></ruby>が3ヶ<ruby>国語<rt>こくご</rt></ruby>ができるなんて、すごい。 세상에 5살짜리 아이가 3개 국어를 할 수 있다니 대단하다.
048	～にあたって	～함에 있어서, ～즈음해서	サイトのご<ruby>利用<rt>りよう</rt></ruby>にあたって、<ruby>注意<rt>ちゅうい</rt></ruby><ruby>事項<rt>じこう</rt></ruby>をお<ruby>教<rt>おし</rt></ruby>えします。 사이트를 이용함에 있어서 주의사항을 알려 드리겠습니다.
049	～において	～에서	1988<ruby>年<rt></rt></ruby>のオリンピックはソウルにおいて<ruby>開<rt>ひら</rt></ruby>かれた。 1988년 올림픽은 서울에서 열렸다.
050	～においても	～에서도	<ruby>今後<rt>こんご</rt></ruby>においても / <ruby>子供<rt>こども</rt></ruby>の<ruby>教育<rt>きょういく</rt></ruby>においても 향후에 있어서도 / 아이의 교육에 있어서도
051	～に<ruby>応<rt>おう</rt></ruby>じて	～에 맞춰, ～에 부응해	自分の<ruby>体力<rt>たいりょく</rt></ruby>に<ruby>応<rt>おう</rt></ruby>じて、<ruby>運動量<rt>うんどうりょう</rt></ruby>を<ruby>決<rt>き</rt></ruby>めてください。 자신의 체력에 맞춰서 운동량을 정해주세요.
052	～に<ruby>及<rt>およ</rt></ruby>ばず	～에 미치지 못해	日本は世界レベルに<ruby>及<rt>およ</rt></ruby>ばず、メダルを<ruby>一個<rt>いっこ</rt></ruby>も<ruby>獲得<rt>かくとく</rt></ruby>できなかった。 일본은 세계 수준에 미치지 못해 메달을 한 개도 획득하지 못했다.
053	～に<ruby>及<rt>およ</rt></ruby>ばない	～에 미치지 못한다	彼の<ruby>足元<rt>あしもと</rt></ruby>にも<ruby>及<rt>およ</rt></ruby>ばない。 그의 발끝에도 미치지 못한다.
054	～に<ruby>及<rt>およ</rt></ruby>ぶ	～에 이르다, 달하다	100<ruby>個<rt></rt></ruby>に<ruby>及<rt>およ</rt></ruby>ぶ<ruby>単語<rt>たんご</rt></ruby>を1<ruby>時間<rt></rt></ruby>でどうやって<ruby>覚<rt>おぼ</rt></ruby>えられるんですか。 100개에 이르는 단어를 1시간에 어떻게 외울 수 있습니까?
055	～にかかわらず	～에 상관없이	<ruby>上手<rt>じょうず</rt></ruby><ruby>下手<rt>へた</rt></ruby>にかかわらずしなければならない。 잘하든 못하든 상관없이 하지 않으면 안 된다.

056	～に限った	～에 그치는, ～에 한한	こんなミスは今回に限ったことではない。 이런 실수는 이번에 한정된 일이 아니다.
057	～に限って	꼭 ～할 때만	急いでいる時に限って、タクシーが拾えない。 꼭 서두를 때만 택시가 잡히지 않는다.
058	～に限らず	～뿐만 아니라	男性に限らず、女性も大統領になれる。 남성뿐만 아니라 여성도 대통령이 될 수 있다.
059	～に限らない	～만 되는 것은 아니다	図書館の本の貸出しは、本学に通っている学生に限らない。 도서관의 책 대출은 본 학교에 다니고 있는 학생만 되는 것은 아니다.
060	～に限る	～하는 게 제일이다,	疲れた時はぐっすり眠るに限る。 피곤할 때에는 푹 자는 게 제일이다.
		～만 된다	この寮は女子に限る。 이 기숙사는 여성만 된다.
061	～にかけて	～에 걸쳐서	5月から8月にかけて、行事が多い。 5월부터 8월에 걸쳐서 행사가 많다.
062	～にかけては	～에 있어서는	マラソン・走り・走ることにかけては、誰にも負けない。 마라톤・달리기・달리는 것에 있어서는 누구한테도 지지 않는다.
063	～に関して	～에 관해서	彼は植物に関していろいろと知っている。 그는 식물에 관해서 여러 가지를 알고 있다.
064	～に決まっている	～인 것이 뻔하다	それを言ったのは彼に決まっている。 그것을 말한 것은 그 사람인 것이 뻔하다.
065	～に比べて	～에 비해	他国に比べて、日本は資源が少ない。 다른 나라에 비해 일본은 자원이 적다.
066	～に応えて	～에 보답해, ～에 부응해	アンコールに応えて、もう一曲歌わせていただきます。 앙코르에 부응하여 한 곡 더 부르겠습니다.
067	～に際して	～에 즈음해서	留学に際して、いろいろな人が忠告をしてくれた。 유학에 즈음해서 여러 사람들이 충고를 해주었다.
068	～に先立ち・ ～に先立って	～에 앞서	出発に先立ち、出席を確認します。 출발에 앞서 출석을 확인하겠습니다. ビジネスに先立って必要なものは資金である。 비즈니스에 앞서 필요한 것은 자금이다.

069	～にしたがい	～함에 따라	時間がたつにしたがい、緊張も高まる。 시간이 지남에 따라 긴장도 고조된다.
	～にしたがって	～함에 따라서	人口の増加にしたがって、環境問題もひどくなっていく。 인구의 증가에 따라서 환경문제도 심해져 간다.
070	～にしたら	～로 했더니	1・2・3・4をパスワードにしたら、銀行側から電話がきた。 1・2・3・4를 패스워드로 했더니 은행측에서 전화가 왔다.
071	～にしろ ～にしろ	～든 ～든	行くにしろ行かないにしろ、今日中に返事してください。 가든 안 가든 오늘 안으로 답변해주세요.
072	～に過ぎない	～에 지나지 않다	いくら天才といってもまだ子供に過ぎない。 아무리 천재라고 해도 아직 어린아이에 지나지 않는다.
073	～にすれば	～로 하면	試合の結果をすべて監督のせいにすればいいというものではない。 시합의 결과를 모두 감독 탓으로 하면 되는 것은 아니다.
074	～に沿って	～에 따라	指示または説明書に沿ってやりなさい。 지시 또는 설명서에 따라 하세요.
075	～に対し(て)	①～에 대해 ②～에게 ③～인데 반해	親に対してそんな態度を取るな。 부모에게 그런 태도를 취하지 마라. 兄は上手なのに対し弟は下手だ。 형은 능숙한 것에 반해 남동생은 서투르다.
076	～にたとえると	～에 비유하면	人生の短さを花にたとえると、さくらの花だ。 인생의 짧음을 꽃에 비유하면, 벚꽃이다.
077	～に違いない	～임에 틀림없다	まじめな学生だったから、試験に合格するに違いない。 성실한 학생이었기 때문에 시험에 합격함에 틀림없다.
078	～について	～에 대해서	韓国について何も知らない日本人が多い。 한국에 대해서 아무것도 모르는 일본인이 많다.
079	～に通じる	～에 통달하다(훤히 알다)	彼は世界の情勢に通じている。 그는 세계 정세에 통달해 있다.

080	～につき	①～당 ②～로 인해 ③～에 대해	一時間につき500円 1시간 당 500엔 内部工事につき休業 내부공사로 인해 휴업 エイズにつき研究する 에이즈에 대해 연구하다
081	～につけ	～할 때마다 항상	交通事故のニュースを聞くにつけ、運転をしたくなくなる。 교통사고 뉴스를 들을 때마다 항상 운전을 하기 싫어진다.
082	～につれ(て)	～함에 따라 (～해졌다, ～하기 시작했다)	年をとるにつれて、物忘れがひどくなっていく。 나이를 먹음에 따라 건망증이 심해져 간다.
083	～に通す	～으로 안내하다	客を応接間に通す。 손님을 응접실로 안내하다.
084	～にとっては ～にとっても	～에게 있어서는 ～에게 있어서도	健康はだれにとっても大事なことだ。 건강은 누구에게 있어서도 중요한 것이다.
085	～にともない	～함에 따라	頂上に近づくにともない、疲れてきた。 정상에 가까워짐에 따라 피곤해졌다.
	～にともなって	～함에 따라서	運賃の価格改定にともなって需要は回復するとみております。 운임의 가격을 개정함에 따라 수요는 회복될 것이라 보고 있습니다.
086	～にのぼる	～에 이르다	総額100億ドルにのぼる契約を締結した。 총액 100억 달러에 이르는 계약을 체결했다.
087	～に反して	～와는 반대로, ～에 반해	予想に反して、彼は負けてしまった。 예상과는 반대로 그는 지고 말았다.
088	～に向かって	～을 향해	親に向かって、そんな言い方はないでしょう。 부모를 향해서 그런 말투는 말도 안되잖아요.
089	～に向け	～을 향해, ～을 위해	東京に向け、出発。 도쿄를 향해 출발. 成功に向け、日々努力している。 성공을 위해 매일 노력하고 있다.
090	～にめぐまれて	운좋게 ～가 좋아서	久しぶりの晴天にめぐまれて公園に遊びに行った。 운좋게 오랜만에 날씨가 좋아서 공원에 놀러갔다.
091	～にもかかわらず	～인데도 불구하고	成績が悪かったにもかかわらず、いい大学に合格できた。 성적이 나빴는데도 불구하고 좋은 대학에 합격할 수 있었다.

092	～にもとづいて	～에 근거하여	その作家は自分の経験にもとづいて、小説を書いている。 그 작가는 자신의 경험에 근거하여 소설을 쓰고 있다.
093	～によって	～에 따라, ～로 인해	好みは人によって違う。기호는 사람에 따라 다르다. テストによって実力を確認する。시험으로 실력을 확인하다.
094	～によらず	～에 의하지 않고	経験によらず、直感的にわかるものがある。 경험에 의하지 않고 직감적으로 알 수 있는 것이 있다.
095	～によらない	～에 의하지 않는다	人は見かけによらない。 사람은 겉보기에 의하지 않는다. (겉보기만으로는 알 수 없다)
096	～による	～로 인한	不注意による火事であった。부주의로 인한 화재였다.
097	～によれば	～에 의하면	ニュースによれば、アフリカで伝染病が流行っているそうだ。 뉴스에 의하면 아프리카에서 전염병이 유행하고 있다고 한다.
098	～にわたって	～에 걸쳐서(줄곧, 쪽)	5時間にわたって、手術が行われた。 5시간에 걸쳐서 수술이 실시되었다.
099	～にわたる	～에 걸친, ～에 이른	今回の会議は3時間にわたるものだった。 이번 회의는 3시간에 걸친 것이었다.
100	～ぬいて	힘들게 ～해서	悩みぬいて出した結論です。 힘들게 고민해서 내린 결론입니다.
101	～ぬきに(しては)	～빼고(서는)	日本をぬきにしてはアジアの経済は語れない。 일본을 빼고서는 아시아의 경제는 논할 수 없다.
102	～のみならず	～뿐만 아니라	この漫画は子供のみならず大人も楽しめる。 이 만화는 어린이 뿐만 아니라 어른도 즐길 수 있다.
103	～のもとで/もとに	～하에서/～하에	子供の権利は法律のもとで守られている。 어린이의 권리는 법률 하에서 지켜지고 있다.
104	～ばかりに	～한(인) 바람에	長女であるばかりに、いつも弟や妹の面倒を見るしかない。 장녀인 바람에 항상 남동생이나 여동생을 돌볼 수밖에 없다.
105	～はずがない	～리가 없다	こんな安い料理がおいしいはずがない。 이렇게 싼 음식이 맛있을 리가 없다.

106	～はずだ	～일 것이다, ～할 만하다	今日は日曜日だから、込んでいるはずだ。 오늘은 일요일이니 붐빌 것이다.
107	～はずだけど ～はずだが	분명히 ~했었는데	財布を入れておいたはずだけど…。 분명 지갑을 넣어뒀을 텐데…….
108	～はする	～하기는 하다	甘いものを食べはするが、あまり好きではない。 단 것을 먹기는 하지만, 그다지 좋아하지 않는다.
	～はしない	～하지는 않는다	彼ならこんなところは来はしない。 그라면 이런 곳은 오지는 않는다.
109	～はもちろん	～은 물론이고	最近は英語はもちろん、日本語まで求めている企業が 多い。 최근에는 영어는 물론이고 일본어까지 요구하는 기업이 많다.
110	～はもとより	～은 물론이고	新商品は経済性はもとより、省エネルギー性や環境性 にも優れている。 신제품은 경제성은 물론이고, 에너지 절약이나 환경성에도 뛰어나다.
111	～べきだ	～해야 한다	学生は勉強をすべきだ。 학생은 공부를 해야 한다.
112	～べきではない	～해서는 안 된다	人のものを勝手に使うべきではない。 다른 사람의 물건을 마음대로 사용해서는 안 된다.
113	～ほか(は)ない	～할 수밖에 없다	上司の命令だから、行くほかはない。 상사의 명령이기 때문에 갈 수밖에 없다.
114	～まい	①～지 말아야지 ②～아닐 것이다	夜は絶対に食べまい。 밤에는 절대로 먹지 말아야지 明日は雨が降るまい。 내일은 비가 내리지 않을 것이다.
115	～までもない	～할 것까지도 없다	言うまでもなく、そんなことぐらい知っているよ。 말할 것까지도 없이, 그런 일 정도는 알고 있어.
116	～もかまわず	～도 개의치 않고	彼女は靴をはいてないのもかまわず、逃げて行った。 그녀는 신발을 신지 않은 것도 개의치 않고 도망쳐 갔다.
117	～もの(です)か	～할까보냐(절대로 ~아니다)	こんな汚い店、二度と来るものか。 이렇게 더러운 가게, 두번 다시 올까보냐(절대 오지 않겠다).

118	〜ものだ	①〜하는 법이다 ②〜하곤 했다	年末はだれでも忙しいものだ。 연말은 누구나 바쁜 법이다. 大学時代はよく徹夜で飲んだものだ。 대학시절에는 자주 밤새 마시곤 했다.
119	〜も〜ば〜も	〜도 〜거니와 〜도	電車の中では、本を読む人もいれば寝る人もいる。 전철 안에서는 책을 읽는 사람도 있거니와 자는 사람도 있다.
120	〜やしない	〜하지 않는다	1時間も待っても来やしない。約束するんじゃなかった。 1시간이나 기다려도 오지 않는다. 약속하는 게 아니었다.
121	〜ように	〜처럼	まるで海のように心の広い人ですね。 마치 바다처럼 마음이 넓은 사람이군요.
122	〜ようになる	〜하게 되다	毎日練習したら、100メートルは泳げるようになった。 매일 연습했더니 100미터는 헤엄칠 수 있게 되었다.
123	〜わけがない	〜할 리가 없다	うちの息子が盗みなんかするわけがない。 우리 아들이 도둑질 따위 할 리가 없다.
124	〜わけだ	①〜인 것이다 ②〜할 만하다	ドアが開かないわけだ。壊れていたんだな。 문일 열리지 않을 만하다. 부서져 있었구나.
125	〜わけではない	(꼭, 다) 〜인 것은 아니다	頭がいいからといって、必ずしも成績がいいわけではない。 머리가 좋다고 해서 꼭 성적이 좋은 것은 아니다.
126	〜わけには いかない	〜할 수는 없다	みんな残業をしているのに、私ひとり先に帰るわけにはいかない。 모두 잔업을 하고 있는데 나 혼자 먼저 돌아갈 수는 없다.
127	〜をかねて	〜을 겸해서	散歩をかねて、タバコを買ってこよう。 산책을 겸해서 담배를 사와야지.
128	〜をきっかけに(して)	〜을 계기로	留学をきっかけに、自分の国について考えるようになった。 유학을 계기로 자국에 대해서 생각하게 되었다.
129	〜を込めて	〜을 담아	愛をこめて弁当を作った。 사랑을 담아 도시락을 만들었다.

130	〜を中心（ちゅうしん）に	〜을 중심으로	この雑誌（ざっし）は女性（じょせい）を中心（ちゅうしん）に読まれている。 이 잡지는 여성을 중심으로 읽혀지고 있다.
131	〜を通（つう）じて	〜을 통틀어, 〜을 통해서	高校3年間を通（つう）じて、成績（せいせき）はいつもトップだった。 고등학교 3년을 통틀어 성적은 항상 톱이었다. 彼女は一生（いっしょう）を通（つう）じて民族音楽（みんぞくおんがく）を研究（けんきゅう）してきた。 그녀는 평생을 통해서 민족음악을 연구해왔다.
132	〜を通（とお）して	〜을 통해서	彼女とはインターネットを通（とお）して知（し）り合（あ）うようになった。 그녀와는 인터넷을 통해서 서로 알게 되었다.
133	〜を通（とお）す	〜을 통과시키다	今度の会議（かいぎ）で議案（ぎあん）を通（とお）しようと思う。 이번 회의에서 의안을 통과시키려고 한다.
134	〜を問（と）わず	〜을 불문하고	この会社は学歴（がくれき）、年齢（ねんれい）、性別（せいべつ）を問（と）わず、人を採用（さいよう）している。 이 회사는 학력, 나이, 성별을 불문하고 사람을 채용하고 있다.
135	〜を除（のぞ）いて	〜을 빼고	一人（のぞ）を除（のぞ）いて、全員（ぜんいん）が出席（しゅっせき）した。 한 명을 빼고 전원이 출석했다.
136	〜をはじめ	〜을 비롯해	首相（しゅしょう）をはじめ、大勢（おおぜい）の政治家（せいじか）が全部（ぜんぶ）そろった。 수상을 비롯해 많은 정치인이 모두 모였다.
137	〜をまわって	①〜을 돌아(장소)	時間（じかん）つぶしに駅（えき）の近所（きんじょ）をまわってみました。 시간때우기로 역 근처를 돌아보았습니다
		②〜를 지나(시간)	12時をまわって、暑（あつ）くなってきた。 12시를 지나 더워졌다.
138	〜をめぐって	〜을 둘러싸고	製薬制度（せいやくせいど）をめぐって、賛否（さんぴ）が分（わ）かれている。 제약 제도를 둘러싸고 찬성 여부가 갈렸다.
139	〜をもって	〜으로(수단)	身（み）をもって手本（てほん）を見せる。 몸소 모범을 보이다.
140	〜をもとに(して)	〜을 근거로 (해서), 〜을 토대로 (해서)	この映画は事実（じじつ）をもとにして作（つく）られたそうだ。 이 영화는 사실을 근거로 해서 만들어졌다고 한다.

1 존경표현

□ **お(ご)〜です** ~이십니다

先生は何時ごろご出勤ですか。 선생님은 몇 시쯤 출근하십니까?

[미래] 先生は明日お帰りですか。 선생님은 내일 돌아가십니까?

[현재] 先生は今お帰りですか。 선생님은 지금 돌아가십니까?

先生はもうお帰りですか。 선생님은 벌써 돌아가십니까?

□ **お(ご)〜くださる** ~해 주시다

山下先生が日本語をお教えくださいます。 야마시타 선생님이 일본어를 가르쳐 주십니다.

いろいろご指導くださって、ありがとうございます。 여러 가지 지도해주셔서 감사합니다.

□ **お(ご)〜なさる** ~하시다

あの先生がお話なさった事は、多くの人たちにとって支えになると思います。

그 선생님이 이야기 하신 것은 많은 사람들에게 있어 버팀목이 될 것이라고 생각합니다.

社長は山田さんの結婚披露宴にご出席なさいますか。

사장님은 야마다 씨의 결혼 피로연에 참석하십니까?

□ **お(ご)〜になれば／〜になったら** ~(하)시면

会員カードをお持ちになれば、5％割引とします。 회원카드를 갖고 계시면 5% 할인을 합니다.

□ **お(ご)〜ですか(でしょうか)** ~(하)십니까?

では、伺いますが、この仕事関係の資格をお持ちでしょうか。

그럼 묻겠습니다만, 이 일에 관계된 자격증을 갖고 계십니까?

□ **お(ご)〜にならないでください** ~(하)지 말아 주십시오

緊急事態または、やむを得ない事情のない限り、客用以外の施設にお入りにならないでください。

긴급 사태 또는 어쩔 수 없는 사정이 없는 한, 손님용 이외의 시설에 들어가지 마십시오.

□ **お(ご)〜の方は** ~(하)신 분은

お降りの方は、運転士の後ろのドアのボタンをお押しください。

내리시는 분은 운전수 뒤의 문에 있는 버튼을 눌러 주세요.

□ **お(ご)〜でない方(は)** ~(하)지 않으신 분은

紹介状をお持ちでない方でも受診は可能です。 소개장을 지참하지 않으신 분도 진찰 받는 것은 가능합니다.

□ お(ご)～のほど　～(하)시기를, ～(이)시기를
こちらの一方的な都合で大変恐縮ですが、ご理解のほど、何卒宜しくお願い申し上げます。
저희 쪽의 일방적인 사정으로 대단히 죄송합니다만, 이해해 주시기를 아무쪼록 잘 부탁드립니다.

□ お(ご)～のことと　～(이)시리라고
ますますご活躍のことと存じます。 더욱 더 활약하시리라 생각합니다.

<table>
<tr><td>2</td><td>겸양표현</td></tr>
</table>

□ ～から頂戴する　～로부터 받다
田中先生から頂戴しました。 다나카 선생님께 받았습니다.

□ お(ご)～てもよろしいですか　～해도 괜찮습니까?
このペン、お借りしてもよろしいですか。 이 펜, 빌려도 괜찮습니까?

□ お(ご)～にあずかる　～을 받다, ～을 해주시다
この度はお招きにあずかり、ありがとうございます。 이번에 초대해 주셔서 감사합니다.

□ お(ご)～を賜る　～을 받잡다, ～을 내리시다
毎度ご声援を賜りましてありがとうございます。 매번 성원을 해주셔서 감사합니다.

<table>
<tr><td>3</td><td>특수 존경어/겸양어</td></tr>
</table>

일반동사	존경어	겸양어
いる	いらっしゃる、おいでになる	おる
行く	いらっしゃる、おいでになる	参る、伺う
来る	見える、お見えになる、いらっしゃる、おいでになる、お越しになる	参る、伺う、上がる
する	なさる	いたす
です	でいらっしゃる	でござる
言う、話す	おっしゃる	申す、申し上げる
食べる、飲む	召し上がる、あがる	いただく
見る	ご覧になる	拝見する

思(おも)う		存(ぞん)じる
あげる		さしあげる
くれる	くださる	
もらう		いただく、頂戴(ちょうだい)する
聞(き)く、尋(たず)ねる		伺(うかが)う、うけたまわる、拝聴(はいちょう)する
訪(たず)ねる、訪問(ほうもん)する		伺(うかが)う、お邪魔(じゃま)する、あがる
会(あ)う		お目(め)にかかる
知(し)っている	ご存知(ぞんじ)だ	存(ぞん)じている
見(み)せる		お目(め)にかける
分(わ)かる、引(ひ)き受(う)ける		承知(しょうち)する、かしこまる
借(か)りる		拝借(はいしゃく)する
買(か)う	お求(もと)めになる	
寝(ね)る	お休(やす)みになる	
死(し)ぬ	お亡(な)くなりになる	

<table><tr><td>**4**</td><td>따로 외워두어야 할 문형</td></tr></table>

□ 召(め)す ～하시다

着物(きもの)を召(め)す 기모노를 입으시다　**お気(き)に召(め)す** 마음에 드시다
風邪(かぜ)を召(め)す 감기에 걸리시다　**お風呂(ふろ)を召(め)す** 목욕하시다
お年(とし)を召(め)す 나이를 드시다　**花(はな)を召(め)す** 꽃을 사시다

すてきなお着物(きもの)をお召(め)しになっていますね。 멋진 기모노를 입고 계시네요.

お風邪(かぜ)を召(め)されたのですか。 감기에 걸리셨습니까?

あの**お年(とし)を召(め)した方(かた)**はどなたですか。 저 나이를 드신 분은 누구신가요?

今日(きょう)の料理(りょうり)、**お気(き)に召(め)した**でしょうか。 오늘 요리 마음에 드셨습니까?

すぐに**お風呂(ふろ)を召(め)します**か。 바로 목욕을 하시겠습니까?

その**お花(はな)はどこで召(め)されました**か。 그 꽃은 어디서 사셨습니까?

□ **〜ていらっしゃる / 〜でいらっしゃる / 〜ておいでになる**　~하고 계시다

あの方は今何か考えていらっしゃるようです。 그 분은 지금 무엇인가 생각하고 계시는 것 같습니다.

ご両親はお元気でいらっしゃいますか。 부모님께서는 건강하십니까?

鈴木さんはそちらにお勤めでいらっしゃいますか。 스즈키 씨는 그쪽에 근무하고 계십니까?

先生は今何を研究しておいでになりますか。 선생님은 지금 무엇을 연구하고 계십니까?

□ **お(ご)〜になれる**　~하실 수 있다

あの喫茶店ならゆっくりお話になれますよ。 저 찻집이라면 느긋하게 이야기하실 수 있어요.

□ **〜(さ)せてくださる**　~하게 해주시다

今日、社長は(私に)少し早く帰らせてくださいました。

오늘 사장님은 (나에게) 조금 빨리 집에 갈 수 있게 해주셨습니다.

□ **〜(さ)せてください**　~하게 해주세요

卒論を書いておりますので、こちらの資料をくらべさせてください。

졸업논문을 쓰고 있으니, 이쪽 자료를 비교하게 해주세요.

독해편

- 문제 유형별 설명 및 비법 TIP
1 기출 어휘 체크
2 JLPT 완벽 대비

문제 유형별
설명 및 비법 TIP 

문제이해　생활, 일 등 여러 가지 화제를 포함하여 설명문이나 지시문, 메일 등 200자 정도의 글을 읽고 그 내용을 이해할 수 있는지 묻는다. 기존 시험과 같은 형식을 취하고 있지만, 각 글의 유형별로 텍스트에 쓰여져 있는 사실관계를 이해할 수 있는지, 이유나 원인을 파악할 수 있는지, 또는 문맥에서 어떠한 의미인지를 이해할 수 있는지 등을 묻고 있다. 글의 종류에는 목적을 묻는 메일, FAX, 내용파악을 묻는 설명글, 안내글, 알림글, 작가의 생각을 묻는 일반적인 에세이 형식의 글 등이 있다.

기출문제유형　〈저자의 생각을 묻는 문제 유형〉 2011-1회

食器のバラエティこそ、日本のやきものの特色の一つだと思います。そして、日本人のやきものに対する思いとか愛着^(注)は、食器のみならず、種類の豊富さにあらわれているといってもいいでしょう。

　私たちは食事のたびに、もちろん料理も食べていますが、知らずに目で食器も食べているのです。だから興味・関心がないというのは、不注意なだけなのです。すでに下地はできているのですから、あと一歩踏みこめば、やきものに興味・関心がグッと深まるはずなのだと思います。

（江口滉『やきものの世界』岩波書店による）

（注）やきもの：陶芸品

46 筆者の考えに合うのはどれか。

1　食事のたびに食器を眺めることで、陶芸品への愛着が強まる。

2　日常使う食器に注意を向けることで、陶芸品への関心が高まる。

3　食器を通して陶芸品に興味を持つことで、芸術全般への関心が高まる。

4　家庭にいろいろな食器を取り入れることで、陶芸品への愛着が強まる。

> 　식기의 다양성이야말로 일본 도자기(주)의 특징 중 하나라고 생각합니다. 그리고 일본인의 도자기에 대한 생각이라든지 애착은 식기뿐만 아니라 종류의 다양함에 나타나 있다고 해도 좋을 것입니다.
> 　우리는 식사 때마다 물론 음식도 먹고 있지만 모르는 새에 눈으로 식기도 먹고 있는 것입니다. 그래서 흥미·관심이 없다는 것은 부주의한 것뿐입니다. 이미 바탕은 되어 있기 때문에, 앞으로 한 걸음만 내디디면, 도자기에 흥미·관심이 한층 더 깊어질 거라고 생각합니다.
> 　　　　　　　　　　　　　　　　　(에구치 아키라 『도자기의 세계』 이와나미쇼텐에서)
>
> (주)やきもの : 도자기

46 필자의 생각으로 맞는 것은 어느 것인가?

1 식사 때마다 식기를 바라봄으로써 도예품에 대한 애착이 강해진다.

2 일상에서 사용하는 식기에 주의를 기울임으로써 도예품에 대한 관심이 높아진다.

3 식기를 통해 도예품에 흥미를 가짐으로써 예술 전반에 대한 관심이 높아진다.

4 가정에 다양한 식기를 도입함으로써 도예품에 대한 애착이 강해진다.

해설

후반부에 「だから興味・関心がないというのは、〜やきものに興味・関心がグッと深まるはず」라는 문장에서 「注意を向ける」는 「あと一歩踏みこめば」 부분에 해당하고, 「興味・関心がグッと深まるはず」 부분은 「関心が高まる」 부분에 해당하므로 2번이 정답이 된다.

〈글의 내용을 묻는 문제 유형〉 　2011-1회

おとなは子どもに「嘘つきは泥棒のはじまり」として正直であることを強要しますが、弱者は苦しい嘘をついてでも自らの尊厳を守ろうとします。

論理的に正しいことを理性と呼ぶとすれば、理性的にあることができるのは強者だからです。強者はそれゆえに理性的に弱者の過ちを責めようとしますが、弱者の立場からいえば、それは何の意味も持たないことが多いのです。弱者のする謝罪とは、劣勢を一時的に解消する手続きや儀式にすぎないのです。

（吉田脩二『ヒトとサルのあいだ　　　　　　　　　　　　　　　　　　　　　　　——精神はいつ生まれたのか』文藝春秋による）

47 筆者は、弱者をどのようにとらえているか。

1 弱者は正直であることで自らの尊厳を守ろうとする。

2 弱者は理性を持って自らの過ちをわびようとする。

3 弱者は正論に頼って劣勢を解消しようとする。

4 弱者は謝罪することで自らを守ろうとする。

> 　어른은 아이에게 "바늘 도둑이 소도둑 된다"라며 정직할 것을 강요하지만, 약자는 힘든 거짓말을 해서라도 스스로의 존엄성을 지키려고 합니다.
> 　논리적으로 올바른 것을 이성이라고 부른다고 하면 이성적일 수 있는 것은 강자이기 때문입니다. 강자는 그렇기 때문에 이성적으로 약자의 잘못을 책망하려고 하지만, 약자의 입장에서 말하면 그것은 아무 의미도 갖지 않는 경우가 많습니다. 약자가 하는 사과란 열세적인 것을 일시적으로 해소하는 절차나 의식에 불과합니다.
> 　　　　　　　　　　　(요시다 슈지 『사람과 원숭이 사이-마음은 언제 생겨났는가』 문예춘추에서)

47 필자는 약자를 어떻게 파악하고 있는가?

1 약자는 정직함으로써 스스로의 존엄성을 지키려고 한다.
2 약자는 이성을 가지고 스스로의 잘못을 사과하려고 한다.
3 약자는 정론에 의존하여 열세함을 해소하려고 한다.
4 약자는 사과함으로써 스스로를 지키려고 한다.

해설

첫 번째 줄에서 약자에 대해 설명하는 「苦しい嘘をついてでも自らの尊厳を守ろうとします」 부분과 마지막에 있는 「弱者のする謝罪とは、劣勢を一時的に解消する手続きや儀式にすぎないのです」 부분을 보았을 때 정답은 4번이 된다.

비법 TIP

단문의 내용 이해의 경우 메일, FAX형식의 텍스트와 일반적인 에세이 형식의 텍스트가 자주 출제되며 각각의 유형에 따라 묻는 내용이 다르기 때문에 주의 깊게 살펴 두어야 한다.

유형1　메일, FAX 형식의 텍스트

이 형식의 글은 주로 받는 사람과 보내는 사람으로 이루어진 독해문이다. 그렇기 때문에 글의 형식 역시 편지나 메모, 메일, FAX들이 주를 이룬다. 그 중에서도 특히 N1의 경우 「移転のお知らせ」와 같이 회사가 회사를 대상으로 발송하는 공문메일, 또는 「かばん価格改定のお知らせ」 등과 같이 회사가 공적으로 발송하는 FAX에서 출제되는 경우가 대부분이다.

메일의 경우는 특히 받는 사람과 보내는 사람에 따라서 ①개인과 개인이 주고 받는 메일과 ②개인이 다수에게 보내는 메일로 나눠볼 수 있다.

① 개인 → 개인

목적을 묻거나 메일을 받고 수신자가 해야만 하는 행위를 묻는 문제가 많이 출제된다. 즉, 발신자가 수신자에게 부탁하는 용건이 있거나, 특별한 사항이 있는 경우이기 때문에 '부탁표현' 부분에 체크를 하면서 답을 챙기면 된다. 단, N1의 경우 「著者が最も伝えたいこと」와 같이 그저 주제를 찾는 것이 아니라 주제의 세부사항을 묻는 문제가 자주 출제되므로 잘 살펴둬야 한다.

② 개인 → 다수

이 경우에는 단순 의뢰나 부탁이 아닌 광고 메일이나 알림 메일인 경우가 대부분이다. 따라서 의뢰나 부탁보다는 알리고자 하는 내용에 부합되는 것을 찾는 문제가 자주 출제되므로, 내용을 잘 파악하면서 읽어나가야 한다.

▶ 본론이 시작되는 접속사를 찾아라!

메일이나 FAX 형식의 텍스트는 정해진 형식을 사용하기 때문에 그 형식만 알면 어느 부분을 읽어야 할지 정확하게 체크할 수 있다. 이런 형식의 글은 보통 계절 인사말, 상대방에 관한 인사말부터 시작되는데, 이러한 격식을 차린 말부터 막혀서 문제를 포기하는 학습자들이 많다. 그러나 보통 「さて, この度」 등과 같은 부분부터 본론이 시작되므로 인사말은 제외시키고 읽어도 정답을 찾는 데는 큰 문제가 없다.

▶ 부탁하고 보고하는 문장을 찾아라!

본문 안에서 「つきましては, それに伴って, それで」 등과 같은 표현 뒤에 오는 부탁, 보고의 문구들을 연결해서 찾아야 글의 목적, 용건이 보인다.

부탁, 보고의 주요 문형

つきましては～お知らせいたします。 따라서 ~ 알려드립니다.

誠に勝手ながら～させていただきます。 외람되오나 ~하겠습니다.

～こととしますので、あらかじめご了承下さいますようお願い申し上げます。
～하겠으니, 미리 양해해주실 것을 부탁드립니다.

～てお送りくださるようお願い申し上げます。 ～해서 보내주실 것을 부탁드립니다.

～を差し上げた次第です。 ～를 드린 바입니다.

～いただければ幸いです。 ～해주시면 감사하겠습니다.

早急にご確認いただけますでしょうか。 시급히 확인해주시겠습니까?

お早めにお申し込みくださいますようお願いいたします。 빨리 신청해주실 것을 부탁드립니다.

▶ 「なお, また」를 주의해서 살펴라!

이 두 접속사는 내용을 첨가할 때 주로 등장하는 품사들이다. 그러나 메일, FAX 형식의 텍스트에서는 주의사항, 또는 중요사항을 덧붙여 사용할 때 자주 등장한다. 따라서 선택지에서 정답을 찾을 때 아주 중요한 키워드가 될 수 있다.

▶ 제목이 있는 글은 좀더 자세한 내용을 찾아라!

N1에서 제목이 있는 글이란 주로 FAX나 메일 첫머리에 글의 목적을 명시하고 있는 텍스트를 말한다. 회사가 공문으로 띄우는 글 등이 이에 해당하는데, N1의 경우 「移転のお知らせ(이전 통지)」 「価格のご案内(가격 안내)」 「休日のご案内(휴일 안내)」 등 대부분 안내 및 공지의 성격을 띠는 텍스트가 주를 이룬다. 따라서 제목 자체

가 글의 주제, 용건, 목적이 되기 때문에 이를 묻는 문제보다는 글의 내용에 관한 것이 주로 출제된다. 물론 문제는 「目的は, 用件は, 何を知らせているか」 등과 같이 제시되지만, 실제로 묻고자 하는 것은 제목에서 보이는 그런 목적이 아닌, 내용 안에서 좀더 자세하고 구체적인 부분에서 출제된다. 따라서 읽을 때 '언제, 어디서, 무엇을, 어떻게'에 관련하여 체크하면서 오답을 지워가야 한다.

<table>
<tr><td>유형2</td><td>일반적인 에세이 형식의 글</td></tr>
</table>

N2나 N3의 경우 일반적인 에세이 형식의 글은 저자의 주장이나 생각이 담겨 있지 않은 글과 저자의 생각이 담긴 글에서 출제되고 있다. 그러나 N1의 경우에는 밑줄이 있는 문제와 그렇지 않은 유형의 문제로 출제되고 있다. 더불어 세로쓰기로 된 텍스트 역시 출제되므로 잘 살펴두어야 한다.

▶밑줄이 담고 있는 의미를 파악하라!

내용 이해의 중문이나 장문에서 출제되는 밑줄 형태와 단문에서 출제되는 밑줄 형태의 문제는 조금 다르다. 짧은 내용 안에 밑줄이 있다는 것은 그 밑줄이 그 텍스트의 요점임을 뜻한다. 따라서 텍스트의 전체적인 마무리가 앞부분인지 글의 뒷부분인지를 파악해서 그에 맞춰 오답을 소거해 가면 된다.

▶밑줄이 지시어인 경우 주변 어휘를 찾아라!

최근 많이 보이고 있는 문제 형태이다. 앞에서 언급한 것과 같이 이 지시어는 이 텍스트의 주제 어휘이므로 그것을 찾으면 된다. 이때 조금 더 빨리 찾는 방법이 있다. 지시어는 그 전후의 문장에서 나온 어휘를 가리키게 되어 있으므로 앞뒤 문장에 같은 지시어가 있는지를 확인하고, 그 지시어가 가리키는 주변 어휘를 찾으면 바로 정답으로 이어진다. 한 문단 안에서 지시어는 모두 같은 것을 가리키기 때문이다.

▶저자의 생각을 찾아라!

단문 텍스트의 에세이 형식의 글에서 출제되는 문제 대부분은 저자의 생각을 찾는 문제이다. 즉 단문 텍스트의 주제를 찾는 것이다. 글은 대부분 〈서론-본론-결론〉으로 되어 있으므로 저자의 생각은 처음 부분과 마지막 부분을 집중해서 읽으면 좀더 확실하게 찾을 수 있다. 더불어 텍스트를 전체 다 읽었지만 저자의 생각을 명확하게 파악하기 힘들 때에는 텍스트의 첫 번째 줄, 또는 두 번째 줄을 읽으면 글의 요지를 파악하는데 도움이 된다.

문제이해　비교적 평이한 내용의 평론, 해설, 에세이 등 중문은 500자 정도, 장문은 1000자 정도의 글을 읽고, 인과관계나 이유, 개요나 필자의 생각 등을 이해할 수 있는지 묻는다. 중문은 3개의 텍스트에 각 3문제씩 출제되며, 장문은 1개의 텍스트에 4문제가 출제된다. 주로 밑줄 친 부분과 관련된 문제가 출제되는 경우가 많다.

기출문제유형　2011-1회

　住居を買おうとするときは、その資産的な価値に重点を置いて考える人が多い。普通の人にとっては、一生に一度の買い物とでもいうべきもので、多額の金を費やさなくてはならないので、当然のことだ。買った後で、何らかの事情で売らなくてはならない羽目になったときに、価値が減少していたのでは、大損害を被る。

　だが、住居にとってより重要なのは、その有用性である。住みやすさが必要なのはもちろんだが、自分のライフスタイルに合った構造になっているとか、生活のしやすい環境にあって利便性に富んでいるとかの点も、重要な要素である。それらは必ずしも世間一般の価値基準とは一致しない。したがって、自分たちの考え方や行動様式に従い、それに照らし合わせて判断する必要がある。

　特に、終の住処として考えるときには、自分たちの生き方をはっきりと見極め、その視点に立ったうえで、選択し決めていかなくてはならない。年を取ってくれば、当然のことながら、行動する能力は衰えてきて、動き回る範囲は狭まってくる。

　自分たちの余生がどのようなものになるかについて、計画を立てたうえに想像力を働かせて、確実性の高い予測を組み立ててみる。その未来図に従って、住むべき場所の見当をつけ、住居の大きさや構造などを決めていく。もちろん、将来の経済状勢の大きな変化に備えて、予算を大きく下回る出費に抑えておくことも必要であることは、いうまでもない。

（山﨑武也『シニアこそ都会に住もう—田舎暮らしは不安がいっぱい』PHP研究所による）

（注１）有用性：役に立つこと

（注２）利便性：便利さ

（注３）終の住処：人生を終えるまで住む家

52　世間一般の価値基準として筆者が本文であげているのは何か。

1　長期にわたって居住できる物件であること

2　将来売却するときにも有利な物件であること

3　購入者の生活様式に合った物件であること

4　購入時の費用負担が抑えられる物件であること

53 筆者の考えでは、年を取ってから住む家として住居を選ぶときに最も大切なことは何か。

1 老後の生き方や行動範囲に沿っているかを判断する。

2 老後は行動する能力が衰えるため家の構造を優先する。

3 未来の予測に沿って決めた予算と同じくらいのものを選ぶ。

4 いつか売るときのことも考えて資産的な価値を重視する。

54 住居選びについて、筆者が最も言いたいことは何か。

1 人が生活する上でどんな住居に住むかはとても大切であり、一般的な価値基準も参考にしたほうがよい。

2 他人と考え方が異なったとしても、自分の生活スタイルを重視して将来の住居を決定したほうがよい。

3 将来の経済状勢の変化に備えて、できるだけ資産価値の下がりにくそうな住居を選んだほうがよい。

4 年を取るにつれて住居の好みも変わってくるため、その時々の考えに合わせて住居を選択したほうがよい。

해석

집을 사려고 할 때에는 그 자산 가치에 무게를 두고 생각하는 사람이 많다. 보통 사람에게는 일생에서 한 번의 쇼핑이라고도 해야 할 것으로, 거액의 돈을 지출하지 않으면 안 되기 때문에 당연한 일이다. 구입 후 어떤 사정으로 팔지 않으면 안 되는 처지가 되었을 때 그 가치가 감소해 있어서는 큰 손해를 입는다.

하지만 주거에 있어서 보다 중요한 것은 그 유용성(주1)이다. 안락함이 필요한 것은 물론이지만, 자신의 라이프 스타일에 맞는 구조로 되어 있다든가, 생활하기 쉬운 환경에 있고 편리성(주2)이 풍부하다는 점도 중요한 요소이다. 그것들은 반드시 세상의 일반적인 가치 기준과 일치하지는 않는다. 따라서 자신들의 사고방식이나 행동 양식에 따라 그에 비추어서 판단할 필요가 있다.

특히 마지막 보금자리(주3)로 생각할 때에는 자신들의 생활방식을 확실하게 파악하여 그 관점에 선 후에, 선택하여 정해 나가지 않으면 안 된다. 나이를 먹게 되면 당연히 행동하는 능력은 쇠퇴되고 활동하는 범위는 좁아진다.

자신들의 여생이 어떤 것이 될지에 대해 계획을 세운 후에 상상력을 동원하여 확실성이 높은 예측을 구성해본다. 그 미래도에 따라서 살아야 할 장소를 예상하여, 주거의 크기와 구조 등을 정해간다. 물론, 장래의 경제 정세의 큰 변화에 대비하여 예산을 크게 밑도는 지출비로 억제해 두는 것도 필요한 것은 말할 필요도 없다.

(야마자키 타케야『시니어야말로 도시에 살자–시골 생활은 불안함이 가득』PHP연구소에서)

(주1) 有用性 : 도움이 되는 일
(주2) 利便性 : 편리함
(주3) 終の住処 : 인생을 끝낼 때까지 살 집

52 세상의 일반적인 가치 기준으로서 필자가 본문에서 거론하고 있는 것은 무엇인가?
1 장기간에 걸쳐 거주할 수 있는 물건일 것
2 장래에 매각할 때에도 유리한 물건일 것
3 구매자의 생활 양식에 맞는 물건일 것
4 구매시 비용 부담을 덜 수 있는 물건일 것

첫 번째 줄과 세 번째 줄의 내용에 따르면 일반적인 사람들에게 있어서는 「何らかの事情で売らなくてはならない羽目になったときに、価値が減少していたのでは、大損害を被る」라는 문장으로 보았을 때 세상의 일반적인 가치 기준은 2번이 된다.

53 필자의 생각으로는 나이를 먹고 나서 살 집으로 거주지를 선택할 때 가장 중요한 것은 무엇인가?
  1 노후의 생활방식과 행동 범위에 따르고 있는지를 판단한다.
  2 노후는 행동하는 능력이 쇠퇴하기 때문에 집의 구조를 우선시 한다.
  3 미래의 예측에 따라 결정한 예산만큼의 것을 선택한다.
  4 언젠가 팔 때의 일도 생각해서 자산 가치를 중시한다.

「終の住処として考えるときには、自分たちの生き方をはっきりと見極め」「行動する能力は衰えてきて、動き回る範囲は狭まってくる」라고 설명이 되어 있으므로, 생활방식이나 행동 반경을 잘 반영해서 판단해야 한다는 내용을 찾아야 한다. 따라서 정답은 1번이 된다.

54 주거 선택에 대해 필자가 가장 말하고 싶은 것은 무엇인가?
  1 사람이 생활하는데 있어서 어떤 집에 살지는 매우 중요하며 일반적인 가치 기준도 참고하는 것이 좋다.
  2 다른 사람과 사고방식이 다르다 하더라도, 자신의 생활 스타일을 중시해서 장래의 주거를 결정하는 것이 좋다.
  3 장래 경제 정세의 변화에 대비하여, 되도록 자산가치가 떨어지기 어려울 것 같은 주거를 선택하는 것이 좋다.
  4 나이가 들면서 주거의 선호도 달라지기 때문에, 그때 그때의 생각에 맞춰 주거를 선택하는 것이 좋다.

글 마지막에 「自分たちの余生がどのようなものになるかについて、～住居の大きさや構造などを決めていく」의 부분을 보면, 미래를 예상해서 계획을 세우고 그 계획에 맞춰서 주거를 정한다고 되어 있으므로 4번이 정답이 된다.

비법 TIP

문제가 3문인 중문 문제와 4문인 장문 문제의 경우 설명문과 그렇지 않은 글로 나뉜다. 설명문의 경우 밑줄이 없는 경우가 많은데, 이는 각 단락별로 설명하고자 하는 내용이 다르기 때문으로 보인다. 이와 같은 문제는 문제를 푸는 방법만 알아도 어느 정도 대비할 수 있다. 한편, 글이 길기 때문에 문장 전체를 다 읽어야만 문세가 풀린다고 오해를 하는 학습자가 많다. 그러나, 지금까지 출제된 문제들을 살펴보면 몇 가지 패턴을 찾아낼 수 있다. 그 패턴을 공략해보자.

▶각 단락별로 각각의 문제가 다르다!

첫 번째 단락은 첫 번째 문제를, 두 번째 단락은 두 번째 문제를, 세 번째 단락은 세 번째 문제를 풀 수 있도록 문제가 출제된다. 따라서 각 단락별로 문제를 풀어 나가는 것이 유리하다. 만약 두 번째 문제를 풀려고 할 때 선택지에 첫 번째 단락의 이야기가 나오면 그것은 정답이 될 수 없다. 즉, 오답을 지우는 첫 번째 조건이 된다. 단, 텍스트 자체에 단락이 나누어져 있는 경우도 있지만, 텍스트 자체만으로 단락을 구분할 수 없는 경우에는 밑줄을 확인해서 단락을 구분하거나 또는 접속사를 사용해서 구분하면 된다.

▶밑줄 문제는 밑줄 문장의 앞뒤 두 줄 안에 정답이 있다!

밑줄의 인과관계를 묻는 문제인 경우, 앞뒤 두 줄 안에 문제와 관련된 내용이 있기 마련이다. 따라서 그 내용을 파악하면서 밑줄 문제의 정답을 체크하면 된다. 특히 문법이 접속사로 사용되는 경우가 있기 때문에 살펴둘 필요가 있다.

인과관계로 자주 사용되는 접속사

おまけに 게다가	いってみれば 말하자면
かといって 그렇다고 해서	がゆえに 때문에
さりとて 그렇다고 해서, 그렇지만	すなわち 바꿔 말하면, 즉, 곧
そうはいっても 그렇다고 해도	それに反して 그에 반하여
それはさておき 그것은 어쨌든	だからといって 그렇다고 해서, 그렇다고 하더라도
だったら 그러하다면	ちなみに 더불어, 게다가
とはいえ 그렇다고 하더라도(＝とはいうものの)	ないし 내지, 혹은
にもかかわらず 그럼에도 불구하고, 그런데도	ゆえに 그러므로, 따라서

▶부정의 의문문 표현을 주의해서 챙겨라!

저자가 자신의 의견을 강조하는 방법 중 가장 평이하게 사용하는 방법이 부정의 의문문을 사용하는 것이다. 분명 부정의 의문문인데도 의미는 긍정의 의미를 담고 있기 때문에 저자의 의도를 파악하기 위해서는 이 표현들을 가장 먼저 챙겨두어야 한다. 즉, 저자가 진정으로 하고자 하는 의도가 긍정인지 부정인지 잘 파악해야 한다.

부정의 의문문 표현

～ではないだろうか ～인 것은 아닐까	～(の)ではないか ～이 아닌가
～ないだろうか ～하지 않겠지, ～하지 않을까	～ないでしょうか ～하지 않겠지요
～ないのではないだろうか ～하지 않는 것은 아닐까	
～ないのではないでしょうか ～하지 않는 것은 아닐까?	

▶역접의 접속사 「しかし・が・ところが」 등에 주의하라

저자는 이야기의 흐름을 바꾸며 본론으로 들어갈 때 역접의 접속사를 자주 사용한다. 자신이 하고자 하는 주장이나 의견을 역접표현을 사용하여 강조하기 위해서이다. 흐름을 바꾸면서까지 쓰는 부분이므로 역접의 접속사가 있는 문장, 단락은 저자의 주장이 담긴 문장이라고 할 수 있다. 전체 텍스트에서 역접의 접속사는 글의 마지막 부분에 있을 수도 있고, 첫 단락에 있을 수도 있다. 텍스트의 마지막 부분에 역접의 접속사가 있으면 여기에 텍스트 전체에 대한 저자의 주장이 담겨 있고, 첫 단락 안에 있으면 저자의 생각은 역접의 접속사 부분부터 시작이다.

▶저자의 주장, 의견을 정확하게 체크해둘 것!

독해를 유독 부담스러워 하는 학습자 중에는 저자의 주장이나 의견을 찾는 것이 아니라 그 글에 대한 자신의 생각을 정답으로 찾아 표기하는 경우가 있다. JLPT에서 독해 문제는 학습자의 생각을 묻는 것이 아니라 글을 쓴 저자의 주장과 의견을 묻는다는 사실을 명심해야 한다. 그럼 주장이나 의견을 어떻게 표현하는지 체크해보자.

저자의 주장, 의견을 나타내는 문형	
「～と思う」 ～라고 생각한다	「～と考える/考えられる」 ～라고 생각한다/생각된다
「～だろう」 ～이겠지	「～にちがいない」 ～임에 틀림없다
「～はずである」 ～일 것이다	「～(の)ではないか」 ～이 아닌가
「～(の)ではないだろうか」 ～이 아닐까	「～ように思える」 ～처럼 생각된다
「～かもしれない」 ～일지도 모른다	「～は(なぜ)～だろうか」 ～은(왜)～일까

문제이해　같은 주제에 대해 각각 다른 내용으로 쓰여진 텍스트를 비교하여 종합하면서 이해할 수 있는지 묻는 문제이다. 텍스트를 읽으며 내용적으로 관련지어 공통점이나 상이점을 비교하거나 내용을 종합적으로 이해하면서 푸는 능력이 요구된다. 즉 ①전체를 신속하게 읽는다 → ②내용을 부분적으로 체크한다 → ③각 문제의 선택지에서 오답을 소거해간다는 식으로 풀어나간다.

기출문제유형　2011-1회

問題11　次のAとBは、子どもがテレビを見ることについての専門家の意見である。後の
問いに対する答えとして最もよいものを、1・2・3・4から一つ選びなさい。

A

乳幼児期の子どもは、身近な人とのかかわりあい、そして遊びなどの実体験を重ねることによって、人間関係を築き、心と身体を成長させます。ところが乳児期からのメディア漬けの生活では、外遊びの機会を奪い、人とのかかわり体験の不足を招きます。実際、運動不足、睡眠不足そしてコミュニケーション能力の低下などを生じさせ、その結果、心身の発達の遅れや歪みが生じた事例が臨床の場から報告されています。このようなメディアの弊害は、ごく一部の影響を受けやすい個々の子どもの問題としてではなく、メディアが子ども全体に及ぼす影響の甚大さの警鐘と私たちはとらえています。特に象徴機能が未熟な2歳以下の子どもや、発達に問題のある子どものテレビ画面への早期接触や長時間化は、親子が顔をあわせ一緒に遊ぶ時間を奪い、言葉や心の発達を妨げます。

(社団法人日本小児科医会< http://jpa.umin.jp/download/media/proposal02.pdf >
2010年6月18日取得による)

B

　専門家からは「テレビをやめて積極的に外遊びをしましょう」「自然の中で遊びましょう」という意見が聞かれますが、お母さんたちは進んでテレビを見せているのではなく、地域に出ても同世代の子どもがいない、昔と比べて自然がなくなった、という問題もあるのだと思います。(中略)

　多くの親は、テレビの長時間視聴がよくないことを自覚しており、見せる内容にも気を遣っています。生活の中からテレビを排除するだけではなく、一日に六時間も七時間も子どもにテレビを見せる親の背景に何があるのかを考えなければ、問題の根本的な解決にはならないのです。

　したがって、私たちの生活スタイルと、子どもにとって望ましいテレビ視聴のあり方のバランスをとりながら、これらの検証を進める必要があるのではないでしょうか。

（小西行郎『早期教育と脳』光文社新書による）

（注1）メディア：ここでは、テレビやビデオ
（注2）臨床の場：実際の診察、治療の現場
（注3）象徴機能：ここでは、身の回りのものを、例えば言葉などで表す働き

62 子どもにテレビを長時間見せることについて、AとBの観点はどのようなものか。
　1　Aは問題解決を意識した今後の課題を述べ、Bは批判的に現状を報告している。
　2　Aは解決を意識した問題提起をし、Bは問題の原因は社会的背景にあると指摘している。
　3　Aは影響の大きさを示して注意を喚起し、Bは問題解決を意識した今後の課題を述べている。
　4　Aは問題の原因は社会的背景にあると指摘し、Bは影響の大きさを示して注意を喚起している。

63 子どもとテレビの関係について、AとBはどのように述べているか。
　1　Aはメディアとの接触より親子のかかわりが大切だと述べ、Bはテレビを見せるよりも外での遊びを重視したほうがいいと述べている。
　2　Aはメディアとの接触が子どもの発育を妨げる要因だと述べ、Bは子育てを取り巻く状況がテレビの見せ過ぎを引き起こす場合があると述べている。
　3　Aはメディアとの接触が長いことよりも実体験の不足のほうが問題だと述べ、Bは生活の中からテレビを排除しただけでは問題は解決しないと述べている。
　4　Aはメディアに長時間接することが子どもの成長に影響を与える場合が多いと述べ、Bは親が子どもに適切にテレビを見せることが大切だと述べている。

A

유아기의 자녀는 가까운 사람과의 관계, 그리고 놀이 등의 실제 체험을 되풀이함으로써 인간 관계를 구축하고 마음과 몸을 성장시킵니다. 그러나 유아기 때부터 미디어(주1)에 젖은 생활은 밖에서 놀 기회를 빼앗고, 다른 사람과의 관계 경험의 부족을 초래합니다. 실제로 운동 부족, 수면 부족 그리고 커뮤니케이션 능력의 저하 등을 초래하여 그 결과, 심신 발달의 지연이나 부작용이 발생한 사례가 임상현장(주2)에서 보고되고 있습니다. 이러한 미디어의 폐해는 극히 일부의 영향을 받기 쉬운 개별 아동의 문제로서가 아니라 미디어가 어린이 전체에 미치는 막대한 영향의 경종이라고 저희들은 파악하고 있습니다. 특히 상징적 기능(주3)이 미숙한 2세 이하의 아이나 발달에 문제가 있는 아이의 TV 화면의 조기 접촉이나 장시간화는 부모와 자식이 얼굴을 맞대고 함께 노는 시간을 빼앗아 언어나 마음의 발달을 방해합니다.

〈사단법인 일본소아과의회〈 http://jpa.umin.jp/download/media/proposal02.pdf 〉 2010년 6월 18일 취득에서)

B

전문가들은 '텔레비전을 그만두고 적극적으로 밖에서 놉시다' '자연 속에서 놉시다'라는 의견이 있지만, 엄마들은 자진해서 TV를 보여주는 것이 아니라 동네에 나가도 같은 또래의 아이가 없다, 옛날에 비해 자연이 없어졌다 라는 문제도 있다고 생각합니다. (중략)

많은 부모는 TV의 장시간 시청이 좋지 않다는 것을 자각하고 있으며, 보여주는 내용에도 신경을 쓰고 있습니다. 생활 속에서 텔레비전을 배제할 뿐만 아니라 하루에 여섯 시간, 일곱 시간이나 아이에게 텔레비전을 보여주는 부모의 배경에 무엇이 있는지를 생각하지 않는다면, 문제의 근본적인 해결은 되지 않습니다.

따라서 우리의 생활 스타일과 아이에게 있어서 바람직한 텔레비전 시청 방식의 균형을 취하면서 이러한 검증을 추진할 필요가 있는 것은 아닐까요.

(고니시 유쿠오『조기교육과 뇌』광문사신서에서)

(주1) メディア : 여기에서는 텔레비전이나 비디오
(주2) 臨床の場 : 실제 진찰, 치료 현장
(주3) 象徴機能 : 여기에서는 신변의 것을, 예를 들어 언어 등으로 나타내는 작용

[62] 아이에게 TV를 장시간 보여주는 것에 대해 A와 B의 관점은 어떠한가?
　1　A는 문제 해결을 의식한 향후의 과제를 서술하고, B는 비관적으로 현 상황을 보고하고 있다.
　2　A는 해결을 의식한 문제 제기를 하고, B는 문제의 원인은 사회적 배경에 있다고 지적하고 있다.
　3　A는 영향의 크기를 나타내며 주의를 환기하고, B는 문제 해결을 의식한 향후의 과제를 서술하고 있다.
　4　A는 문제의 원인은 사회적 배경에 있다고 지적하고, B는 영향의 크기를 나타내며 주의를 환기하고 있다.

해설

A의 내용을 살펴 보면 전체적인 배경설명을 하고 그 후 「テレビを長時間見せる」의 문제로 인한 어떤 좋지 않은 결과가 나타나고 있는지, 그리고 그것들이 실제로 어떻게 영향을 끼치고 있는지 설명하고 있다. 1번의 경우 「今後の課題」를 서술하지 않았기에 오답, 2번의 경우 「問題提起」만을 한 것이 아니라 그로 인해 미치고 있는 영향까지 나타냈기에 오답이다. 4번의 경우에는 원인이 「社会的背景」에 있다고 했으므로 정답이 될 수 없다.

[63] 아이와 TV의 관계에 대해 A와 B는 어떻게 서술하고 있는가?
　1　A는 미디어와의 접촉보다 부모와 자식의 관계가 중요하다고 서술하고, B는 텔레비전을 보여주는 것보다도 밖에서의 놀이를 중시하는 편이 좋다고 서술하고 있다.

2 A는 미디어와의 접촉이 아이의 발육을 방해하는 요인이라고 서술하고, B는 육아를 둘러싼 상황이
  텔레비전을 지나치게 보여주는 것을 일으킬 수 있다고 서술하고 있다.

3 A는 미디어와의 접촉이 긴 것보다도 실제 경험의 부족이 더 문제라고 서술하고, B는 생활 속에서 텔
  레비전을 배제하는 것만으로는 문제가 해결되지 않는다고 서술하고 있다.

4 A는 미디어에 장시간 접하는 것이 아이의 성장에 영향을 주는 경우가 많다고 서술하고, B는 부모가
  자녀에게 적절하게 텔레비전을 보게 하는 것이 중요하다고 서술하고 있다.

해설

우선 A의 내용만을 갖고 정답을 찾아보면 1번의 경우「親子のかかわりが大切だ」라는 내용은 본문에 있
지 않으므로 오답, 3번의 경우「実体験の不足のほうが問題」라고 되어 있지만 본문에서는「遊びなどの
実体験を重ねることによって」, 인간관계를 구축해 간다고 했으므로 오답, 4번의 경우「子どもの成長
に影響を与える」라고 되어 있지만 A텍스트의 마지막 부분에는「早期接触や長時間化は、親子が顔
をあわせ一緒に遊ぶ時間を奪い、言葉や心の発達を妨げます」라고 되어 있으므로 2번「子どもの
発育を妨げる要因だと」인 부분이 정답이 된다.

B의 부분도 확인하면「お母さんたちは進んでテレビを見せているのではなく、地域に出ても同世
代の子どもがいない、昔と比べて自然がなくなった」등과 같은 원인들이 배경에 있다고 되어 있으
므로 2번의「子育てを取り巻く状況がテレビの見せ過ぎを引き起こす」라는 문장은 정답이 된다.

비법 TIP

통합 이해의 경우 문제에서 제시되는 텍스트는 한 가지 주제에 대해 쓰여진 글이 대
부분이다. 더불어 묻고자 하는 내용 역시 지금까지 출제된 문제를 살펴보면 정형화
된 문제가 많이 보인다. 우선 어떠한 문제가 많았는지 확인하고 그에 맞춰진 TIP을
제시하고자 한다.

▶먼저 텍스트의 구조를 파악하라!

같은 주제로 쓰여진 A와 B, 이렇게 두 텍스트는 다른 형식, 다른 느낌으로 이야기가
전개되어 있어 전혀 다른 텍스트처럼 느껴진다. 하지만 자세히 살펴보면 두 텍스트
는 같은 내용을 주제로 한 만큼 글의 구조는 같다.

예 〈쓰레기 관련 글〉

A	최근에 쓰레기가 늘고 있음 〈문제제기 〉	– 첫 번째 단락
	쓰레기 줄이기에 관한 계획 1 〈방법제시 〉	– 두 번째 단락
B	최근에 늘고 있는 것이 있음. 그게 쓰레기이다. 〈문제제기〉	–첫 번째 단락
	쓰레기를 줄이기 위한 계획 2 〈방법 제시〉	–두 번째 단락

즉, 두 텍스트는 제시하고 있는 방법은 달라도 서론에서 제기하는 문제는 결국 같은 이
야기이다. 따라서 첫 문제로 자주 출제되는「AとBで触れているものは何か、Aと
Bで触れていないものは何か」의 경우「触れているもの(언급하고 있는 것)」의 정
답을 찾기 위해서는 A의 첫 단락, B의 첫 단락에서 공통점을 찾고, 「触れていないも
の(언급하고 있지 않은 것)」의 정답을 찾기 위해서는 두 텍스트에 모두 쓰여 있는 내용
을 소거하면 답이 남게 된다. 단, 이 경우 처음부터 두 텍스트를 다 읽기 보다는 A텍스
트를 먼저 읽고 소거를 한 뒤 B를 읽어서 답을 확인하는 것이 더 효율적이다.

▶먼저 읽은 텍스트의 정보로도 충분히 소거는 가능하다!

특히 두 번째 문제의 경우 대부분 고정화된「AとBの内容と合っているものはなにか」와 같은 문제가 출제되므로 이 경우 선택지는「Aは〜Bは〜」라고 제시되는 경우가 많다. 이때 각각 제시되는 방법이 다른 두 텍스트의 정보로 답을 찾으려 하면 혼돈이 올 수 있다. 따라서 오히려 정보를 추려서 최소한의 정보로 오답을 먼저 지우는 것이 현명하다. 즉, A텍스트를 읽었다면 A텍스트 부분만으로 비교한 후 오답을 소거하고, 남은 선택지는 B의 텍스트와 비교를 하는 것이다.

문제이해　논리전개가 비교적 명쾌한 평론 등과 같이 저자의 주장, 의견을 근거로 하는 900자 정도의 긴 텍스트를 읽고, 텍스트 전체에서 전하려고 하는 주장이나 의견을 파악할 수 있는가를 묻는 문제이다.

기출문제유형　2011-1회

　最近、思想を表現する方法について考えることが多くなった。たとえば、文章は思想を表現する方法のひとつだけれど、その文章にもいろいろな表現形式がある。哲学の勉強をはじめた頃の私は、さまざまな形式のなかで論文という形式だけが、思想表現の方法にふさわしいと思っていた。

　しかし、後に、この考え方を訂正しなければならなくなった。思想の表現として、論文が唯一の方法だということは絶対にない。私たちは、すぐれたエッセーや小説、詩をとおして、しばしば思想を学びとる。とすれば、思想を表現する文章のかたちは、自在であってよいはずである。

　ところが、そう考えてもまだ問題はある。というのは、思想の表現形式は、文章というかたちをとるとは限らないのだから。絵でも彫刻でも、音楽でも、つまり実にさまざまなものを用いて、思想を表現するのは可能なはずである。そのなかには、<u>かたちにならないものもある</u>。

　たとえば私の村に暮らす人々のなかに、自然に対する深い思想をもっていない人など一人もいない。村の面積の96パーセントを森や川がしめるこの村で、自然に対する思想をもたなかったら、人は暮らしていけない。ところが村人は、＜自然について＞などという論文を書くことも、文章を書くこともないのである。そればかりか、自分の自然哲学を、絵や音楽で表現しようとも考えない。

　そんなふうにみていくと、村人は自然に対してだけではなく、農についての深い思想や、村とは何かという思想をももっているのに、それらを何らかのかたちで表現することも、またないのである。

　とすると、村人たちは、どんな方法で自分たちの思想を表現しているのであろうか。私は、それは、＜作法＞をとおしてではないかという気がする。

　（中略）

　考えてみれば、もともとは、作法は、思想と結びつきながら伝承されてきたものであった。たとえば昔は、食事の作法を厳しくしつけられた。食べ物を残すことはもちろんのこと、さわぎながら食事をすることも、けっしてしてはいけなかった。それは、食事は生命をいただくものだ、という厳かな思想があったからである。茶碗の中の米だけをみても、人間はおそらく何万という生命をいただかなければならない。だから、そういう人間のあり方を考えながら、いま自分の身体のなかへと移ってくれる生命に感謝する。この思想が食事の作法をつくりだした。

　ところが、近代から現代の思想は、このような、日々の暮らしとともにあった思想を無視したのである。その結果、思想は、文章という表現形式をもち、文章を書く思想家のものになった。そして、いつの間にか人間の上に君臨し、現実を支配する手段になっていった。

（内山節『「里」という思想』新潮社による）

64 <u>かたちにならないもの</u>として筆者が挙げているのはどれか。

1　自然

2　生命

3　感謝

4　作法

65 この文章中で筆者は、自分の村に暮らす人々がどんな思想をもっていると述べているか。

1　自然の中で生きるための思想や、農業や村のあり方についての思想

2　自然を壊さずに暮らすために、農業や村人はどうあるべきかという思想

3　自然に対する感謝を表すために、村人としてどうするべきかという思想

4　自然を取り戻すための思想や、自然を利用する農業のあり方についての思想

66 食事の作法は、次のどのような考え方と結びついているか。

1　多くの労力がささげられて作られた食べ物が、いかに尊いものであるかという考え方

2　何かを食べないでは生きてはいけない人間のあり方が、いかに罪深いものであるかという考え方

3　食事は農が生み出したものをいただくものであり、農業を営む村人への感謝が必要だという考え方

4　食事は他の生命を自分の身体に取り入れるものであり、それらの生命に感謝しなければいけないという考え方

67 この文章中で筆者が述べていることはどれか。

1　思想の表現は必ずしも文章や作品というかたちをとるとは限らず、かたちにならないものもある。

2　思想は絵や音楽のようなかたちに表わされるものと考えられてきたが、深い思想とはかたちにならないものである。

3　思想の表現には絵や音楽などもあるし、かたちにならないものもあるが、文章で表現されたものが最上のものである。

4　思想は文章や作品のようなかたちになったものが尊重されるが、生活と結びついた深い思想はかたちにならないものである。

해석

　　최근 사상을 표현하는 방법에 대해 생각하는 일이 많아졌다. 예를 들어 문장은 사상을 표현하는 방법의 하나이지만 그 문장에도 여러 가지 표현 형식이 있다. 철학 공부를 시작했을 무렵 나는 다양한 형식 속에서 논문이라는 형식만이 사상 표현의 방법에 적합하다고 생각했다.

　　그러나 나중에 이 생각을 정정하지 않을 수 없었다. 사상의 표현으로서 논문이 유일한 방법이라는 것은 절대 아니다. 우리들은 뛰어난 에세이나 소설, 시를 통해 자주 사상을 배워서 익힌다. 그렇다고 하면 사상을 표현하는 문장의 형태는 자유로워도 좋을 것이다.

　　그런데 그렇게 생각해도 여전히 문제는 있다. 왜냐하면 사상의 표현 형식은 꼭 문장이라는 형태를 취한다고는 할 수 없으니까. 그림에서도 조각에서도 음악에서도, 즉 실로 다양한 것을 이용하여 사상을 표현하는 것은 가능할 것이다. 그 중에는 형태가 되지 않는 것도 있다.

　　예를 들어 우리 마을에 사는 사람들 중에 자연에 대한 깊은 사상을 가지고 있지 않은 사람은 한 명도 없다. 마을 면적의 96%를 숲과 강이 차지하는 이 마을에서 자연에 대한 사상을 갖지 않으면, 사람은 살아갈 수 없다. 그런데 마을 사람들은 〈자연에 관하여〉 등의 논문을 쓰는 일도 글을 쓰는 일도 없는 것이다. 그뿐만 아니라 자신의 자연 철학을 그림이나 음악으로 표현하려고도 생각하지 않는다.

　　그런 식으로 보아 가면 마을 사람은 자연에 대해서 뿐만 아니라 농업에 대한 깊은 사상과 마을이란 무엇인가 라는 사상도 가지고 있는데도, 그것들을 어떠한 형태로 표현하는 일도 또한 없다.

　　그렇다면 마을 사람들은 어떤 방법으로 자신들의 사상을 표현하고 있는 것일까. 나는 그것이 〈예절〉을 통해서가 아닌가 라는 생각이 든다.

(중략)

　　생각해 보면 원래 예절은 사상과 결합하면서 전승되어 온 것이었다. 예를 들어 예전에는 식사 예절을 엄격하게 훈육했다. 음식을 남기는 것은 물론, 떠들면서 식사를 하는 것도 결코 해서는 안 되었다. 그것은, 식사는 생명을 먹는 것이라는 엄숙한 사상이 있었기 때문이다. 밥공기 안의 쌀만 보더라도 인간은 아마 몇 만이라는 생명을 먹지 않으면 안 된다. 그래서 그런 인간 본연의 모습을 생각하면서 지금 자신의 몸 속으로 옮겨와 주는 생명에 감사한다. 이 사상이 식사 예절을 만들어 냈다.

　　그런데 근대에서 현대의 사상은 이러한 일상 생활과 함께 있었던 사상을 무시한 것이다. 그 결과 사상은 문장이라는 표현 형식을 갖게 되고, 글을 쓰는 사상가의 것이 되었다. 그리고 어느새 인간 위에 군림하며 현실을 지배하는 수단이 되어 갔다.

(우치야마 다카시 『'마을'이라는 사상』 신조사에서)

64　형태가 되지 않는 것으로써 저자가 거론하고 있는 것은 어느 것인가?

1　자연　　　　　2　생명　　　　　3　감사　　　　　**4　예절**

해설

6번째 단락에서「どんな方法で自分たちの思想を表現しているのであろうか。私は、それは、〈作法〉をとおしてではないかという気がする」부분을 보았을 때 형태가 되지 않는 것은 作法이므로 정답은 4번이다.

65 이 문장 속에서 저자는 자신의 마을에 사는 사람들이 어떤 사상을 갖고 있다고 서술하고 있는가?

   1 자연 속에서 살기 위한 사상이나, 농업이나 마을의 본연의 모습에 대한 사상

   2 자연을 파괴하지 않고 살기 위해서, 농업이나 마을 사람들은 어떻게 되어야만 하는가 라는 사상

   3 자연에 대한 감사를 표현하기 위해서 마을 사람으로서 어떻게 해야 하는가 라는 사상

   4 자연을 되찾기 위한 사상이나, 자연을 이용하는 농업의 본연의 모습에 대한 사상

해설

4번째 단락에서「私の村に暮らす人々のなかに、自然に対する深い思想をもっていない人など一人もいない」, 5번째 단락에서「そんなふうにみていくと、～村とは何かという思想をももっているのに」부분을 보면 마을에 사는 사람들은「自然・農業・村」에 대한 사상이 있음을 알 수 있다. 따라서 1번이 정답이 된다. 2번의「自然を壊さずに」는 본문에 없는 내용이며, 「自然に対する感謝を表す」에서는 '자연에 대한 사상(思想)이라고만 표기되어 있다. 4번에서는 자연을 되찾는 것에 대한 사상의 언급은 없다.

66 식사 예절은 다음의 어떠한 생각과 결합되어 있는가?

   1 많은 노력을 바쳐 만든 음식이 얼마나 소중한 것인가 하는 생각

   2 무언가를 먹지 않고서는 살아갈 수 없는 인간의 모습이 얼마나 죄 많은 것인가 라는 생각

   3 식사는 농업이 만들어낸 것을 먹는 것이며, 농업을 영위하는 마을 사람에 대한 감사가 필요하다는 생각

   4 식사는 다른 생명을 자신의 몸에 받아들인 것이며, 그들의 생명에 감사하지 않으면 안 된다는 생각

해설

1번은「多くの労力がささげられて」부분의 언급이 없으므로 오답이고, 2번은「罪深いものである」에 대한 언급이 없으므로 오답이다. 3번은 정답인 듯 적혀 있지만, 「農業を営む村人」에 대한 감사보다는 生命에 대한 감사이므로 정답이 아니다. 끝에서 2번째 단락에서「だから、そういう人間のあり方を考えながら、いま自分の身体のなかへと移ってくれる生命に感謝する。この思想が食事の作法をつくりだした」의 내용으로 보자면「身体のなかへと移ってくれる」=「身体に取り入れる」、「生命に感謝する」로 볼 수 있으므로 정답은 4번이 된다.

67 이 문장 안에서 필자가 서술하고 있는 것은 어느 것인가?

   1 사상의 표현은 반드시 문장이나 작품이라는 형태를 취하는 것은 아니며, 형태가 되지 않는 것도 있다.

   2 사상은 그림이나 음악과 같은 형태로 표현되는 것이라고 생각되어 왔지만, 깊은 사상이란 형태가 되지 않는 것이다.

   3 사상의 표현에는 그림이나 음악 등도 있고, 형태가 되지 않는 것도 있지만, 문장으로 표현된 것이 최상의 것이다.

   4 사상은 문장이나 작품과 같은 형태가 된 것이 존중되지만, 생활과 결합된 깊은 사상은 형태가 되지 않는 것이다.

해설

우선 뒤의 문장들을 먼저 살펴보았을 때「かたちにならないものがある」이므로 4번인「ものである」는 오답으로 소거. 마지막 단락에서「文章という表現形式を持ち～」라고 되어 있지만, 「最上のものである」라는 표현은 없으므로 3번 역시 오답으로 소거.

3번째 단락의「というのは、思想の表現形式、文章という形をとるとは限らない～かたちにならないものもある」라고 되어 있으므로「かたちに表されるものと考えられてきた」인 2번은 오답이고, 「必ずしも文章や作品というかたちをとるとは限らず」라고 되어 있는 1번이 정답이다.

이 문제는 앞에서 보았던 내용 이해의 중문과 장문과는 조금 다르다. 언뜻 보기엔 같은 문제처럼 보이지만 전체적인 텍스트의 내용을 이해해야 풀 수 있도록 문제가 출제되고 있다. 따라서 읽기 전에 초반 작업과 내용을 잘 파악할 수 있는 공략법을 공개하고자 한다.

▶밑줄은 글의 주제를 나타낸다!

밑줄이 쳐져 있다고 해서 내용 이해의 중문이나 장문과 같이 ①, ②의 번호가 매겨진 밑줄을 생각하면 안 된다. 여기서의 밑줄은 앞뒤 2줄 이내에서 내용을 파악하는 것이 아니라 글 전체의 주제 어휘, 또는 표현에 그어져 있기 때문이다. 단, 밑줄에 번호가 매겨져 있는 경우라면 앞뒤 2줄 안에 정답이 있는 경우가 많다.

▶부분 문제제기와 해결책을 제시하는 구조이다!

저자의 의견, 주장을 담고 있는 글의 구성을 보면 문제 제기를 하고 그에 따른 해결책을 제시하기 마련이다. 주로 다음과 같은 방식으로 문제를 제기하고 해결방안을 제시하며 마무리 한다.

문제 제기

■ 〈의문〉
  • ～だろうか？ ～인 것일까
  • ～といってもよいか ～라고 해도 좋은가
■ 〈대립〉
  • Aは～というが、Bは～と主張する A는 ～라고 하지만, B는 ～라고 주장한다
■ 〈의문〉
  • ～となるはずなのに、(結果はそうならない) ～가 될텐데 (결과는 그렇게 되지 않는다)

해결방안

• ～すべきだ ～해야 한다
• 根本的には～である 근본적으로는 ~이다
• ～と思う(考える) ～라고 생각한다

• ～ねばならない ～하지 않으면 안 된다
• 大切なのは～ 중요한 것은~

또한 마무리는 접속사의 형식으로 「つまり～」「要するに～」를 사용하기도 하지만, 오히려 역접의 형태로 「～と言われている。しかし、～」로 글을 마무리하기 때문에 텍스트를 읽기 전에 우선 접속사 및 부사, 문장의 연결, 저자의 생각이 담긴 문장들을 체크해서 글의 전개가 어떻게 이루어지는지 확인해두는 것이 저자의 의도를 파악하는데 도움이 된다.

▶텍스트가 길어진 것은 해결을 위한 근거 제시 때문이다!

저자는 자신의 의견 또는 주장을 제기하고 그것을 설득하기 위해 이유, 설명, 예시, 대비, 인용, 비유 등과 같은 표현으로 주장을 뒷받침한다. 이때 일본어로 된 장문을

읽는 것이 익숙하지 않은 학습자는 내용이 많아지고 길어지는 것도 문제지만, 근거 제시를 위해 익숙하지 않은 어휘, 익숙하지 않은 표현들이 자주 등장하기 때문에 독해가 더 어렵고 정답을 찾는 데 헤매게 된다. 따라서 뒷받침을 하기 위한 방법에 어떤 것들이 있는지 확인하고 주장을 어떠한 근거로 펼치고 있는지 인식한 후 글을 읽는다면 좀더 텍스트가 쉽게 느껴질 것이다.

뒷받침 방법

이유: 왜 그 해결이 올바른 것인가를 나타낸다.
설명: 이유를 구체적으로 알기 쉽게 바꾼다.
예시: 구체적인 데이터를 제시한다.
대비: 반대의 이미지를 들어서 말하고 싶은 것을 명확하게 표현한다. 「それに対_{たい}して、一方_{いっぽう}」
인용: 유명한 인물의 의견, 주장을 끌어내어 자신의 주장을 뒷받침한다.
비유: 말하고 싶은 것을 「たとえ話」로 하여 구체적으로 알기 쉬운 이미지로 한다.

▶읽기 전에 출처를 확인하면 저자의 주장과 연결시켜 볼 수 있다!

내용 이해의 단문, 중문, 장문의 경우 문제의 텍스트는 전체적인 글의 일부분을 발췌해서 사용하는 경우가 많다. 더욱이 그 부분은 내용 파악을 위한 부분이기 때문에 서론 부분이 될 수도 있고, 본론의 일부분이 될 수도 있다. 그러나 주장 이해의 경우 저자의 의견이나 주장이 명확하고 그것을 뒷받침하는 내용의 텍스트가 출제되어야 한다는 점에서, 제시된 글의 출처를 확인하면 저자의 주장과 연결하여 의도를 파악하는 데 도움이 된다.

▶비유를 하고 있는 문장은 그 뒷부분을 잘 확인해야 한다!

저자의 의견 주장을 뒷받침하는 방법 중에 자주 출제되고 있는 텍스트는 비유의 방법을 사용하고 있는 텍스트이다. 이런 텍스트의 경우 장점과 단점이 있는데, 장점은 비유 문형 뒤에 그 내용이 쉽게 풀어져 설명되어 있기 때문에 주장이나 의도와 연결해서 유추해 볼 수 있다는 점이다. 단점은 비유 문형 자체를 해석하지 못해 헤매는 경우가 있다는 점이다. 비유는 익숙하지 않은 숙어 표현이나 새로운 어휘들이 사용되는 경우가 많기 때문이다. 그렇다 하더라도 비유는 반드시 비유 표현 뒤에 그에 따른 해설이 있기 마련이므로 거기에 집중하면 된다.

▶반복되는 어휘는 주요 포인트!

내용 이해 텍스트의 경우 같은 어휘나 문형은 반복해서 사용하지 않는 경우가 대부분이다. 그러나 주장 이해의 경우 저자의 의견이나 주장이 반복적으로 언급되는 경우가 있다. 만약 같은 키워드가 반복해서 언급된다면 그 어휘를 주의해서 봐둬야 하고, 텍스트 안에 그 어휘를 설명한 문형이 있는지 확인해서 체크해두는 것이 좋다.

문제이해 광고, 팸플릿, 정보지, 비즈니스문서 등 정보를 담고 있는 700자 정도의 소재에서 필요한 정보를 검색해내는 문제이다. 전체의 내용을 다 읽고 이해하기 보다는 텍스트 안에서 문제에서 묻고자 하는 목적이나 과제에 맞춰서 그에 맞는 정보를 파악하는 것이 중요하다. 예를 들어, 여행 팸플릿을 보고 문제에 제시된 조건에 맞는 여행을 선택하거나, 아르바이트 모집광고를 보고 자신이 필요한 조건이나 정보를 찾아내는 등, 텍스트 안에서 필요한 정보를 얼마만큼 정확하게 찾아내는가가 중요하다.

기출문제유형 2011-1회

問題13　右のページは、清森市が主催する「秋の美術コンクール」の作品募集の案内である。高木さんは、今回このコンクールに応募しようと思っている。下の問いに対する答えとして最もよいものを、１・２・３・４から一つ選びなさい。

68　高木さんが制作した以下の作品のうち、応募できるものはどれか。

　１　清森高校に通っていたとき入賞した秋の風景画

　２　清森市にある清森温泉の紅葉の油絵とイラスト

　３　清森市にある清森公園で撮った春の木々の写真

　４　去年清森市で行われた秋祭りの写真と水彩画

69　入賞したかどうかを知るには、高木さんはどうしたらよいか。

　１　１月中旬に清森市のホームページを見る。

　２　１月中旬に直接、観光係に電話して聞く。

　３　２月下旬に市役所の窓口に問い合わせる。

　４　２月下旬に届く予定の通知を待つ。

清森市　秋の美術コンクール

作品募集

部　　門　　絵画部門、写真部門

募集期間　　2010年11月1日〜11月30日

審　査　員　　山田太郎（日本アート協会会長）、山本花子（画家）、川上次郎（写真家）

応募規定　　1　清森市内の秋を題材にしたもの。
　　　　　　2　絵画部門に出品する作品は、イラスト、水彩画、油絵、どれでも可。
　　　　　　　　写真部門に出品する写真は、フィルム写真、デジタル写真、どちらも可。
　　　　　　　　※応募作品は各部門1人1点に限ります。
　　　　　　　　※作品の制作年は問わないが、未発表のものに限ります。
　　　　　　　　（他のコンクールに入賞していたり、出版物や展示会などで公表されたり
　　　　　　　　　していないものであること。）

応募方法　　郵送、または持参。ただし、郵送中の事故について、市は責任を負いません。
　　　　　　指定の応募用紙を作品裏側に添付のこと。応募用紙は市役所の窓口で、または
　　　　　　市のホームページ（http://www.kiyomori-shi.jp）から入手可能。

応 募 先　　清森市商業観光課観光係
　　　　　　（〒951-0022 清森市清森2-8、℡ 084-874-8524）

賞

最優秀賞	各部門1点	賞状と副賞（デジタル一眼レフカメラ）
優秀賞	各部門2点	賞状と副賞（清森ホテルのペア宿泊券）
清森賞	各部門20点以内	賞状と副賞（図書カード5千円分）

審査結果　　清森市のホームページ上に1月15日に発表します。入賞者には1月中に結果
　　　　　　を郵送します。電話および窓口での問い合わせには応じられません。

表 彰 式　　2011年2月下旬（予定）　最優秀賞と優秀賞の方には、表彰式で賞状および
　　　　　　副賞をお渡しします。

注意事項　　※入賞作品は、1年を限度に主催者がお預かりして広報活動などに使用し、1年後に
　　　　　　お返しします。
　　　　　　※上記の応募規定を守っていなかった場合には入賞が取り消されることがあります。

〈主催〉　清森市　　〈協賛〉　昭和デザイン株式会社、山手百貨店、新東京鉄道、清森ホテル

기요모리시 가을의 미술 경연
작품 모집

부　　문	회화부문, 사진부문
모 집 기 간	2010년 11월 1일~ 11월 30일
심 사 원	야마다 다로(일본아트협회 회장), 야먀모토 하나코(화가), 가와카미 지로(사진가)
응 모 규 정	1 기요모리시 내의 가을을 제재로 한 것

2 회화부문에 출품하는 작품은 일러스트, 수채화, 유화, 어느 것이든 가능
사진 부문에 출품하는 사진은, 필름사진, 디지털사진, 어느 것이든 가능
※응모작품은 각 부문 1인 1점으로 한정합니다.
※작품의 제작년도는 상관없지만, 미발표된 것에 한합니다.
(다른 경연에서 입상했거나, 출판물이나 전시회 등에서 공표되지 않은 것일 것)

응모방법　우송, 또는 지참. 단 우송중의 사고에 대해서, 시는 책임을 지지 않습니다.
지정된 응모용지를 작품 뒷면에 첨부할 것. 응모용지는 시청의 창구에서 또는 시의
홈페이지(http://www.kiyomori-shi.jp)에서 입수 가능

응 모 처　기요모리시 상업관광과 관광계
(우편번호 951-0022 기요모리시 기요모리 2-8, 전화 084-874-8524)

상		
최우수상	각 부문 1점	상장과 부상(디지털 일안 리플렉스 카메라)
우수상	각 부문 2점	상장과 부상(기요모리 호텔의 페어 숙박권)
기요모리상	각 부문 20점 이내	상장과 부상(도서카드 5천 엔권)

심 사 결 과　기요모리시 홈페이지 상에 1월 15일에 발표합니다. 입상자에게는 1월중에 결과를
우송합니다. 전화 및 창구에서의 문의는 응하지 못합니다.

표 창 식　2011년 2월 하순(예정) 최우수상과 우수상인 분에게는 표창식에서 상장 및 부상을
건네드리겠습니다.

주 의 사 항　※입상작품은, 1년을 한도로 주최자가 맡아서 홍보 활동 등에 사용하고, 1년 후에
돌려드립니다.
※상기의 응모규정을 지키지 않은 경우에는 입상이 취소되는 경우노 있습니나.

〈주최〉 기요모리시 〈협찬〉 쇼와 디자인주식회사, 야마노테백화점, 신도쿄철도, 기요모리 호텔

---

68 다카키 씨가 제작한 이하의 작품 중 응모할 수 있는 것은 어느 것인가?

1 기요모리고등학교에 다녔을 때 입상한 가을의 풍경화
2 기요모리시에 있는 기요모리온천의 단풍 유화와 일러스트
3 기요모리시에 있는 기요모리공원에서 찍은 봄의 나무들 사진
4 작년 기요모리시에서 실시된 가을 축제의 사진과 수채화

해설
응모규정을 보았을 때 1번은「他のコンクールに入賞していたり」의 규정에 어긋나서 오답. 2번은
「※応募作品は各部門一人1点に限ります」라는 부분에 어긋나므로 오답이다. 3번은 규정 1번인「秋を
題材にしたもの」에 어긋나서 오답이므로 규정에 맞는 것은 4번밖에 없다.

69 입상했는지 여부를 알려면 다카키 씨는 어떻게 하면 되는가?
1 1월 중순에 기요모리시의 홈페이지를 본다.
2 1월 중순에 직접, 관광계에 전화해서 묻는다.
3 2월 하순에 시청의 창구에 문의한다.
4 2월 하순에 도착할 예정인 통지를 기다린다.

해설

문제에서「入賞したかどうかを知る」라고 되어 있으므로 본문에서 審査結果 부분을 찾아서 봐야 한다.「清森市のホームページ上に1月15日に発表します」를 보아 정답은 1번이 된다. 3번과 4번의 경우 '1月'이 아니라 '2月'이므로 오답이고, 2번의 경우「電話および窓口での問い合わせには応じられません」이라고 되어 있으므로 맞지 않다.

비법 TIP

이 문제의 경우 문장을 얼마만큼 정확하게 다 읽는지는 중요하지 않다. 오히려 다 읽지 않는 상태에서 원하는 정보를 빠르게 파악하는가가 중요하다. 따라서 필요한 정보를 빨리 파악하기 위해서는 무엇이 필요한지 알아보자.

▶문제를 먼저 체크해서 무엇이 필요한가를 파악한다!

내용을 보기 전에 먼저 문제를 읽어 지금 어떤 정보를 원하는지 파악해야 한다. 문제에서 제시되는 기본 조건도 유형별로 다르다. 기출유형문제처럼 '선택지의 작품 중 출품 가능한 것은 무엇인가'와 같이 선택지를 문장으로 제시하는 경우도 있지만.

[名前] [国籍] [2015年6月時点の在籍年次] [専攻][他のセミナの参加予定の有無] 등과 같이 조건을 제시하는 경우도 있다. 조건이 어떠한 방법으로 제시되든, 우선적으로 해야 할 것은 문제에서 [応募できるものはどれか]라고 문제가 제시되어 있으므로 [応募規定]부분을 보면서 조건에 맞지 않는 사항을 하나씩 소거해가야 한다는 점이다.

▶소제목을 먼저 읽는다!

내용을 다 읽는 것이 아니라 소제목, 예를 들어「募集期間、審査員、応募規定、応募方法、応募先」등과 같이 소제목들을 먼저 파악해서 어느 부분을 체크해야 할지 확인한다. 중요 내용은「*（ ）[ ]「 」、注意、そのほか」등과 같이 표기하는 경우가 많으므로, 가능하면 사전에 이 부분들을 주의해서 체크하는 것이 중요하다.

▶단락별로 문제가 출제된다!

내용 이해와 같이 이 문제의 경우도 단락별로 문제가 출제되는 경우가 많다. 만약 표에서 첫 번째 문제가 출제되는 경우, 두 번째 문제는 전체 텍스트의 아래 부분인 설명 부분에서 출제되는 경향이 많기 때문에 그에 맞춰서 오답을 소거해가면 정답이 남는다.

01 ❊ JLPT 기출 어휘 체크

2014-1회

込み合う	붐비다	ご了承ください	양해 부탁드립니다
自慢話	자랑이야기	叫ぶ	외치다
まさにその通り	바로 그대로	ズバリ言われる	거침없이 말을 듣다
浸かる	잠기다	咲き誇る	화려하게 피다, 한창 피다
損害を与える	손해를 끼치다	仕組みと手段	시스템과 수단
一変する	일변하다, 완전히 바뀌다	見知らぬ	낯선
証拠	증거	進歩	진보
志 高く	뜻 높게	反射的に	반사적으로
見本	견본	見当がつかない	짐작이 가지 않다
踏襲する	답습하다, 전철을 밟다	駆け巡る	동분서주하다
陳腐化	진부화	敏感	민감함
察知する	헤아리다, 알아차리다	似て非なるもの	비슷하나 다른 것
故に	때문에	解釈する	해석하다
備わっている	구비되어 있다	無邪気に	천진난만하게
全幅	선폭	お手並拝見	(시합전) 솜씨 좀 봅시다
混ざり合う	뒤섞다	味わう	맛보다
旅先	여행지	強烈な	강렬한
色を放る	색을 발하다	濃厚に漂う	짙게 풍기다
退屈な	지루한	目を凝らす	응시하다
ごたつく	북작거리다	堪能する	능통하다, 뛰어나다
長い目で見る	긴 안목으로 보다	学習の妨げ	학습 장애
知識を深める	지식을 깊게 하다	生み出す	낳다, 만들어내다
募る	모으다, (감정) 심화되다	悪循環に陥る	악순환에 빠지다
連鎖	연쇄	誘引	유인
断ち切る	(관계) 끊다	余分な	여분의

抑制する	억제하다	請求	청구
希望に添えない	희망에 못 미치다		

2014-2회

大過なく	큰 허물없이, 대과 없이	愚かな	어리석은
手を出す	손을 대다, 새로이 일을 시작하다	受注	수주(주문을 받음)
執着	집착	滑稽	우스꽝스러움
憩う	푹 쉬다, 휴식하다	鮮烈な	선명하고 강렬한(인상)
保留にする	보류로 하다	講じる	(대책) 강구하다
対処	대처	突き止める	(끝내) 밝혀내다, 알아내다
愛想	붙임성, 정나미, 대접	構築する	구축하다
愚にもつかない	턱도 없다, 얼토당토않다	趣向	취향
猛烈な	맹렬한	肝要	매우 중요함
人を引きつける	사람을 매혹시키다. 마음을 끌다	巧みに	교묘히
報じる	보도하다	結びつく	밀접한 관계를 갖다
文言	문언, 글귀	過熱	과열
立ち戻る	(다시) 되돌아오다	優劣を決める	우열을 가르다
人柄	인성, 인품	～でしかない	～에 지나지 않다(=～にすぎない)
やむをえない	어쩔 수 없다	けなす	깎아내리다, 헐뜯다
心外	의외, 어처구니 없음, 유감스러움	かろうじて	겨우, 간신히(=ようやく、やっと)
身勝手な	방자한, 염치없는	敢えて	굳이, 억지로, 구태여(=しいて)

2013-1회

幻想	환상	振幅	진폭
一面	한면, 전면	趨勢	추세, 동향
敬遠される	경원시되다	支援	지원
見据え	응시, 똑똑히 확인함	ゆるやかに	완만하게
軌道	궤도	献身	헌신
率いる	이끌다	絶望	절망
立ち向かう	맞서다	頑固な	완고한

嫉妬深い	질투가 많다	初頭	초두, 첫머리(=はじめ)
胡散臭い	어딘가 수상하다	みなされる	간주되다
世に言われるように	세상이 말하듯	肝心	중요함
素読	소독(뜻을 도외시하고 음독하기)	音響	음향
単純に	단순히	文化の変容	문화의 변용
弊害を伴う	폐해를 수반하다	衰弱	쇠약
いささか	약간, 조금(=わずか)	同列に扱う	동등하게 취급하다
見通す	멀리까지 내다보다, 전망하다	属する	속하다
傾向	경향	逆に	거꾸로, 도리어, 오히려
そうだとすれば	그렇다면	承認	승인
一種ない	하나 없다	バランスをくずす	균형을 무너뜨리다
崩壊	붕괴	帰する	돌아가다
換言すると	다시 말하면	宿す	(아이) 임신하다, 품다
独占	독점	かく	이와 같이 (=このように, こんなに)
たちどころに	당장, 즉시(=ただちに)	採集活動	채집 활동
あらゆる	모든	確保	확보
効率	효율	別途日数	별도 일수
依頼	의뢰	郵送する	우송하다

筋道を学ぶ	순서를 배우다	既存	기존
挑む	도전하다	早急に	조속히
可否	가부, 찬반	勝手な解釈	제멋대로의 해석
～に基づいて	~를 바탕으로	目を向ける	눈을 돌리다
認知に導く	인지로 이끌다	目を曝す	응시하다
とことん	최후의 최후, 철저하게	満腹	포만, 배부름
加減	조절함, 그 정도	素直に	순순히
飛躍的	비약적	類い	비슷한 것, 동류
洗練される	세련되다	一貫した	일관된
眼差し	눈빛	ささいな	사소한

契機となるもの	계기가 되는 것	転換	전환
人並み	(남들과 같은) 보통 정도(=世間なみ)	思いを抱く	생각을 품다
にもかかわらず	그럼에도 불구하고	うすうす	어렴풋이, 희미하게
大筋	대략	切望	갈망
平凡さ	평범함	余地を残す	여지를 남기다
切り離される	분리되다	いずれにしても	어차피, 결국
～と言っても過言ではない	～라고 해도 과언이 아니다		
刻印を帯びる	각인을 띠다	宙に浮く	허공에 뜨다
皮肉なこと	비꼬는 것, 역설적인 것	横断的	횡단적
古めかしい	예스럽다	希薄	희박함
懸け離れる	멀어지다	結びつく	이어지다, 밀접한 관계를 갖다
提供する	제공하다	適切な	적절한
繋がる	이어지다	秘訣	비결
よそ見をする	한눈 팔다	頻繁に	자주, 빈번하게
誤解	오해	食い違う	(의견) 엇갈리다
妥協する	타협하다	あげくの果てに	급기야
ほうっておくと	내버려두면	尊敬の念	존경심
手本	본보기	指導を受ける	지도를 받다
郊外	교외	抽選	추첨

2012-1회

血気盛んな頃	혈기 왕성한 무렵	沢山	많이
半ば	중반	諭す	타이르다, 깨우치다
片寄りなく	치우치지 않게	あいさつを交わす	인사를 나누다
安否	안부	暗黙	암묵, 말이 없음
取り寄せる	들여오다	誇らしげに	자랑스럽게
改良	개량	遭遇する	조우하다
生き延びる	살아남다, 목숨을 부지하다	一筋に	한길만, 오로지
苦笑	쓴웃음	女房	마누라
はびこる	①(잡초) 무성하다 ②창궐하다	省く	생략하다, 줄이다

激減する	격감하다	命を絶つ	목숨을 끊다
極端なケース	극단적인 경우	反映	반영
歯軋り	이를 갊	優劣を争う	우열을 다투다
逆にいうと	거꾸로 말하면	妥協	타협
～せざるを得ない	~안 할 수는 없다	おそらく～であろう	아마 ~일 것이다
いかにも	너무나도	はっきりしている	뚜렷하다
あい接する	서로 접하다, 상접하다	ぼやけている	(바래거나 해서) 뿌옇다
根拠	근거	手がかり	단서
過不足なく	과부족 없이	媒体	매체
自己嫌悪に陥る	자기 혐오에 빠지다	言い換えると	다시 말하면
目的を果たす	목적을 달성하다	技巧を弄ばず	기교를 부리지 않고
気迫	기백	真摯に	진지하게
生息	서식, 번식함	不利益を被る	불이익을 당하다
存続	존속	仕込まれた成果	설정된 성과
幼児	유아	降参	항복
予算オーバー	예산 초과	頻発する	빈발하다
物足りない	(어딘가가) 부족하다	立ち寄る	(지나는 길에) 들르다

模倣	모방	誘発させる	유발시키다
前提する	전제하다	配付	배부
順次に	차례차례	極めて限られる	극히 한정되다
深く入り込む	깊이 파고들다	狭める	좁히다
～に陥らせる	~(나쁜 상황)에 빠뜨리다	兼ね合い	균형, 걸맞음
胆に銘じる	마음에 새기다	ざっくり	대충
いわば	이른바	挫折せず	좌절하지 않고
考え抜く	깊이 생각하다	突破する	돌파하다
断片的	단편적	かえって	오히려
徹底的に	철저히	振り返る	회고하다
児童文学	아동 문학	寄り添う	바짝붙다, 다가 붙다(＝くっつく)

まなざし	눈빛, 시선	自分を省みる	자신을 되돌아보다
近頃（ちかごろ）	요즘	再読（さいどく）する	재독하다, 다시 읽다
煩（わずら）わしいもの	번거로운 것	快楽（かいらく）	쾌락
挿入（そうにゅう）される	삽입되다	簡便（かんべん）に	간편하게
貧困（ひんこん）	빈곤	さしあたって	당장, 우선
営（いとな）みを導（みちび）く	준비를 이끌다	構築（こうちく）する	구축하다
衝突（しょうとつ）してくる	충돌해 오다	反発（はんぱつ）	반발
放置（ほうち）	방치	見定（みさだ）める	(목표, 상황) 확인하다, 지켜보다
子供（こども）を養（やしな）う	아이를 기르다	尊敬（そんけい）される	존경받다
主体性（しゅたいせい）	주체성	そぐわない	어울리지 않다, 걸맞지 않다
秩序（ちつじょ）に縛（しば）られる	질서에 얽매이다	瞬時（しゅんじ）に	순식간에
膨大（ぼうだい）な情報（じょうほう）	방대한 정보	ぱらぱらとめくる	(책장) 훌훌 넘기다
見抜（みぬ）く	(거짓, 속셈, 마음) 간파하다	果（は）たして	과연
筋道（すじみち）を立（た）てる	앞뒤가 맞다, (이야기) 조리 있다	振（ふ）り向（む）く	(뒤)돌아보다
刺激的（しげきてき）なもの	자극적인 것	浸透（しんとう）する	침투하다
一瞬（いっしゅん）	한순간	目（め）を引（ひ）く	눈길을 끌다
物陰（ものかげ）	그늘진 부분	心（こころ）を捉（とら）える	마음을 사로잡다
主旨（しゅし）	취지	はっきりさせる	분명히 하다
余計（よけい）な	쓸데없는(＋話（はなし）・こと・考（かんが）え)	隔月（かくげつ）	격월
掲載（けいさい）される	게재되다	観劇（かんげき）する	관람하다
自動振替（じどうふりかえ）	자동이체		

バラエティ	다양함	～のみならず	~뿐만 아니라
下地（したじ）	밑바탕, 준비(素地（そじ）)	グッと深（ふか）まる	한층 더 깊어지다
それゆえに	그러므로, 그런 까닭으로	過（あやま）ちを責（せ）める	잘못을 책망하다
劣勢（れっせい）	열세	価格（かかく）の高騰（こうとう）	가격의 급등
適度（てきど）に	적당히	散（ち）りゆく	뿔뿔이 흩어져 가다
花（はな）を愛（め）でる	꽃을 즐기다	数限（かずかぎ）りない	무수히 많다, 무수하다
大胆（だいたん）な	대담한	単純（たんじゅん）に	단순히

趣	정취	照らし合わせる	참조하다
終の住処	마지막 거처	見極める	확인하다, (사물의 본질) 끝까지 밝히다
余生	여생	見当をつける	짐작을 하다
居住できる	거주할 수 있다	売却する	매각하다
所詮	어차피	偏狭な	편협한
くり貫く	도려내다	果てしなく	끝없이
茫漠と	막연하게, 망막하게	絶えず	끊임없이
漫然と	만연히, 멍하게	飲みこむ	삼키다, 이해하다
乗り越える	극복하다	痛切に	뼈저리게
背負う	짊어지다	克服	극복
枠	테두리	大風呂敷	허풍(＝大げさ)
知りぬく	속속들이 알다	愚かな	어리석은
気質	기질, 성미	ひからびる	바싹 마르다, 생기가 없어지다
把握する	파악하다	耕す	(논, 밭) 갈다, 경작하다
改善	개선	育まれる	자라나다
漬ける	담그다	検証を進める	검증을 추진하다
排除する	배제하다	批判的	비판적
喚起	환기(생각, 의식 등을 불러 일으킴)	しばしば	자주
唯一	유일함	罪深いもの	죄 많은 것
後片付け	설거지	皮むき	껍질 벗기기
回収	회수	思い込む	굳게 믿다, 굳게 결심하다
脳裏	뇌리(머릿속)	徒に	헛되이, 공연히
言い換える	바꿔 말하다	風情	풍치, 운치
取り出す	빼내다, 추려내다	断片的な	단편적인
乗り越える	극복하다	ごく一部	극히 일부
奪う	빼앗다	騒ぐ	떠들썩거리다
尊いもの	소중한 것		

おぼろげな	아련한	ひたひたと	물밀듯이
めっきり	부쩍, 현저히	もはや無い	이제 없다
勘がいい	눈치가 빠르다	一見識	일가견
孤独に自滅する	고독으로 자멸하다	誇示	과시
駆除する	구제하다	屈託もなく	걱정도 없이
根本を扱う	근본을 다루다	気配	기미, 기색
納品明細書	납품 명세서	溺れる	(물에) 빠지다
多かれ少なかれ	많든 적든, 다소간에(＝いずれにしろ)	突き放す	뿌리치다, (매정하게) 내버려두다
連携する	제휴하다	命がけで	목숨을 걸고
矛盾	모순	模型	모형
目に見えない	눈에 보이지 않다	放置される	방치되다
繁盛する	번창하다, 번성하다	事柄	사항
住みつく	살다	所蔵する	소장하다
素早く	재빨리	身近な課題	친밀한 과제
実践的	실천적	愛着	애착
汚染	오염	郵送する	우송하다
遠慮する	사양하다	吟味する	음미하다
疑わしい	의심스럽다	引っ張り出す	끌어내다
一斉	일제	一片の絵	한 장의 그림
一向にかまわない	전혀 상관 없다	適応する	적응하다
諸部門	여러 부문	操作	조작
増殖	증식	〜に適する	〜에 적합하다
秩序	질서	参照	참조
添付	첨부	取り扱う	취급하다
歯止めが利かない	브레이크가 듣지 않다	侵す	침범하다
通知する	통지하다	特殊化	특수화
破壊	파괴	表彰される	표창 받다
必須の条件	필수 조건	軒先	처마끝

休業明け	휴업 끝	話ぶり	말투
好き嫌い	호불호	脅されるほど	위협을 당하는 정도
行為の中身	행위의 내용	割り切れば	딱 잘라 말하자면
幅を広げる	폭을 넓히다	投影される	투영되다
透明	투명함	蓄積される	축적되다
最良の方法	최선의 방법	添付	첨부
責任を負う	책임을 지다	すりかえる	몰래 바꿔치기하다, 살짝 바꾸다
真似する	흉내내다	遅れている	늦어지고 있다
中途半端な	어중간한	従事する	종사하다
摘発される	적발되다	帳消しになる	상쇄되다, 소멸되다
日照	일조	一体化する	일체화되다
人脈を培う	인맥을 쌓다	引き込む	끌어들이다
惹かれる	끌리다	愕然とした	깜짝 놀랐다
双方	양측	心のプロセス	마음의 프로세스(과정)
心がける	유의하다, 유념하다	勝ち抜ける	(어떻게든) 이겨내다
疎通	소통	仕草	동작, 표정
費やす	소비하다	不適切な	부적절한
繁殖期	번식기	敏感	민감함
眉をひそめる	눈살을 찌푸리다	黙る	침묵하다
名称	명칭	裏打ちする	보강하다, 뒷받침하다
短縮	단축	断言する	단언하다
匿名性	익명성	技術を身につける	기술을 익히다
奇妙	기묘함	極端に	극단적으로
寛容な気持ち	너그러운 마음	過当	지나침
ほどほどに	적당히, 정도껏	ふざける	장난치다
はっとした	깜짝 놀랐다	なんとなく	어쩐지
なし遂げる	끝까지 해내다, 완수하다	どちらかというと	어느 쪽이냐면
～というほかはない	~라고밖에 할 수 없다	さんざん	실컷, 몹시 심하게
いつとはなしに	어느덧(=それとなしに・知らぬ間に)		
いかんともしがたい	어떻게 할 도리가 없다(=やむを得ない)		

創造力（そうぞうりょく）	창조력	解を出す（かいをだす）	(과제) 답을 내다
移転（いてん）	이전	なお一層（いっそう）	한층 더
盛栄（せいえい）	장사 등이 번창하는 것(주로 편지 인사말)	一見（いっけん）	언뜻 보기에
変わらぬもの（かわらぬもの）	변함 없는 것	すれ違い（すれちがい）	엇갈림
先鋭化（せんえいか）	첨예화, 급진화	携わる（たずさわる）	종사하다
罠（わな）	덫	見抜く（みぬく）	간파하다
密接に（みっせつに）	밀접하게	隙間（すきま）	틈새
俯瞰（ふかん）	부감, 조감(높은 곳에서 내려다봄)	横断する（おうだんする）	횡단하다
未踏（みとう）	아무도 밟지 않음	志向（しこう）	지향
独創的（どくそうてき）	독창적	踏み入る（ふみいる）	(어떤 장소) 발을 들여 놓다
衰退させる（すいたいさせる）	쇠퇴시키다	前もって（まえもって）	미리, 이전부터(予め（あらかじ）, かねがね)
向上を図る（こうじょうをはかる）	향상을 도모하다	いざという時に（とき）	여차할 때
頭打ち（あたまうち）	시세가 막힌 상태(한계에 다다름)	耐久性（たいきゅうせい）	내구성
手間暇（てまひま）	수고와 시간	黒ずむ（くろずむ）	거무스름해지다
余裕（よゆう）	여유	勿論（もちろん）	물론
隣合う（となりあう）	서로 이웃이 되다, 서로 이웃하다	更新（こうしん）	갱신
吸収能力（きゅうしゅうのうりょく）	흡수 능력	間取り（まどり）	배치
受け継ぐ（うけつぐ）	계승하다, 이어 받다	街並み（まちなみ）	거리
ひたすら	오직, 오로지	すかさず	즉각, 빈틈없이
うろつきまわる	쏘다니다	紛れもなく（まぎれもなく）	틀림없이
格段に（かくだんに）	현격히	指し示す（さししめす）	가리키다
解明される（かいめいされる）	해명되다	深刻化する（しんこくかする）	심각화되다
過剰包装（かじょうほうそう）	과잉 포장	廃棄（はいき）	폐기
負担させる（ふたんさせる）	부담시키다	循環（じゅんかん）	순환
改革（かいかく）	개혁	占有率（せんゆうりつ）	점유율
積み上げる（つみあげる）	쌓아 올리다	てらう	(학문, 재능) 자랑하며 뽐내다
～を取り寄せる（とりよせる）	～을 들여오다	在留資格（ざいりゅうしかく）	재류 자격
所属（しょぞく）	소속	先駆者（せんくしゃ）	선구자
～に値する（あたいする）	～할 만한 가치가 있다	かつて	일찍이, 이전에

脆い	(외력에 대해) 저항력이 약하다	大まかに	대충
交互に	번갈아	不意に	갑자기
基盤	기반	措置	조치
事態が過ぎ去る	사태가 지나가다	発動する	발동하다
穏やかさ	온화함		

☀ JLPT 완벽 대비

□ ～に限る　～하는 게 제일이다

□ ～にきまっている　반드시 ～마련이다

□ ～にしたがって・～につれて　～에 따라서

□ ～にすぎない・～でしかない　～에 지나지 않다

□ ～にせよ・～にしても・～にしろ　～라고 해도, ～도 역시

□ ～に違いない・～に相違ない　～임에 틀림없다

□ ～にとどまらず　～에 그치지 않고

□ ～にはあたらない・～には及ばない　～할 것까지는 없다

□ ～によれば　～에 의하면

□ ～にわたる　～에 걸친

□ ～はもちろん / ～はもとより　～은 물론, ～은 말할 것도 없이

□ ～までもない　(구태여) ～할 것까지는 없다

□ ～ゆえに　～때문에 〈형식명사〉

□ ～をかねて　～을 겸하여

□ ～をきっかけに / ～を契機として / ～を機に　～을 계기로

2　자신의 주장을 나타내는 문형

□ ～だろう　～겠지

□ ～てはいけない　～해서는 안 된다

□ ～と思う　～라고 생각한다

□ ～なければならない　～하지 않으면 안 된다, ～해야 한다

□ ～のではないか　～인 것은 아닐까

□ ～べきだ / ～べきではない　～해야만 한다/～해서는 안 된다

3　접속사

① 원인과 이유

□ したがって　그러므로, 그 결과, 따라서 (＝それゆえ, だから)

□ そのために / このために　그 때문에/이 때문에

□ その結果　그 결과

□ (それ)ゆえに / なにゆえに　이러므로, 이런 까닭으로/무슨 이유로

□ だから・ですから　그러니까, 그래서 (＝それゆえ)

② 순응접속사

- **いっぽう(一方)** 한편
- **こうして** 이렇게 해서
- **すると** 그러자 (＝そうすると), 그렇다면 (＝それでは, だとすると)
- **そうすると** (사항이 계기가 돼서) 그렇게 하니, 그러자 (＊ともすると 자칫하면, 걸핏하면)
- **そこで** 그런데, 한데 그러면 (＝さて) 〈말을 바꿀 때〉
- **それで** 그런 까닭에, 그로 인해서
- **(それ)では** 그러면, 그렇다면 (＝それじゃ(あ))
- **それでも** 그런데도, 그래도, 그러나
- **それなら** 그렇다면, 그러면 (→ 회화체 そんなら, そしたら)
- **それにしても** (그건) 그렇다 치더라도
- **でも** 그러나
- **ところで** 그런데, 그건 그렇고
- **にもかかわらず** 그럼에도 불구하고, 그런데도
- **まして** 더구나, 하물며 (＝なおさら)

③ 역접접속사

- **が** 그러나
- **けれども/でも** 그러나 (＝だが, だけど) (＊だけれども 그러나, 그렇지만)
- **しかし** 그러나, 그렇지만, 그런데
- **そのくせ** 그런데도, 그럼에도 불구하고
- **それが** 그것이 (＝それがために 그것 때문에)
- **それどころか** 그렇기는커녕(오히려)
- **それなのに** 그런데도, 그러함에도 불구하고
- **それにしては** 그것 치고는
- **それにしても** (그건) 그렇다 치더라도
- **だからといって** 그렇다고 해서, 그렇다고 하더라도
- **だが/ですが** 그렇지만
- **ですけれど(も)/だけれど(も)/だけど(も)** 그렇지만, 그러나
- **ところが** 그런데, 그러나
- **とはいうものの** 그렇다 하더라도 (＝とはいえ, とはいいながら)
- **わりに** 비교적, 생각한 것보다는 (＊そのわりに 들은 것보다는 조금 더, 비교적)

④ 첨가접속사

- **おまけに** 그 위에, 게다가
- **および** ①및 (＝ならびに) ②또 (＝また)
- **かつ** 또한, 그 위에

□ **さらに** 그 위에, 더욱이

□ **しかも** ①그 위에, 게다가 (＝なお) ②그럼에도 불구하고, 그런데도

□ **そのうえ** 더구나, 게다가

□ **それから** 그리고(또), 그래서 (＝それで)

□ **それからそれと** 잇따라, 계속해서 (일관성 없이 일이 잇따라 일어나는 모양)

□ **それに** 게다가, 더욱이

⑤ **선택접속사**

□ **あるいは/もしくは** 또는

□ **さて** ①그런데 (＝ところで) ②그리고, 그래서 (＝そして, それから)

□ **その代わりに** 그 대신에

□ **それとも** 그렇지 않으면

□ **それはさておき** 그것은 어쨌든, 그것은 그렇다 하고

□ **それはそうと** 그것은 그렇고 〈화제를 바꾸거나 문득 생각났을 때〉

□ **というよりは** 오히려

□ **ときに** 그런데 (＊ときにとって 때에 따라서는, 경우에 따라서는)

□ **ところで** 그런데, 그것은 그렇고

□ **ないし** 또는, 혹은

□ **むしろ** 차라리, 오히려

⑥ **병행접속사**

□ **いわば** 말하자면, 비유해서 말한다면

□ **結局** 결국

□ **すなわち** 즉, 곧

□ **それも** 그것도 (＊それもそれだ 그것도 그렇디(그럴싸히다))

□ **ただ** ①다만, 단(지) ②오직, 오로지 ③그저

□ **ただし** 단, 다만

□ **たとえば** 예를 들면

□ **ちなみに** ①덧붙여서 (말하면) ②이와 관련하여 (＝ついでにいえば)

□ **つまり** 즉

□ **なお** 더욱이, 더구나, 또한

□ **もっとも** 그렇다고는 하지만, 하긴

□ **ようするに** 요컨대, 결국, 요약하면

⑦ **이유접속사**

□ **だって** ①하지만, 그래도 ②하기는, 그럴 것이

□ **というのは** 왜냐하면 (＝そのわけは, なぜならば)

□ **なぜなら** 왜냐하면

청해편

- ● 문제 유형별 설명 및 비법 TIP
- 1 기출 어휘 체크
- 2 JLPT 완벽 대비

문제 유형별
설명 및 비법 TIP 

문제1 과제 이해 6문제

문제이해

과제 이해는 과제 해결에 필요한 구체적인 정보를 듣고 앞으로 해야 할 적절한 행동을 묻는 문제이다. 여기서 등장하는 장면은 대부분 지시나 부탁, 조언을 하는 회화문인 경우가 많다. 과제를 명확하게 이해하기 위해서는 문제의 지문을 듣기 전에 상황 설명과 선택지를 먼저 체크해 두는 것이 중요하다.

문제 흐름

상황설명문, 질문문 → 대화문 → 질문문 반복 → 선택지 고르기(인쇄)

① 인쇄된 선택지나 그림을 먼저 확인한다.
② 상황설명문과 질문문을 듣고 대화문을 듣는다.
③ 대화문을 들으며 4개의 인쇄된 선택지에서 맞는 내용을 고른다.
④ 다시 한 번 질문을 들으며 답을 확인한다.
⑤ 질문을 들려준 후, 몇 초 동안 해답을 체크할 시간이 주어진다.

상황설명 → 여자가 전하는 내용에 주목

기출문제유형 유형1 会社で女の人と男の人が話しています。女の人はほかの人に何を伝えますか。

F : 部長、大型の台風が接近しているみたいですね。今度のハイキング、今度の土曜日ですけど、大丈夫でしょうか。

M : うん、僕もそれで、他のみんなに連絡しなきゃと思っていたところ、台風週末に北上するらしいよね。

'이번에는 유감이지만' 즉 예정대로 할 수 없다 → 1번 소거

F : はい、でも、みんな楽しみにしているし。雨だけど予定通りやりますか。

M : うーん、でも、ハイキングだから安全が心配だしね。今回は残念だけど。

F : えっ? 延期じゃなくて見送るんですか。 연기가 아니라 見送る(보류하다)라고 했다 → 3번 소거

M : うん、だって、一週間伸ばすと、新商品のプレゼンと重なっちゃうし。

F : あっ、そうですね。じゃ、土曜日じゃなくて、日曜日にするっていうのはどうですか。

M : 気持ち、わかんなくもないけど、でも、台風ってスピードが読めないから、予報通りくるとは限らないよ。

F : そうですね。 태풍이 예정대로 온다는 보장이 없으므로 일요일도 안됨 → 4번 소거

M : じゃ、みんなに連絡、しといてくれる?

F : はい。

女の人はほかの人に何を伝えますか。

1　ハイキングを予定どおり行うこと → 예정대로
2　ハイキングを中止すること → 중지
3　ハイキングを延期すること → 연기
4　ハイキングを日曜日に行うこと → 일요일에 한다

선택지 옆에 미리 간단히 내용을 메모하기

해석

> 회사에서 여자와 남자가 이야기하고 있습니다. 여자는 다른 사람에게 무엇을 전합니까?
>
> 여 : 부장님, 큰 태풍이 접근하고 있는 것 같아요. 이번에 가는 하이킹, 이번 주 토요일인데, 괜찮을까요?
>
> 남 : 그래, 나도 그래서 다른 사람에게 연락해야겠다고 생각하고 있었는데, 태풍이 주말에 북상한다는 것 같더군.
>
> 여 : 네, 그렇지만 모두 기대하고 있고. 비가 오기는 하지만 예정대로 진행할까요?
>
> 남 : 음~, 하지만 하이킹이라 안전이 걱정이거든. 이번에는 유감이지만.
>
> 여 : 네? 연기가 아니라 보류인가요?
>
> 남 : 응, 왜냐하면 1주일을 미루면 신제품 발표회와 겹쳐 버리고.
>
> 여 : 아, 그렇군요. 그럼 토요일 말고, 일요일에 하는 것은 어때요?
>
> 남 : 그 마음, 모르는 것도 아니지만, 그래도 태풍이란 게 속도를 읽을 수 없어서, 꼭 예보대로 온다고는 할 수 없어.
>
> 여 : 그렇군요.
>
> 남 : 그럼, 모두에게 연락해두겠어?
>
> 여 : 네.

여자는 다른 사람에게 무엇을 전합니까?

1　하이킹을 예정대로 진행하는 것
2　하이킹을 중지하는 것
3　하이킹을 연기하는 것
4　하이킹을 일요일에 하는 것

상황설명→남자가 먼저 하는 행동에 주목

유형2 学校で女の人と男の人が話しています。男の人はこの後まず、何をしますか。

F：来月の論文発表会だけど、学校長の挨拶、どうなっている？

M：はい。あらかじめ了解を得ております。

F：場所は？ もう押さえてある？
　　→ 미리 양해를 얻었다 → 1번 소거

M：それはあのう、出席者の数によって大きさが変わるかと思いまして、今は二つの会場を予約してありますが。
　　→ 保留(보류)라는 단어를 사용했다 → 2번 소거

F：なるほど。じゃ、とりあえず、保留っていうことで、出席者と会場が決まり次第、招待状の準備に取りかかってくれる？
　　→ 출석자와 장소가 정해진 후에 초대장 준비 → 3번 소거

M：はい。

F：ああ、それから当日の学校長の送り迎えの車、前もって頼んどいてくれると助かるんだけど。
　　→ 送り迎えの車を頼む＝送迎車を手配する → 4번이 정답

M：承知しました。

F：できることからやっといて。よろしくね。

M：はい。

男の人はこの後まず、何をしますか。

1 学校長にあいさつを依頼する → 인사 의뢰
2 会場を予約する → 장소 예약
3 招待状を準備する → 초대장 준비
4 学校長の送迎車を手配する → 픽업차 수배

해석

학교에서 여자와 남자가 이야기하고 있습니다. 남자는 이후에 먼저 무엇을 합니까?

여 : 다음 달에 있을 논문 발표회 말인데, 학교장 인사말은 어떻게 되어가고 있어?

남 : 네. 사전에 양해를 얻었습니다.

여 : 장소는? 이미 확보해두었어?

남 : 그것이 저. 참석자 수에 따라 장소 크기가 바뀔 거라고 생각해서, 지금은 장소 두 곳을 예약해 두었습니다만,

여 : 그렇군. 그럼 일단 보류라는 것으로, 출석자와 장소가 정해지는 대로 초대장 준비에 착수해 주겠어?

남 : 네.

여 : 아~, 그리고 당일 교장 선생님의 픽업용 차량, 사전에 의뢰해 주면 고마울 것 같은데.

남 : 알겠습니다.

여 : 할 수 있는 것부터 해 줘. 잘 부탁해.

남 : 네.

남자는 이후에 먼저 무엇을 합니까?
1 교장선생님에게 인사를 의뢰한다
2 장소를 예약한다
3 초대장을 준비한다
4 교장선생님의 픽업 차량을 마련한다

비법 TIP

처음 시험지를 받고 1번 문제가 제시될 때까지 2분 45초의 시간 동안 인쇄된 6번까지의 선택지나 그림은 반드시 먼저 체크를 한다. 그리고 각 대화문을 들으면서 선택지에서 오답을 지워간다. 출제된 문제들을 살펴보았을 때 주로 학교, 회사 그리고 호텔이나 레스토랑 등에서 이루어지는 대화문이 많았다. 그냥 들으면 모두 같은 것을 묻는 것 같지만 실제로는 대화가 이루어지는 장소별로 조금씩 공략법이 다르다.

▶장소를 파악하여 예상하라!

① 학교

〈유형1〉 [これから・このあと]	何をしなければなりませんか 何をしますか
〈유형2〉 [まず・先に]	何をしますか

두 사람의 대화가 끝난 뒤 해야 할 일을 찾는 문제로 주로 한 사람의 부탁으로 이야기가 시작되는 경우가 많다. 「男の人は何をしますか」라고 문제가 출제되면 주로 「男の人」의 이야기를 듣기 마련이지만, 오히려 상대방의 이야기를 잘 들어야 할 때가 많다.

② 회사

〈유형1〉　[どの・どんな・どのように]　　〜しますか
　　　　　[来週・明日・当日]　　　　　　何をしなければなりませんか
〈유형2〉　[このあと]　　　　　　　　　　何をしなければなりませんか

두 사람의 대화가 끝난 뒤 앞으로 어떻게 진행시켜 갈 것인지, 아니면 어떻게 결정했는지를 묻는 경우가 많다. 주로 상품이나 서류, 또는 회의와 관련된 문제를 묻는 경우가 많고, 「もう〜てある」「まだ〜ている」 등과 같이 애매모호한 표현에 주의해야 한다. 더불어 간혹 특정한 날짜를 지정하여 예를 들어 「来週(明日・当日)何をしなければなりませんか」 등과 같이 묻는 경우에는 선택지에 있는 4가지가 각각 해야 하는 날이 다른 것을 의미하므로 언제 해야 하는 일인지 주의해서 들어야 한다.

③ 그 밖의 장소 : レストラン・ホテル・病院 등 공공장소

공공장소의 경우 묻는 내용은 다양하지만 결국 주의사항을 묻는 문제가 대부분이다. 공공장소이므로 「どんな指示を出しますか」「何を気をつけますか」 등 유념해야 할 사항 및 주의사항들과 관련된 내용이 많다. 단, 이 경우 지시나 조심해야 하는 그 대상이 무엇인지 중요하기 때문에, 지금 말하고 있는 주의사항의 주어가 무엇인지 파악하여 선택지에서 골라야 한다.

▶순서를 묻는 문제에서는 まず, 最初를 기억하라!

〈유형〉 このあと／これから ＋ まず・はじめに・先に

먼저 해야 할 일이 무엇인지 묻는 문제이므로 순서를 나타내는 부사나 순서의 문형 등이 사용된 선택지를 고르는 것이 중요하다. 따라서 순서를 나타내는 부사나 문형들을 미리 챙겨두어야 본문을 내용에 맞추어 들을 수 있다.

***순서의 부사**

すぐ(바로)・真っ先に(제일 먼저)・前もって(미리)・あらかじめ(미리)・そうなるとまず(그렇게 되면 우선)・とりあえず(우선)・とにかく(어쨌든)・ひとまず(우선)・さしあたって(우선, 당장)

***순서의 문형**

次は〜が必要ね(다음은 ~가 필요하네)・〜次第(~하는 대로)・あとで(나중에)・〜たら(~하면)・それより(그것보다)・なにより(무엇보다)

***기타**

急いで(서둘러서)・至急(시급히)・早急に(서둘러서)

문제이해

포인트 이해는 사전에 제시되어 있는 내용을 바탕으로 중요 포인트에 초점을 맞추어 들을 수 있는지를 묻는 문제이다. 이 문제의 경우 상황설명과 질문을 먼저 제시한 후 인쇄된 선택지를 읽을 수 있는 시간을 주는 점이 특이하다. 주로 이야기하는 사람의 심정이나 일어난 일의 이유 등을 이해할 수 있는지 묻는 경우가 많다.

문제 흐름

상황설명문, 질문 → 선택지를 읽을 시간 18초 → 대화문 → 질문문

① 상황설명문과 질문을 듣는다.
② 18초라는 시간 동안 질문문장을 생각하면서 선택지의 문장을 정리한다.
③ 대화문을 들으면서 선택지를 확인하고 오답을 지워간다.
④ 다시 한번 질문을 들으면서 확인한다.

기출문제유형

テレビで女の人と男の人が話しています。男の人は自分の店の客が増えたきっかけは何だと言っていますか。

질문의 포인트
→손님이 늘어난 계기?

F：ご覧のみなさん、こんにちは。今日は最近大ブレイクした老舗の酒屋、太田屋に来ております。こちら、4代目の店主の太田さんです。
　　ご主人、大繁盛ですね。人気がでたきっかけは何だと思っていらっしゃるんですか。
M：私どもは長年家族だけでやってきましたが、つい最近、洋酒専門のファローと商品開発をいたしましてね。　ファロ一와 상품개발을 했다 →1번 정답
F：わー、ファローさんといえば、テレビ番組でも日本の洋酒の巨匠としてよく取り上げられていますよね。　텔레비전에 나온 가게는 ファロ一이다 → 2번 소거
M：ええ、全国展開されてるんですが、実は本社がこのご近所なんですよ。そういうご縁もございまして、社長さんに声をかけていただいたんです。
F：そうだったんですか。　전국 개시를 한 것은 ファロ一이다→ 3번 소거
M：ええ、うちは昔ならではの味や製法にこだわってお酒を作ってきましたが、今回いい刺激をいただきました。　앞으로 새로운 시도를 하겠다 → 4번 소거
　　今後もいろいろと新しい試みを行っていこうと考えています。

男の人は自分の店の客が増えたきっかけは何だと言っていますか。

1　洋酒店と共に商品を作ったこと →양주점과 상품 만듦
2　テレビ番組に出られたこと →TV에 나옴
3　店の全国展開を開始したこと →전국 개시
4　昔ながらの製法を守ってきたこと →옛날 그대로의 제조법 지킴

텔레비전에서 여자와 남자가 이야기하고 있습니다. 남자는 자기 가게의 손님이 늘어난 계기는 무엇이라고 말하고 있습니까?

여 : 시청자 여러분. 안녕하십니까. 오늘은 최근 큰 인기를 끌고 있는 전통 양조장, 오오타야에 와 있습니다. 이 분은, 4대째 주인이신 오오타 씨입니다.
　　사장님, 성업중이네요. 인기를 얻게 된 계기는 무엇이라고 생각하고 계신가요?

남 : 저희는 오랜 세월 가족끼리만 해왔습니다만, 최근 양주 전문인 포아로와 제품개발을 했습니다.

여 : 우와, 포아로라면 TV프로그램에서도 일본 양주의 거장으로 자주 다루어지고 있지요?

남 : 네, 전국적으로 전개되고 있습니다만, 실은 본사가 요 근처랍니다. 그런 인연도 있어서 사장님께서 말을 걸어 주셨습니다.

여 : 그랬습니까?

남 : 네, 저희는 옛날 특유의 맛과 제조법을 고집하며 술을 만들어 왔지만 이번에 좋은 자극을 받았습니다. 앞으로도 여러 가지 새로운 시도를 해나가려고 생각하고 있습니다.

남자는 자기 가게의 손님이 늘어난 계기는 무엇이라고 말하고 있습니까?
1　양주전문점과 함께 상품을 만든 것
2　TV프로그램에 나오게 된 것
3　가게의 전국적인 전개를 시작한 점
4　전통적인 제조법을 지켜온 점

비법 TIP

포인트 이해는 과제 이해와는 달리 문제 지문과 대화문이 나오는 사이에 선택지를 읽을 수 있는 18초의 시간적 여유가 있다. 그래서 문제를 듣고 그 문제에 맞추어 선택지를 간단히 정리하는 것이 좋다. 그리고 대화문을 들으면서 선택지에서 오답을 지워가면 된다. 지금까지 출제된 문제들을 살펴보면 이유나 내용을 묻는 문제가 자주 출제되고 있다.

▶이유를 열거하는 표현을 찾아라!

이유를 묻는 문제일 경우 이유를 열거하는 표현을 찾아야 한다. 이유는 당사자가 직접적으로「実は~ / それが~」등과 같이 시작하는 경우에는 그 당사자의 이야기에 주의를 기울여야 한다. 또한「しかしながら~ / でも / ただ / ~が、実は~ / ~といっても / ~というより / もっとも」등과 같이 상대의 이야기를 인정하면서 흐름을 바꿔 이유를 말하기도 한다. 이유를 묻는 문제가 출제된 경우에는 이유를 열거하는 표현을 찾아서 내용을 인지한 후 선택지에서 오답을 소거해 간다.

▶질문에「一番·もっとも·大切」가 있으면 오답 소거보다는 '가장, 제일'을 찾아라!

과제 이해 문제에서 먼저 즉 가장 먼저 해야 할 일에 대해 묻는 문제가 있었다면, 포인트 이해에는「もっとも / 一番 / 大切 / 大事」등과 같은 중요도를 묻는 문제가 출제된다. 이 경우 오답을 소거하려고 하기 보다는 대화 내용 안에서 가장, 제일을 나타내는 표현인「なにより / 一番 / もっとも / 何と言っても / 最優先 / そのうち / どうしても / そのうち / なくてはならない」등과 같은 어휘가 있는 부분을 선택지에서 찾아야 한다. 또는 「なにより / 特(とく)に」등과 같은 강조 표현을 사용해서 열거하는 경우도 있다.

▶포인트 이해에는 구체적인 내용을 묻는 문제도 있다는 것을 잊지 말자!

만약 문제에서 「どういう、どんな、どのように、なにか」등과 같은 의문사가 들어 있다면 구체적인 내용을 묻는 문제이므로 선택지에 있는 어휘 및 표현들을 잘 챙겨둬야 한다. 그리고 대화 내용을 끝까지 듣고 파악하는 것이 중요하다. 예를 들어 「気圧(きあつ)の谷(たに)の影響(えいきょう)で天気(てんき)が崩(くず)れ、雨が降りやすいでしょう(기압골의 영향으로 날씨가 나빠져 비가 내리기 쉽겠습니다)」라는 문장에서 「天気が悪くなる」라는 선택지를 찾아낼 수 있어야 하고, 「暑さが和(やわ)らぎ全国的(ぜんこくてき)に平年並(へいねんな)みに戻(みこ)る見込(みこ)みです(더위가 누그러져 전국적으로 평년과 비슷해질 전망입니다)」라는 문장 속에서 「気温(きおん)は今週(こんしゅう)より下(さ)がる(기온은 이번 주보다 내려간다)」의 선택지를 선택할 수 있어야 한다. 대화문을 듣기 전 얼마만큼 선택지에 있는 어휘들을 잘 파악했느냐가 이 문제를 풀어나가는데 중요한 열쇠가 된다.

문제이해

개요 이해는 정해진 대화문을 듣고 화자의 의도나 주장 등 내용을 이해할 수 있는가를 묻는 문제이다. 이 문제는 일부분을 듣고 답을 선택하기 보다는 대화문 전체를 이해해야 한다. 질문과 선택지가 문제지에 표시되어 있지 않기 때문에 학습자들이 많이 힘들어 하는 문제이다. 그러나 지금까지 출제된 문제들을 살펴보면 몇 가지 유형별로 나뉘어져 있음을 알 수 있다. 그 유형과 방법만 익힌다면 충분히 쉽게 해답을 찾을 수 있을 것이다.

문제 흐름

상황설명문 → 대화문 → 질문 → 선택지(음성)

① 상황설명을 듣는다(질문문이 없다)
② 대화내용을 듣는다.
③ 질문을 듣는다.
④ 4개의 선택지가 음성으로 제시된다. 가장 적절한 것을 고른다.

기출문제유형

電気店の店員が新しい掃除機について説明しています。　→ 새로운 청소기에 대한 글

별색은 청소기의 성능을 나타냄
→ 1번 선택

M：えー、この掃除機は騒音が小さく、寝室で使っても邪魔になりません。それにとても軽く、片手でも楽に持ち運べます。さらに、この商品の一番のポイントは、ですね。部屋の空気を汚さないことです。汚れは掃除機の中でこのようにゴミときれいな空気に分けられ、部屋の空気よりもきれいな空気を排出します。うーん、　→ 원리 설명이지 사용방법이 아니다 → 3번 소거

今までのものより価格は少し高めですが、赤ちゃんがいるご家庭にもぜひおすすめしたい商品です。　→ 구체적인 가격은 없다 → 2번 소거
→ 추천 대상일 뿐 사는 구매자가 아니다 → 4번 소거

電気店の店員は主に何について話していますか。

1　掃除機の性能

2　掃除機の価格

3　掃除機の使い方

4　掃除機の買う人

전자상가의 점원이 새로운 청소기에 대해 설명하고 있습니다.
남 : 음~이 청소기는 소음이 작아서, 침실에서 사용해도 방해가 되지 않습니다. 게다가 아주 가벼
워서 한 손으로도 쉽게 운반할 수 있습니다. 게다가 이 상품의 가장 큰 포인트는 말이죠. 방의
공기를 오염시키지 않는 것입니다. 먼지는 청소기 안에서 이렇게 쓰레기와 깨끗한 공기로 나
뉘어져, 방의 공기보다도 깨끗한 공기를 배출합니다. 음~ 지금까지의 것보다 가격은 조금 비
쌉니다만, 아기가 있는 가정에도 꼭 추천하고 싶은 상품입니다.

전자상가의 점원은 주로 무엇에 대해 이야기하고 있습니까?
1   청소기의 성능
2   청소기 가격
3   청소기의 사용법
4   청소기의 구매자

비법 TIP

개요 이해는 문제를 듣지 않은 상태에서 대화문을 파악하는데다가, 선택지까지 듣고
정답을 골라야 하기 때문에 미리 문제 푸는 요령을 알아 두는 것이 좋다.

▶받아 적으려 하지 말고 전체적인 흐름을 파악하라!

이 문제는 상황설명문 다음에 문제를 들려주는 과제 이해와 포인트 이해와 달리 문
제를 미리 들려 주지 않는다. 그래서 학습자들은 흔히 대화 내용을 무작위로 받아 적
는 오류를 범하곤 한다. 마치 그렇게 적어야만 문제를 풀 수 있을 것 같은 막연한 불
안감 때문일 것이다. 그러나 이 문제의 제목에서와 같이 이 문제는 '개요 이해', 즉 자
세한 내용에 관한 것이 아니라 전체적인 흐름에 관한 것을 묻는 문제임을 명심해야
한다.

▶상황설명을 잘 들여다 보면 문제를 미리 유추할 수 있다!

대화문의 시작 전에 「男の人は先生と学校で話しています」 등과 같이 '인원, 성
별, 장소, 행위' 등 상황에 관해 설명하는 문장이 나온다. 우리는 이 부분에 주목해야
하는데, 이 부분의 내용에 따라 2가지로 구분해 볼 수 있다.

① 상황설명이 독백이라면 주제를 묻는 문제이다 → 主な内容／何について～

상황설명 내용 중 부재중 메세지, 인터뷰, 안내방송, 대학교 강의, 스피치 등 독백으
로 상황설명이 제시되는 경우에는 주로 주제를 묻는 문제이며, N1의 경우 80%가 이
유형의 문제였다. 그 특징을 살펴보면 다음과 같다.

• 주제, 즉 하고자 하는 내용의 주요 포인트는 말하는 사람의 대화 첫 시작, 또는 마지막 결론 부분
  에 있다.
• 전체적인 주제를 묻고 있으므로 받아 적기보다는 전체적인 내용을 들으려고 노력하는 것이 더
  중요하다.

- 선택지 1번에서 4번까지를 잘 들어보면 본문과 관련된 것은 정답 1개뿐이고, 나머지 3개는 내용과 전혀 상관없는 문장이 나오는 경우가 많다.
- 연속해서 나오는 고유명사에는 너무 연연해하지 말자.

기출패턴

| 첫문장 | 留守番電話のメッセージを聞いています。 |
| 질문 | 留守番電話の内容はどのようなことですか。 |

| 첫문장 | テレビで栄養学の専門家が話しています。 |
| 질문 | この専門家は何の話をしていますか。 |

| 첫문장 | 電気屋の店員が新しい掃除機について説明しています。 |
| 질문 | 電気屋の店員は主に何について話していますか。 |

---

② 상황설명에 주제가 있으면 견해를 묻는 문제이다 → どう思っていますか/何を～

상황설명 중「～について」로 시작되는 주제가 있거나 会社에서 나누는 대화문, 또는 男の人・女の人 등과 같은 문구가 있으면 대개 그 사람의 견해를 묻는 문제이다. 상황설명에서 서술한 어떤 주제에 대해 당사자가 생각을 서술하거나 두 사람의 대화문 속에서 당사자에게 견해를 묻는 내용이 출제된다. 그 주제에 관해 당사자의 견해가 찬성인지 반대인지, 좋게 생각하는지 나쁘게 생각하는지, 또는 긍정적인지 부정적인지, 또는 최근에는 구체적으로 어떻게 생각하고 있는지 등이 문제로 출제되고 있다. 한편, 대화문이 독백이고 화자가 자신의 견해를 말할 때, 화자는 자신의 주장을 강조하기 위해 역접의 접속사를 사용하는 경우가 많다. 따라서「しかし / でも / けれども」등 역접의 접속사에 주의해야 한다. 예를 들어「映画の画面、すみずみまでとにかく美しかったよ。でも、やはり私はストーリーが心にぐっと来たわ。(영화의 화면 구석구석까지 어쨌든 아름다웠어. 하지만 역시 나는 스토리가 심금을 울렸어.)」에서는 화면이 아름다운 것보다는 스토리가 더 마음에 들었다는 것을 캐치해야 한다.

기출패턴

| 첫문장 | テレビで女のアナウンサーが会社の経営について社長にインタビューしています。 |
| 질문 | 社長は会社の経営について、なにが重要だと言っていますか。 |

| 첫문장 | 食品会社の社長が自分の会社の商品についてラジオで話しています。 |
| 질문 | 社長は自分の会社の商品についてどう考えていますか。 |

| 첫문장 | 会議で女の人が男の人に意見を聞いています。 |
| 질문 | 男の人はどう考えていますか。 |

문제이해 즉시 응답은 제목에서 알 수 있듯이 질문 등 짧은 발화를 듣고 자연스럽게 이어지는 응답을 선택하는 문제이다. 힌트가 전혀 없어 온전히 귀에만 집중해서 풀어야만 하는 문제이므로 집중력을 요하는 문제이기도 하다. 쉬운 듯하지만 의외로 많이 틀리는 문제이므로 평소 듣는 연습을 많이 해두는 것이 좋다.

문제 흐름

짧은 발화 → 선택지(음성)

① 질문 등의 짧은 발화를 듣는다.
② 그 발화에 대한 대답으로 3가지의 선택지가 음성으로 제시된다. 제시된 발화에 대해 가장 적절한 응답을 선택한다.

기출문제유형

昨日の花火大会、盛り上がったんだって、私も参加するんだったな。
　　　　　　　　　　　　　　　　　　→ 참가하지 않은 것을 후회
1　本当、くればよかったのに。
2　思い切り楽しもうよ。→ 미래형이므로 X
3　あれ、参加してたんだっけ。→ 참가하지 않아서 X

해석

어제 불꽃놀이 (분위기) 뜨거웠다면서, (이럴 줄 알았으면) 나도 참가할 것을.

1　정말, 오면 좋았을 텐데.
2　맘껏 즐기자.
3　어? 참가했었던가?

비법 TIP　▶간단하게 표기하자!

질문을 듣고 자연스러운 응답을 찾아야 하기 때문에 우선 질문을 잘 들어야 한다. 그러기 위해서는 질문을 간단하게 표기하는 것이 중요한데, 예를 들어 「明日、中学のときのクラス会だったよね？ 行くんでしょ」라면 "내일, 가니?" 정도로 표기해서 나중에 선택지를 들었을 때 그에 맞는 응답을 찾을 수 있도록 한다. 무조건 다 받아 적는 것이 아니라 필요한 단어를 자신이 알아볼 수 있도록 적는 것이다. 질문이 짧기 때문에 받아 적다가 선택지 음성을 놓칠 수도 있으므로 중요하다고 생각되는

단어 2~3개 정도만 적어 두고 선택지를 들으면서 그 옆에 ○, ×, 애매한 것은 △로 표시하면서 오답을 지워가는 것이 중요하다.

▶가장 중요한 것은 동사이다!

일본어는 한국어와 어순이 같으므로 중요한 내용은 항상 뒷부분에 위치한다. 따라서 뒷부분에 서술 부분이 오기 때문에 앞을 못 들었다고 해서 걱정할 필요는 없다. 또한 사람 이름, 회사명 등 고유명사에 너무 진을 빼지 말아야 한다.

▶의문사가 없는 의문문이 자주 출제된다!

N1의 경우 의문사를 사용하지 않는 의문문이 자주 나온다. 의문사가 없어도 문말을 올리면 질문문이 된다. 이때 질문에 대해「はい・いいえ」를 항상 써야 할 것 같지만, 사실은 그렇지 않은 경우도 있다.「学生ですか。」라는 질문에「はい」를 생략하고「英語の勉強をしています。」라는 응답이 올 수도 있기 때문이다. 또는 질문문이라도 끝을 내려서 물어보는 경우도 있다.「学生ですよね。」하고 끝을 내려 확인차 질문하는 경우도 있으므로 주의해서 답을 찾아야 한다. 한편 일본어에서「はい」는 긍정의 의미뿐만 아니라「ご出身は？」「はい、東京です」와 같은 응답 표현으로 사용해도 이상할 것이 없다.

▶닮은 발음의 단어는 100% 오답이다!

「行きたいのは山々なんですけど 가고 싶은 마음은 간절하지만요」에서「山々」는 '간절하다'는 뜻의 부사이므로, 선택지의「今度は山ですか」가 정답이 될 수 없듯이 닮은 발음의 단어는 100% 오답이다. 단,「お持ち帰りですか、ここで召し上がりますか」와 같이 선택을 물어보는 문장일 경우에는「はい、持っていきます」와 같이 비슷한 발음의 어휘가 와도 정답이 될 수 있다.

▶질문 문장의 뒷부분에 주목해라!

영어를 가르치는 분들은 영어 듣기를 가르칠 때, 앞의 두 단어를 잘 들으라고 한다. 왜냐하면 영어는 주어와 서술부(동사, 형용사 등)가 앞에 오기 때문이다. 이에 비해 일본어는 중요한 시제와 구체적인 질문이 담긴 서술부가 뒤에 있다. 따라서 일본어는 처음에 들리는 단어보다 끝나는 단어에 주의해서 들어야 한다.「佐藤君、さっきの会議の配布資料、助かったよ。急かしちゃって、悪かったね。(2015년 1회 기출)」라는 질문 문장에서는, 보통 会議の配布資料가 주어가 되기 때문에 여기에 집중하게 된다. 하지만 여기서 말하고자 하는 핵심은「急かしちゃって、悪かったね 재촉해서 미안하게 됐다」인 사과의 표현이다. 이와 같이 즉시응답의 질문 문장은 앞이 아닌 뒷부분에 주목해서 듣는 것이 중요하다.

문제이해　종합 이해는 이전의 문제보다 더 복잡하고 정보량이 많은 텍스트에 대해 내용을 이해했는지를 묻는 문제이다. 예를 들어, 발화자가 3명인 회화나 2종류의 음성 텍스트(예, 어느 뉴스와 그에 대한 대화 양쪽을 듣는 문제) 등을 듣고 대화 내용을 이해하여 선택지에서 고르는 문제가 출제된다. 문제 1번과 2번은 선택지가 음성으로, 문제 3번은 선택지가 인쇄로 제시된다.

문제 흐름

1번/2번　　상황설명문 → 대화문 → 질문문 → 선택지(음성)
3번　　　　상황설명문 → 대화문 → 질문문 → 선택지(인쇄)

① 상황설명문을 듣는다. (질문은 흐르지 않음)
② 긴 대화문을 듣는다.
③ 질문문을 듣는다. 1번과 2번은 1개의 텍스트에 대해서 각각 1개의 질문이, 3번은 1개의 텍스트에 2개의 질문이 흘러나온다.
④ 1번, 2번에서는 선택지가 음성만 제시된다. 3번에서는 선택지가 시험지에 인쇄되어 있다.

1번 문제

기출문제유형　電気店の電子辞書売り場で女の人が店員と話しています。

5-1

F : 電子辞書を買いたいんですが。できるだけ、小型で、軽くて、う～ん、予算は2万円までで。

M : え～と。小型で人気があるのは、❶ <u>むらさき電子辞書</u> のこれですね。価格が2万2千円になってしまうんですが、もともと3万5千円の商品ですから、お買い得ですよ。

F : は～あ。

M : この ❷ <u>グリン電子辞書</u> のは、USBがおまけについて、ちょうど2万円です。別々に買えば、5万円は軽く超えます。絶対、お得ですよ。❸ <u>ほし電子辞書</u> も、小さくて、軽いですよ。基本的な機能だけなんですが、その分お値段は1万3千円と抑えられています。

F : う～ん。

M : あとは、❹ <u>まる電子辞書</u> のこれですね。ご覧のとおり、便利な機能が満載です。ただいま、キャンペーン中で、2万4千円となっています。

F : う～ん、でも、予算は超えたくないし、いらない機能やおまけがついてても、使わないのよねえ。じゃ、これにします。

[메모 예시]

사려는 전자사전
소형, 가볍고 예산 2만 엔
❶ 무라사키
22,000 엔
❷ 그린
USB가 덤, 2만 엔
❸ 호시
작고 가벼움, 13,000엔
❹ 마루
편리기능 만재, 24,000엔

> 예산은 2만 엔이므로 1번(22,000엔), 4번(24,000엔) 소거

> 편리한 기능이 만재한 4번 소거+
> USB를 덤으로 주는 2번 소거

女の人はどんな会社の電子辞書を買いますか。

1 むらさき電子辞書　　　　　　　　　2 グリン電子辞書
3 ほし電子辞書　　　　　　　　　　　4 まる電子辞書

해석

전자 상가의 전자 사전 매장에서 여자가 점원과 이야기하고 있습니다.

여 : 전자 사전을 사고 싶은데요. 가능한 한 작고, 가볍고, 음…예산은 2만 엔까지로.

남 : 네. 소형이고 인기가 있는 것은 무라사키 전자사전 이거네요. 가격은 2만 2천 엔이 되지만, 원래 3만 5천 엔 상품이기 때문에 싸게 사시는 겁니다.

여 : 아~ 네.

남 : 이 그린 전자사전은 USB가 덤으로 붙어 있고 딱 2만 엔입니다. 따로 구입한다면 5만 엔은 가볍게 넘습니다. 절대적으로 싸게 사시는 겁니다. 호시 전자사전도 작고 가벼워요. 기본적인 기능만 있습니다만, 그만큼 가격은 1만 3천 엔으로 줄일 수 있습니다.

여 : 음….

남 : 다음은 마루 전자사전 이거네요. 보시는 대로 편리한 기능이 만재입니다. 지금 캠페인 중이라 2만 4천 엔입니다.

여 : 음…. 하지만 예산은 넘고 싶지 않고, 필요없는 기능이나 덤이 붙어 있어도 안 쓸거에요. 그럼 이것으로 할게요.

여자는 어떤 회사의 전자사전을 삽니까?

1 무라사키 전자사전　　　　　　　　2 그린 전자사전
3 호시 전자사전　　　　　　　　　　4 마루 전자사전

비법 TIP

▶대화자가 원하는 조건을 먼저 정리한다!

대화 내용에서 대화자가 그 무언가 선택을 하기 위한 조건들을 나열하기 마련이다. 카메라를 사기 위해서는「安くて、コンパクト」, 인턴십을 선택하기 위해서는「いろんなスキルが身につける」, 강아지를 선택하기 위해서는「飼いやすい、鳴き声がきれい」등과 같은 조건들이 있으므로 그 조건을 먼저 잘 챙겨서 들어야 한다.

▶조건에 맞춰진 4가지 선택 대상들에 관한 설명을 챙겨야 한다!

카메라, 인턴십 모집, 이삿짐 회사, 텔레비전 등과 같이 당사자가 선택해야 할 4가지 선택지가 순서대로 설명과 함께 제시되면 당사자의 대답과 사전 조건에 맞추면서 답을 소거해 가면 된다.

▶고유명사에 너무 연연해하지 말아라!

선택지는 4가지가 주어지며 고유명사로 이루어진 경우가 많다. 학습자들은 주로 이 고유명사에서 헤매는 경우가 많은데 이는 오히려 함정이다. 黒石ホーテルの接客業이라는 선택지가 제시된 경우 여기서 중요한 부분은 接客業이며 黒石ホーテル는 그다지 중요 어휘가 아니라는 사실을 인식해야 한다.

상황설명문	電気店のカメラ売り場で女の人が店員と話しています。
질문문	どの会社のカメラを買いますか。
상황설명문	大学の就職課で女の学生と係りの人が話しています。
질문문	どのタイプのインターンシップに応募しますか。
상황설명문	ペットショップで女の人が店員と話しています。
질문문	気に入った子犬はどれですか。

2번 문제

기출문제유형 大学生二人と先生が大学の入試説明会について話しています。→ 입학설명회

M1：先生、今月11日に予定している入試説明会なんですが、参加を希望する学生が予想をかなり超えそうなんです。

M2：そう。大勢来てくれるのはいいけど、場所は大丈夫なの？

M1：今予約してある東会場では入りきらないかもしれないんです。そうなのでまた別の日に二回目の説明会を開いたほうがいいかと思うんですが。　→ 1번 방법 제시

M2：いや、2回に分けると都合がつかなくなる人も多くなるだろうから、可能であれば日取りは固定させたほうがいいね。　선택지 1번 방법에 부정적이다 → 1번 소거

F：では、今回の説明会は午前を予定しているんですが、私が知っている限りでは午後も同じ会場が使えると思います。

M1：じゃ、午前と午後に分けてしましょうか。それなら、スタッフと機材を増やす必要もないですし。→ 2번 방법 제시

F：念のため、隣の西会場のスケジュールについても聞いてみたんですが、同じ午前中なら空いているそうです。なので、たとえば、説明会は予定通り午前中だけにして、場所は東・西会場、二つにするってこともできますよね。→ 4번 방법 제시

M1：ん～でも、会場を分けるとなると、人だけじゃなく、機材も増やさなくちゃいけなくなりますね。→ 3번 방법 제시　4번 방법에 대해 부정적인 이유 제시 → 4번 소거

F：あと、北会場も使えるって言っていましたよ。ここなら全員入れます。

M1：それでも、やっぱりスタッフを増やさなくちゃいけませんよね。　3번 방법에 대해 부정적인 이유 제시 →3번 소거

M2：そうだな。スタッフは増やさないで、説明会の回数を増やしたほうが現実的だな。その方向で、会場を確保しておいて。　→ 2번 선택

메모 예시

❶ 다른 날 2번 나눠서
　→ ×
　(사정이 안되는 사람)
❷ 오전과 오후
❸ 오전 - 두 장소
　→ ×
　(기재 늘려야)
❹ 큰 장소
　→ ×
　(스텝 늘려야)

大学の入試説明会をどのように行うことになりましたか。

1　別の日に分けてする

2　同じ日、午前と午後にわけてやる

3　同じ日の同じ時間に一つの会場でする

4　同じ日の同じ時間に違う会場でする

대학생 두 명과 선생님이 대학 입시 설명회에 대해 이야기하고 있습니다.

남1 : 선생님, 이달 11일로 예정되어 있는 입시 설명회 말인데요, 참가를 희망하는 학생들이 예상을 상당히 넘을 것 같습니다.

남2 : 그래? 많이 와 주는 것은 좋지만, 장소는 괜찮은 거야?

남1 : 지금 예약되어 있는 히가시 회장에는 다 들어가지 못할 지도 모릅니다. 그래서 또 다른 날에 두 번째 설명회를 여는 편이 좋을 거라 생각합니다만.

남2 : 아니, 두 번으로 나누면 사정이 여의치 않은 사람도 많아질테니 가능하면 날짜는 고정하는 것이 좋아.

여 : 그럼 지금의 설명회는 오전으로 예정하고 있는데요, 제가 알고 있기로는 오후에도 같은 장소를 사용할 수 있습니다.

남1 : 그럼, 오전과 오후로 나누어 할까요. 그렇게 되면 직원과 장비(기재)를 늘릴 필요도 없고요.

여 : 만약을 대비해서 옆의 니시회장의 스케줄에 대해서도 물어봤습니다만, 같은 날 오전 중이라면 비어 있다고 합니다. 그러니깐 예를 들어 설명회는 예정대로 오전 중으로만 하고 , 장소는 히가시, 니시 회장 두 곳으로 하는 것도 가능하겠지요.

남1 : 음~ 그렇지만, 회장을 나누게 되면 사람 뿐만 아니라 장비도 늘리지 않으면 안되게 됩니다.

여 : 또 기타 회장도 사용할 수 있다고 했습니다. 여기라면 모두 들어 갈 수 있어요.

남1 : 그래도 역시 직원을 늘리지 않으면 안 되요.

남2 : 그렇겠지. 직원은 늘리지 않고,설명회의 횟수를 늘리는 편이 현실적이겠어. 그 방향으로 장소를 확보해주게.

대학 입시 설명회를 어떻게 하기로 되었습니까?

1 다른 날에 나누어 한다
2 **같은 날 오전과 오후로 나누어 한다**
3 같은 날 같은 시간에 하나의 회장에서 한다
4 같은 날 같은 시간에 다른 회장에서 한다

비법 TIP

▶발화자가 3명인 것을 미리 알아두자!

이 문제의 경우 발화자가 3명인 경우가 자주 출제되며 주로 〈先生・男・女〉〈店員・男・女〉〈上司・男・女〉 등과 같은 그룹으로 출제되는 경우가 많다. 그 중에서도 특히 회사에서 이루어지는 대화가 자주 출제되는 경향을 보이고 있나.

▶묻고자 하는 내용은 회의의 결론이다!

이 문제는 3명의 발화자가 어떠한 주제에 대해 회의를 해서 내린 결과에 대해서 묻는다. 지금까지 출제된 것들을 살펴보면 회의 내용에는 '주차장 문제의 해결', '택시 회사의 서비스 개선', '경제학연구소 회장과 담당자간의 강연회의 실시 방안', '가족 내에서 어떠한 차를 구입할 것인가', '대학교에서 논문을 어떻게 수정해갈 것인가' 등과 관련된 회의 결과였다.

▶결정론자는 직위가 높은 사람이다!

대부분 회의를 진행함에 있어서 진행자가 있기 마련이고, 진행자는 회사인 경우 직위가 높은 사람, 학교인 경우 교수나 선생, 가정인 경우 부모님으로 어느 정도 정해져 있다. 따라서 대화 내용을 잘 들어 보면 각각 자신의 의견을 내놓지만, 결국 직위가 높은 사람이 마지막 결정을 하기 때문에 후반부에 직위가 높은 사람이 말하는 내용을 주의해서 들을 필요가 있다.

― 기출패턴 ―

상황설명문	車を買うかどうかについて、家族三人で相談しています。
질문문	一番大切な問題は何ですか。
상황설명문	レストランの経営者と社員２人が店の経営について話しています。
질문문	レストランでは何をすることになりましたか。
상황설명문	タクシー会社の経営者と二人の社員が話しています。
질문문	今回、どのサービスをすることになりましたか。

3번 문제

기출문제유형　ラジオで女の人が話しています。

5-3

F1：パソコン会社コモが創立を記念して未来のパソコンのアイディアを募集したところ、様々な斬新なデザインが殺到しました。今日はその中から、ベスト４に選ばれた四つのアイディアについてご紹介しましょう。まず、❶一番のアイディアは化粧品の鏡型です。一見普通の女性用の化粧品に見えますが、ふたを開けるとパソコンになっています。❷二番は名札型のもの。すこし大きめの名札という感じで、ポケットにつけられます。もちろん、お洒落のものとしても使えます。❸三番は、名刺サイズのカード型のものです。薄いのでちょっと見ただけでは、カードと間違ってしまいそうですね。最後の四番のアイディアは、❹手帳型のパソコンです。手帳を広げたサイズなので、画面は4つの中で一番大きいです。でも、素材はやわらかいものを使っているのでたたんで、ポケットなどに入れて持ち歩くことができます。以上四つご紹介しましたが、こんなパソコンが本当に出来たら、楽しそうですね。

F2：いろんな面白いアイディアがあるものね。

M　：本当だね。でも、やはりどれも小さいデザインが多いね。

F2：そうね。今まで以上に落としやすそう。この前も持ち歩いていて落としてしまって、資料が消されて大変だったのよ。

M　：そうだったね。良子ちゃんなら、どれがいい？　여자는 여성용 화장품으로 보이는 것 선택→1번 선택 ↙

F2：女性ならこれよ！コンパクトだから、カバンにいれて持ち歩けそうだし、化粧直しの時にも使えそうだし、わたしなら、これね。

M　：そうだね。女性に人気がありそうだね。でも、僕は、やはり見やすいのがいいな。これ以上小さくなると、字が見えなくなりそう。そして、素材の触り心地も良さそうだし、僕はこれ。
남자는 화면이 가장 크고 소재의 촉감도 좋은 것 선택 → 4번 선택

質問1 女の人はどのパソコンが気に入っていますか。

1 化粧品の鏡型パソコン

2 名札型パソコン

3 カード型パソコン

4 手帳型パソコン

質問2 男の人はどのパソコンが気に入っていますか。

1 化粧品の鏡型パソコン

2 名札型パソコン

3 カード型パソコン

4 手帳型パソコン

해석

라디오에서 여자가 이야기하고 있습니다.

여1 : 컴퓨터 회사 코모가 창립을 기념하여 미래의 PC 아이디어를 모집한 결과, 다양한 참신한 디자인이 쇄도했습니다. 오늘은 그 중에서 베스트4에 선정된 네 가지 아이디어에 대해 소개하겠습니다. 우선 1번 아이디어는 화장품의 거울형입니다. 얼핏 보기엔 보통의 여성용 화장품처럼 보이지만 뚜껑을 열면 컴퓨터가 됩니다. 두 번째는 명찰 형태의 것. 약간 큰 명찰 같은 느낌으로 주머니에 달 수 있습니다. 물론, 멋으로도 사용할 수 있습니다. 세 번째는 명함 크기의 카드형입니다. 얇기 때문에 얼핏 봐서는 카드로 착각할 것 같습니다. 마지막 네 번째 아이디어는 수첩형 컴퓨터입니다. 수첩을 펼친 크기이기 때문에 화면은 4가지 중 가장 큽니다. 하지만 소재는 부드러운 것을 사용하고 있기 때문에 접어서 주머니 등에 넣어 가지고 다닐 수 있습니다. 이상 네 가지를 소개했습니다만, 이런 컴퓨터가 정말 생긴다면 재미있을 것 같습니다.

여2 : 여러 가지 재미있는 아이디어가 있네.

남 : 정말 그렇네. 그렇지만, 역시 모두 작은 디자인이 많아.

여2 : 그래. 지금까지 보다 더 떨어뜨리기 쉬울 것 같아. 일전에도 가지고 다니다가 떨어뜨려 버려서, 자료가 지워져 큰일났었어.

남 : 그랬었지. 료코라면 어느 게 좋아?

여2 : 여자라면 이거지! 직아서 가방에 넣어 깆고 다닐 수 있을 것 같고, 화장을 고칠 때에도 쓸 수 있을 것 같고, 나라면 이거!

남 : 그래. 여성에게 인기가 있을 것 같네. 하지만 나는 역시 보기 쉬운 게 좋아. 더 이상 작아지면 글자가 안보일 것 같아. 그리고 소재의 촉감도 좋을 것 같고, 난 이거.

질문 1 여자는 어떤 컴퓨터가 마음에 듭니까?

1 화장품 거울형 컴퓨터

2 명찰형 컴퓨터

3 카드형 컴퓨터

4 수첩형 컴퓨터

질문 2 남자는 어떤 컴퓨터가 마음에 듭니까?

1 화장품 거울형 컴퓨터

2 명찰형 컴퓨터

3 카드형 컴퓨터

4 수첩형 컴퓨터

비법 TIP

▶시험지에 인쇄된 사전 선택지에 내용을 정리하라!

문제 3번은 문제 1, 2번과 달리 시험지에 선택지 4개가 이미 제시되어 있다. 화자 중
한 사람이 각 선택지에 대해서 먼저 제시를 한다. 그때 간단한 표기로 각 선택지에
중요 내용을 정리해 나가지 않으면 문제를 풀 수 없다. 따라서 자신이 알아볼 수 있
는 표기로 간단하게 적어 두는 것이 좋다.

▶대화를 나누는 남자와 여자가 선택하는 내용에 집중하라!

선택지에 제시된 내용이 끝나면 남자와 여자가 각 선택지 중 어느 것을 선택할 것인
가에 대해서 대화를 나누게 되고 각각 선택한 것에 대해 묻는 문제가 2문제 출제된
다. 선택 표현 중 捨てがたいけど(버리기 힘들지만…) 등과 같이 애매모호한 표현에
주의해서 들어야 한다.

▶남자가 선택하는 것은? 여자가 선택하는 것은?

능력시험 초반의 기출문제의 경우 대부분「男の人が〜」「女の人が〜」와 같은 패
턴으로 남자가 선택한 것, 여자가 선택한 것에 대해 묻는 문제가 대부분이었다. 하지
만 최근에는「男の人と女の人は最初にどの会場へ行きますか。(남자와 여자는 처
음에 어느 회장으로 갑니까?)」「もし時間があれば男の人は1人でどの会場へ行き
ますか。(만약 시간이 있다면 남자는 혼자서 어느 회장에 갑니까?)」등과 같이 문제가 다른
패턴으로 제시되는 경우도 있으므로 주의해야 한다.

■ 기출패턴 ■

상황설명문	모터쇼의 각 요일 별 설명
질문문	男の記者は何曜日に会場に行きますか。
	女の記者は何曜日に会場に行きますか。
상황설명문	핸드폰 설명
질문문	女の人はどの携帯が気に入っていますか。
	男の人はどの携帯が気に入っていますか。
상황설명문	대학에서 신설되는 세미나의 설명
질문문	男の学生はどのゼミナールを選びますか。
	女の学生はどのゼミナールを選びますか。

❄ JLPT 기출 어휘 체크

広報誌 (こうほうし)	홍보지	志望 (しぼう)	지망
レイアウト	레이아웃	馴染みがある (なじみがある)	익숙하다
好評だ (こうひょう)	호평이다	申請 (しんせい)	신청
返送する (へんそう)	반송하다	名義 (めいぎ)	명의
近々 (ちかぢか)	곧, 머잖아	配布資料 (はいふしりょう)	배포자료(유인물)
制作する (せいさく)	제작하다	質疑応答 (しつぎおうとう)	질의 응답
技術部 (ぎじゅつぶ)	기술부	一先ず (ひとまず)	일단
仕様書 (しようしょ)	사양서	～の類い (たぐい)	~의 부류(비슷한 종류)
揃えて置く (そろえておく)	(개수, 종류) 갖추어 두다	段取り (だんどり)	절차
幼稚 (ようち)	유치	目処がつく (めど)	전망이 서다
既存の商品 (きそんのしょうひん)	기존 상품	片っ端から (かたっぱしから)	닥치는대로
人脈作り (じんみゃくづくり)	인맥 만들기	仕事柄 (しごとがら)	직업 상
若干 (じゃっかん)	약간	おろそかに	소홀히
先端技術 (せんたんぎじゅつ)	첨단 기술	反響 (はんきょう)	반향
独創的な (どくそうてき)	독창적인	デザインに凝る (こる)	디자인에 공들이다
素材 (そざい)	소재	閲覧 (えつらん)	열람
早急に (さっきゅう)	즉시	構築 (こうちく)	구축
店頭 (てんとう)	점두	速やかに (すみ)	신속하게
癒される (いや)	치유받다	年を境に (としさかい)	해를 기점으로
終止符 (しゅうしふ)	종지부	終盤 (しゅうばん)	막바지
悲願 (ひがん)	비원(비장한 소원)	案外当たってる (あんがいあ)	의외로 맞다
共働き (ともばたら)	맞벌이	懸念する (けねん)	걱정하다
取得する (しゅとく)	취득하다	蓄積する (ちくせき)	축적하다
有益となる (ゆうえき)	도움이 되다	呈示する (ていじ)	제시하다
今一つ (いまひと)	또하나, 조금(조금만 더하면 되는데 어디가 부족함)		

当てになる	의지가 되다	乗り気じゃない	마음이 내키지 않다
生地	직물	大胆	대담함
柄	무늬	斬新だ	참신하다
染料	염료	候補	후보
冒険	모험	繊細な	섬세한
描写	묘사	一環	일환
抜群だ	뛰어나다		

2014-1회

おどおどする	주저하다	飛躍する	비약하다
めどが立つ	전망이 서다	強硬に	강경하게
堅実な	견실한	光熱費	광열비
起業	기업(새로이 사업을 일으킴)	短縮する	단축하다
浪費する	낭비하다	老舗	노포(대대로 이어 오는 점포)
留意	유의	裏面	이면
満開	(벚꽃) 만개	文献	문헌
迷惑	피해, 폐	返信	답장
配属される	배속되다	変更	변경
謝礼	사례	斜面	경사면
眺める	바라보다	摂取する	섭취하다
細々	자세한, 정중한 모양	遡る	거슬러 올라가다
率先して	솔선해서	手を加える	다듬다
純粋	순수함	悪戦苦闘	악전고투
顔負け	무색해짐, ~빰침	雄大な	웅대한
幼児	유아	融資	융자, 대출
一苦労する	좀 고생하다, 꽤 애먹다	一言添える	한마디 덧붙여 말하다
一層	한층 더, 더욱더	資金繰り	자금 사정
装飾	장식	絶賛する	극찬하다
占める	차지하다	情けない	한심하다
挫折	좌절	即効性	즉효성

尽力する	진력하다, 힘쓰다	取り除く	제거하다
親しまれる	사랑받다, 친근하게 여겨지다	破損	파손
偏る	치우치다	～ないように	～하지 않도록
疲労回復	피로 회복	呼び込む	유치하다
火がつく	불이 붙다	丸ごと	통째로

2014-2회

お手柔らかに	너그럽게 부탁합니다(경기 시작 전에 부드럽게 상대해달라는 인사)		
孤立	고립	価格交渉	가격 협상
講師陣	강사진	格別	각별
見積書	견적서	警戒心	경계심
敬遠する	경원시하다, 피하다	苦心する	고심하다
雇用者	고용자	苦情	민원, 불평
具体案	구체안	駆除する	쫓아 없애다
根気	끈기	基礎知識	기초 지식
内心	내심	多数	다수
担い手	담당자	面識	면식, 얼굴을 알고 있음
単調だ	단조롭다	大成功を収める	대성공을 거두다
都合をつける	이리저리 둘러대다, 변통하다	裏口	뒷문
裏切る	배신하다	隣接する	인접하다
敏感	민감함	反応	반응
返品交換	반품 교환	抜群	발군, 탁월함
芳しい	훌륭하다, 좋다	放っておく	내버려두다, 방치하다
培われる	길러지다	並行	병행
補充済み	보충 완료	付け根	물건이 붙어 있는 부분
不具合	형편이 좋지 않음	不向き	적합하지 않음
秘訣	비결	飼育	사육
仕草	행동	削減	삭감
狙い	목적	色素	색소
細胞	세포	飾り付ける	꾸며놓다, 장식하다

新規	신규	繰り返し	되풀이, 반복
愛嬌たっぷり	애교 만점	若干	약간
譲る	양보하다	汚職	독직(부정), 비리
山ほどある	산(더미) 만큼 있다	概ね	대체로
子供連れ	아이 동반	研鑽	깊이 연구함
奨励	장려	切り抜ける	헤치고 나가다, 돌파하다
提案する	제안하다	直結する	직결되다
真面目	진지함, 성실함	擦り寄ってくる	다가오다
一騎打	(말에 탄 사람이) 일대 일로 승부를 겨룸	抽選	추첨
推薦状	추천서	好奇心	호기심
旺盛	왕성함	和らぎ	누그러짐, 온화해짐
拡充	확충	後継者	후계자
候補	후보	欠陥	결함

2013-1회

依頼する	의뢰하다	ご期待に添える	기대에 부응하다
見通し悪い	전망이 나쁘다	更新する	갱신하다
苦戦	고전	扱う	취급하다
緊急な	긴급한	内装	내장, (건물·탈것의) 내부설비, 장식
甲斐	보람	対極的	대극적(다른 한쪽 끝)
臨場感	현장감	目指す	목표로 하다
癖	버릇	保留	보류
飛びつく	달려들다	想定	가정, 상정
惜しい	(헛되게 되어) 아깝다	送別会	송별회
繋がる	이어지다	勝手に	마음대로
押し出す	밀어내다	若年層	젊은층
染み込む	깊이 스며 들다, 배어들다	揺れる	흔들리다
優雅に	우아하게	溢れ出す	넘쳐나다
一筋	한줄기, 한결같음	一気に	단숨에
自慢する	자랑하다	低迷する	(경기가) 침체되다

前倒し	예산을 앞당겨 쓰는 것	戦略	전략
鋭い	날카롭다	依然として	여전히
新調する	새로 맞추다	顕著に	현저히
招待状	초대장	通報する	통보하다
被害を抑える	피해를 막다	何とかいける	어떻게든 할 수 있다
懸念される	우려되다	日替わり	매일 바뀜
投資	투자	上昇に転じる	상승세로 바뀌다
ぼそぼそ	소곤소곤, (수분이 없어) 퍼석퍼석	目を離す	한눈 팔다
今日はついている	오늘은 운이 좋다	幼馴染み	소꿉 친구
承認する	승인하다		

2013-2회

1位に輝く	1위에 빛나다	簡潔に	간결하게
堪能	능숙함	掲載済み	게재 후(필)
格安	품질에 비해 값쌈(염가)	兼ね合い	균형, 걸맞음
経費節減	경비 절감	過疎化	과소화
軌道に乗る	궤도에 오르다	近隣	근린, 인근
急務	급선무	捻出する	(생각) 짜내다
断トツ	단연	踏み切る	결단하다, 단행하다
得策	상책	良心的	양심적
模索	모색	文句を付ける	트집잡다
発信	발신	保留	보류
補助	보조	不慣れ	익숙하지 않음, 서투름
不明な点	불분명한 점	分析する	분석하다
殺到	쇄도	成長を遂げる	성장을 이루다
手際が悪い	솜씨가 형편없다	受診する	진찰받다
息抜き	기분전환, 한숨 돌림	伸び悩む	부진하다
身を置く	근무하다, 신분으로 있다	引っ張る	(잡아) 끌다
一括管理	일괄 관리	載せる	싣다, 게재하다
点在する	산재하다	提携する	제휴하다

存続（そんぞく）	존속	躊躇（ちゅうちょ）する	주저하다
打ち切られる（うちき）	중단되다	徹夜（てつや）	철야
最先端（さいせんたん）	최첨단	取りまとめる（と）	정리하다, 한데 모으다
恥をかく（はじ）	창피를 당하다	歯止めがかかる（はど）	제동이 걸리다
風通しがよい（かぜとお）	통풍이 잘 되다, 상쾌하다	解釈される（かいしゃく）	해석되다
呼び寄せる（よよ）	(가까이) 불러들이다	戸惑う（とまど）	망설이다, 당황하다
闊達（かったつ）	활달함	希少（きしょう）	희소, 드묾

しつけをする	예의범절을 가르치다	肝心（かんじん）	긴요함, 중요함
減税（げんぜい）	감세	改装（かいそう）	개장, 새로 단장함
見所（みどころ）	볼거리	見栄えがする（みば）	돋보이다
見出し（みだ）	제목	観察（かんさつ）	관찰
緊急（きんきゅう）	긴급함	大幅な（おおはば）	대폭적인
動向（どうこう）	동향	例年（れいねん）	예년
漠然としている（ばくぜん）	막연하다	晩年に（ばんねん）	만년에, 노후
目一杯（めいっぱい）	힘껏, 최대한	無駄（むだ）	소용없음
躾がしやすい（しつけ）	훈육하기 쉽다	味付け（あじつ）	양념
翻訳（ほんやく）	번역	覆われる（おお）	덮이다
福祉（ふくし）	복지	飛びつく（と）	달려들다
散乱（さんらん）	산란	鮮やか（あざ）	또렷함, 산뜻함
素晴らしい（すば）	훌륭하다	手袋（てぶくろ）	장갑
施す（ほどこ）	베풀다, (계획) 세우다	心がける（こころ）	마음을 쓰다, 유의하다
心当たり（こころあ）	마음에 짚이는 것	躍動感（やくどうかん）	약동감
余計な（よけい）	쓸데없는	染み込む（しこ）	스며들다
優美な（ゆうび）	우아하고 아름다운	優雅に（ゆうが）	우아하게
濡れる（ぬ）	젖다	一気に（いっき）	단숨에
寂しがりや（さび）	외로움을 잘 타는 사람	切り替える（きか）	새로 바꾸다
精巧な（せいこう）	정교한	頂戴する（ちょうだい）	받다
至急（しきゅう）	시급함	諦める（あきら）	포기하다

逮捕	체포	衝突	충돌
浸水	침수	通報する	통보하다
片側	한쪽	恒例	항례, 관례

回収	회수	拡大	확대
好調な	순조로운	判断する	판단하다
特集記事	특집 기사	取材	취재
充実する	충실하다	出生	출생
抽選会	추첨회	招待者	초대자
進歩	진보	持ち運ぶ	운반하다
中庭	안뜰	重役	중역, 임원
製造	제조	提案	제안
納得する	납득하다	揃っている	갖춰져 있다
印象が薄い	인상이 희미하다	余裕	여유
予算	예산	言い切れない	단언할 수 없다
実践	실천	新築	신축
信頼	신뢰	食欲	식욕
順調な	순조로운	書き加える	덧붙이다
思い立つ	결심하다, 계획하다	分類	분류
報道	보도	発送	발송
反応	반응	文句なし	불만 없음, 이의 없음
両面	양면	同僚	동료
都合のいい	형편이 좋은	大声で笑う	큰소리로 웃다
気分転換	기분 전환	気配	기색, 낌새
所属する	소속하다	距離	거리
間隔	간격	お祝い	축하인사, 축하선물
受講料	수강료	担当	담당
単身者向け	독신자용	仕上がる	완성되다

示す	가리키다, 나타내다	ご指摘を受ける	지적을 받다
愛着が増す	애착이 늘어나다	頭が真っ白になる	머릿속이 새하얘지다
対策を練る	대책을 강구하다	打ち合わせる	사전협의를 하다
引き継ぐ	이어받다, 계승하다	濡らす	적시다
弁償	변상	点滅する	점멸하다
活躍する	활약하다	挑発	도발
昇進	승진	悩みの種	골칫거리
見過ごす	간과하다, 못 본 체하다	目を向ける	눈을 돌리다
道端	길가	決算	결산
出費を抑える	지출을 줄이다	踏み切る	단행하다
値下げ	가격인하	取り付ける	설치하다
大々的	대대적	了承がいる	양해가 필요하다
見送る	보류하다	脚光を浴びる	각광을 받다
緻密な	치밀한	堪能な	능숙한
噴き出す	분출하다	打ち解ける	마음을 터놓다, 허물없이 사귀다
立ち上がる	일어서다, 기운을 되찾다	継承する	계승하다
衰退	쇠퇴	奮闘振り	분투하는 모습
埋蔵	매장	依存	의존
経済情勢	경제 정세	輸出	수출
促進	촉진	騒音	소음
栽培する	재배하다	担う	(책임을) 떠맡다, 지다
獲得	획득	ちんぷんかんぷん	종잡을 수 없음, 횡설수설
丁寧だ	정중하다	ようやく	겨우
一息付く	한숨 돌리다	山場	고비
技能	기능	配送の遅れ	배송 지연
検収	검수	積み込み	짐싣기

見極める	규명하다, 가려내다	見逃せない	놓칠 수 없다
恐縮ですが	죄송합니다만	今ひとつ	뭔가 하나(중요한 게 부족한 모양)
多岐にわたって	여러 방면에 걸쳐서	堂々と	당당히
大掛かりな	대규모의, 장대한	独特	독특함
柔らかい	부드럽다	裏付ける	입증하다
免疫力が落ちる	면역력이 떨어지다	物足りない	무언가 부족하다
物怖じせず	주눅 들지 않고	薄明かり	어스름, 여명
絆が深まる	정이 깊어지다	半端じゃない	장난이 아니다, 대단하다
補う	보완하다, 보충하다	保険の加入	보험 가입
些細なもの	사소한 것	相対的	상대적
先方	상대방	盛り上がる	(소리, 기세, 흥취 따위) 높아지다
税率を課する	세율을 부과하다	手に取る	가지다
睡眠	수면	輸送	수송
手数料	수수료	手順	순서
収入	수입	占める	차지하다
深刻な	심각한	余裕	여유
栄養たっぷり	영양 만점	癒す	①(상처, 병) 고치다 ②(고민) 풀다
一つの手	하나의 방법	日を改める	날짜를 다시 잡다
一律に	일률적으로	著しい	현저하다
従来	종래	増加傾向	증가세
差をつける	차를 두다	斬新な	참신한
色使い	배색	窓際	창가
贅沢品	사치품	打ち合わせ	사전 협의
痛感する	통감하다	割安	(품질·분량에 비해) 저렴함
形が歪む	모양이 비뚤어지다	混乱を招く	혼란을 초래하다
混雑な	혼잡한	幻想的	환상적
効率的	효율적		

むやみに	함부로	やり遂げる	끝까지 해내다
改良	개량	見本	견본
見習い	견습	見合わせる	보류하다
枯れる	시들다	巧みに	교묘히
寄せる	옆에 가까이 붙이다	気配り	배려
淡い	(색) 연하다	対策を講じる	대책을 강구하다
突破	돌파	頭が下がる	고개가 수그러지다
鈍り始める	느려지기 시작하다	良策	양책, 좋은 계책
満載	(기능) 만재, 가득 담고 있음	明記	명시
描写	묘사	務まる	(역할) 완수해 낼 수 있다
付け加える	덧붙이다	頻繁に	자주
思いやりの心	배려심	所属する	소속되다
素材	소재	損失	손실
送迎	송영(보내고 맞이함)	手配	수배
承知する	승낙하다	余地がある	여지가 있다
用いる	이용하다	維持	유지
毅然とした	의연한	日当たり	볕이 듦, 양지바른 곳
一層	더욱더, 한층	自覚	자각
刺激	자극	適切な	적절한
朝晩	아침 저녁	指示	지시
指針	지침	招致する	유치하다
触り心地	촉감, 닿는 느낌	推理	추리
取り巻く	(대상) 둘러싸다	打ち出す	(주장) 내세우다
幅広い	폭넓다	懐かしい	그립다

일본어	한국어	일본어	한국어
お互い様だ	피차일반이다	見積もり	견적
曖昧だ	애매하다	対象を絞る	대상을 한정하다
狙い通り	노린 바대로	踏まえる	근거로 하다, 입각하다
取引先	거래처	合流する	합류하다
挑戦	도전	派遣	파견
見直す	재점검하다, 재인식하다	配給	배급
噂	소문	載る	(기사 등) 싣다
批評	비평	更新	갱신
喜ばしい	경사스럽다, 기쁘다	誇り	자랑
飛躍	비약	ここぞという時に	이때다 싶을 때
発揮	발휘	不備な	미비한, 불충분한
大変恐縮ですが	대단히 죄송합니다만	発足	발족, 출범
発症する	발병하다	過剰な	과잉된
摂取	섭취	交渉	교섭
遺跡	유적	散策	산책
ざわめき	웅성거리는 소리	前向きに	긍정적으로
肝要だ	중요하다	拝借する	빌리다(借りる의 겸양어)
山々	산더미같이 많은 모양	手間取る	시간이 걸리다
手が回らない	손이 미치지 않다	名が知れる	이름이 알려지다
念のため	확인하기 위해, 만약을 위해	コストを抑える	비용을 줄이다
ぎりぎり	아슬아슬	納期	납기
若々しい	아주 젊어보이다	手頃な	(가격, 크기) 적당한
克服	극복		

☀ JLPT 완벽 대비

1 문말 문형

① 존경표현과 겸양표현

- □ お　＋ます형　＋する　　　(내가) ~하다
- □ お(ご) + ます형(명사) + いただく　(상대가) ~해주다

② 감사

- □ ～ていただき、ありがとうございます　~해주셔서 감사합니다
- □ ～ていただけるとありがたいんですが、　~해주시면 감사하겠습니다만,
- □ ～ていただけると幸いです　~해주시면 감사하겠습니다

③ 권유, 부탁

- □ お(ご)+명사+いただけますか　~해주시겠습니까?
- □ お(ご)～したいんですが、　~ 하고 싶습니다만,
- □ お(ご)～いただけるとありがたいんですが、　~해주시면 감사하겠습니다만,
- □ ～ということでよろしいですか　~로 괜찮으십니까?
- □ ～を頂戴できればと　~을 해주시면 하고
- □ ～てくださるようお願いいたします　~해주시도록 부탁드립니다

2 행동의 주체별 문형

행동대상에 맞춰서 답변이 바뀌어야 하므로 행동의 대상이 누구인지 정확하게 판단해야 한다.

행동대상	相手	私
질문	～てください ～ないでください ～てほしい / ～ないでほしい ～たらどうですか(いかがですか)	～(さ)せて＋ください ～(さ)せないでください ～(さ)せてほしい/～(さ)せないでほしい ～ましょうか　(제가) ~할까요? 의지형+か　(내가) ~해줄까?
응답	はい、いいえ 등(부탁에 대한 답변)	お願いします (부탁) ～するわけにはいきません (거절)

문형 중에는 과거형을 사용하고 있어 사건이 이미 일어났음을 알리는 듯 보이지만, 실제로는 일어나지 않은 의미이기 때문에 청해 문제에서 자주 출제된다.

□ **ます형 + そうだった** ~할 것 같았다 / **そうになった** ~할 것 같이 되었다 / **そうに見えた** ~할 것 같이 보였다

　今朝、車にぶつかりそうだったよ。 오늘 아침에 차에 부딪칠 뻔했어.

　財布が落ちそうに見えた。 지갑이 떨어질 것처럼 보였다.

□ **あやうく・もう少しで ～ところだった** 하마터면 ~할 뻔했다

　あっ、やっと来た！私もう少しで帰るところだったよ。
　아! 겨우 왔다. 나 자칫하면 돌아갈 뻔했어.

□ **～たはずなのに / はずだけど / はずだが～** 분명 ~했었을 텐데

　今日出すレポート、かばんにいれて来たはずなのに。
　오늘 제출할 리포트, 분명 가방에 넣어 왔을 텐데.

□ **～ばよかったのに** ~했었으면 좋았을 텐데(유감·후회)

　この研修会、山田さんも来られればよかったのにね。
　이번 연수회, 야마다 씨도 오셨으면 좋았을 텐데.

　→ 응답 표현으로「～たかった」의 표현이 자주 온다. (行きたかったんだけどね 가고 싶었지만)

　*주의: ～ばいいのに ~하면 좋을 텐데(유감)
　　　　이 표현의 경우 같은 유감을 나타내지만 아직 일어나지 않은 일에 대한 유감으로 결과를 바꿀 수 있는 상황
　　　　에서 사용하기 때문에, 이미 상황이 종료된 ～ばよかったのに와는 구분을 해두어야 한다.
　　　　この研修会、山田さんも来ればいいのに。 이번 연수회, 야마다 씨도 오면 좋을 텐데.

□ **今更～たところで** 이제 와서 ~한들

　今更後悔したところで、どうしようもない。
　이제 와서 후회한들 아무 소용이 없다.

① **주장, 의견**

　□ **ます형 + 次第** ~하는 대로

　□ **ます형 + っこない** ~일리가 없다

　□ **～って(ば)** ~는데, ~라니까(문장 끝에 붙어서 몹시 안타까운 마음을 강조해서 말하는 데 쓰임)

　　いいってば 괜찮다니까, いやだってば 싫다니까, 싫다는데도, だめだってば 안 된다니까

② **감상, 보고**

　□ **～ことは～た** ~이기는 ~했다

　　食べたことは食べた。 먹기는 먹었다.

□ ～といったらない・ったらない 매우 ~다

今日はうっとうしい**といったらない**。 오늘은 정말 짜증난다.

□ ～なんてもんじゃない ~한 정도가 아니다(매우 ~하다)

安い**なんてもんじゃない**。 싼 정도가 아니다(너무 싸다).

③ 불만

□ ～じゃあるまいし ~도 아니고

芸能人**じゃあるまいし**、ただの一般人の日常なんか興味ないんだけど。
연예인도 아니고 그저 일반인의 일상 따위 흥미 없는데.

□ ～ときたら ~로 말하자면

うちの息子**ときたら**、우리 아들로 말하자면

□ なんてことを 무슨 소리를

親に向かって**なんてことを**言うんだ。 부모에게 무슨 말을 하는 거야?

④ 단정, 확정

□ ～んだ／～のだ ~인 것이다

□ ～ものだ ~인 법이다

ごみはちゃんとごみ箱に捨てる**ものだ**。 쓰레기는 제대로 쓰레기통에 버리는 법이다.

□ ～わけだ ~일 것이다, ~인 셈이다

父が日本人だから、どうりで日本語が上手な**わけだ**。
아버지가 일본인이니까, 그러니 일본어를 잘 할 수밖에.

□ ～わけがない／～はずがない ~ 일 리가 없다

⑤ 한탄, 투정

□ **散々**～ 몹시 심하게~

散々質問に答えさせられたあげく、結局なにも解決はしてくれなかった。
몹시 심하게 질문에 대답을 하게 한 끝에, 결국 아무것도 해결은 해주지 않았다.

□ ～**始末**だ ~한 꼬락서니다

重要な仕事を信じて任せたら何しろあの**始末**だ。
중요한 일을 믿고 맡겼더니 보다시피 저 꼬락서니다.

□ せっかく～のだから・なので/なのに 모처럼 ~이기 때문에/인데

せっかく時間を作ってリゾートまできた**のに**、何もしないでテレビばかり見てるなんて。
모처럼 시간을 만들어서 리조트까지 왔는데 아무것도 하지 않고 텔레비전만 보고 있다니.

□ ～やら～やら ~하랴 ~하랴(정신없음, 복잡)

先日の社員旅行に行って飲む**やら**歌う**やら**大騒ぎで寝られなかった。
요전 사원여행에 가서 마시랴 노래하랴 너무 시끄러워 잠을 잘 수 없었다.

□ ～っぱなし ~한채로(불만, 비난)

昨日は電話が鳴り**っぱなし**でなにもできなかった。
어제는 전화가 계속 울려서 아무것도 할 수 없었다.

□ **どんなに～かろう**　아무리 ~라도

どんなに忙(いそが)しかろうがしんどかろうが読みたくて仕方(しかた)ない。

아무리 바쁘던 힘들든 너무 읽고 싶다.

⑥ 칭찬

□ **なかなか～**　꽤~

思ったわりにはなかなかですね。생각한 것 치고는 꽤 하는군요.

□ **～だけのことがある**　~할 만하다

このメーカーの靴(くつ)は歩(ある)きやすくて丈夫(じょうぶ)だ。高いだけのことはある。

이 브랜드의 신발은 걷기 편하고 튼튼하다. 비쌀 만하다.

□ **～に越(こ)したことはない**　~가 제일이다

市販(しはん)の風邪薬(かぜぐすり)などは胎児(たいじ)の奇形(きけい)を起(お)こす可能性(かのうせい)は大変少ないですが、飲まないに越(こ)したことはありません。

시판되는 감기약 등은 태아의 기형을 일으킬 가능성은 매우 적지만 먹지 않는 것이 제일입니다.

*주의: 비슷한 표현으로 ～に限(かぎ)る의 형태도 청해에서 자주 등장하므로 함께 봐두는 것이 좋다.

→ お風呂上(ふろあ)がりにはビールに限(かぎ)る。목욕 후에는 맥주가 최고다.

JLPT
실전모의테스트
N1

자신의 실력이 어느 정도인지 확인할 수 있도록 임의적으로 만든 채점표입니다. 실제 시험은 상대 평가 방식이므로 약간의 오차가 발생할 수 있습니다.

언어지식 (문자 · 어휘 · 문법)

		배점	만점	정답 문항 수	점수
문자 · 어휘 · 문법	문제 1	1점×6문항	6		
	문제 2	1점×7문항	7		
	문제 3	1점×6문항	6		
	문제 4	2점×6문항	12		
	문제 5	1점×10문항	10		
	문제 6	1점×5문항	5		
	문제 7	2점×5문항	10		
합계			56점		

* **점수 계산법** : 언어지식(문자·어휘·문법) [　　　　]점÷56×60 = [　　　　]점

독해

		배점	만점	정답 문항 수	점수
독해	문제 8	2점×4문항	8		
	문제 9	2점×9문항	18		
	문제 10	3점×4문항	12		
	문제 11	3점×2문항	6		
	문제 12	3점×4문항	12		
	문제 13	2점×2문항	4		
합계			60점		

청해

		배점	만점	정답 문항 수	점수
청해	문제 1	2점×6문항	12		
	문제 2	2점×7문항	14		
	문제 3	2점×6문항	12		
	문제 4	1점×14문항	14		
	문제 5	2점×4문항	8		
합계			60점		

N1

言語知識（文字・語彙・文法）・読解

（110分）

受験番号　Examinee Registration Number	

名　前　Name	

問題1　________の言葉の読み方として最もよいものを、１・２・３・４から
一つ選びなさい。

1　この映画は夜の街から始まる、幻想的な物語を描いたものです。

1　ゆうそう　　　　2　きんそう　　　　3　ほそう　　　　4　げんそう

2　フィデル氏が最後に公に姿を現したのは昨年の7月だった。

1　おおやけ　　　　2　おもむき　　　　3　まぼろし　　　　4　たましい

3　私の目を遮るものは深い霧ばかりでした。

1　さまたげる　　　　2　とどこおる　　　　3　ただよる　　　　4　さえぎる

4　日経平均の2万円突破はそれほど喜ぶべきことなのか。

1　とつぱ　　　　2　とっぱ　　　　3　とくは　　　　4　とくぱ

5　音の反響だけを頼りに暗闇の建物から脱出する。

1　くらよ　　　　2　くらやみ　　　　3　あんやみ　　　　4　あんおと

6　新たな顧客層を獲得することも可能になりました。

1　しゅとく　　　　2　しゅうとく　　　　3　かくとく　　　　4　かんとく

問題2 （　　　）に入れるのに最もよいものを、1・2・3・4から一つ選び
なさい。

7 課長には仕事で先が見えないときの（　　　）方を教えていただきました。

1 踏ん張り　　　　2 引き返し　　　　3 振り返し　　　　4 引き継ぎ

8 地に落ちたイメージを変えるのは至難の（　　　）だろう。

1 技　　　　2 方　　　　3 業　　　　4 法

9 総理大臣の（　　　）な姿勢が解決を遅らせる種となった。

1 本心　　　　2 内気　　　　3 弱気　　　　4 内向

10 デジタル技術が将来の自動車業界で成功のカギとなることを（　　　）感じて
いる。

1 虚ろに　　　　2 痛切に　　　　3 無闇に　　　　4 愚かに

11 出展者は「今はユーザーの（　　　）が肥えており、飽きられるのも早い。」
と話した。

1 頭　　　　2 肩　　　　3 目　　　　4 職

12 最近、いろんな問題で気が（　　　）しまって勉強が全然できなかった。

1 障って　　　　2 散って　　　　3 絡って　　　　4 逆って

13 こう焼くことで、外はサックリ、中は（　　　）とした独特の食感が生まれる
そうです。

1 からっと　　　　2 しっとり　　　　3 じめじめ　　　　4 がさがさ

問題3　________の言葉に意味が最も近いものを、１・２・３・４から一つ選びなさい。

14　大胆な挑戦が逆境をチャンスに変える。

　　1　思い切った　　　　2　つとめて　　　　3　意外な　　　　4　絶対的な

15　国際社会はその都度介入の是非について苦慮してきました。

　　1　そのたびに　　　　2　そのさいに　　　　3　そのおきに　　　4　そのごとに

16　このミリタリーディテールを応用しながら、女性らしさを感じさせるアイテムへと昇華するスタイルは何ですか。

　　1　一段と高度なものにする　　　　　　2　一度と高度なものにする

　　3　一段と高いものにする　　　　　　　4　一角に高いものにする

17　料金はいくつか設定があり季節変動もあるようだが、この時期のオーソドックスなタイプを選んだ。

　　1　基本的な　　　　2　現代的な　　　　3　具体的な　　　　4　積極的な

18　中国側がインドネシア政府の「過酷な条件」を受け入れた理由について、疑問を投げかけている。

　　1　非常に易しい　　2　非常に難しい　　3　非常に厳しい　　4　非常に高い

19　昔の感性がふんだんに盛り込まれている喫茶店なのです。

　　1　豊かに　　　　2　少なめに　　　　3　ぞんざいに　　　4　かりに

問題4　　次の言葉の使い方として最もよいものを、1・2・3・4から一つ選び
　　　　なさい。

20　　配信

1　旅行者の希望に応じて旅行会社が配信を行います。

2　ラインを効かせた配信リボンが、こなれた雰囲気を醸し出します。

3　アプリでニュース記事を配信できる新サービスを開始すると発表した。

4　後ろに配信を感じて振り向いたら本当に人が居た。

21　　挑発

1　すでに挑発して稼ぎ始めている企業が出始めている。

2　それに挑発されて、この仕事を始めたのです。

3　勝つことを目指して全力で挑発するつもりです。

4　相手チームの挑発に乗らないようにやっていただきたいです。

22　　見極める

1　このセクターの調査はこうした競争や消費者への影響を見極めるのが狙いだ。

2　プロジェクトごとに別の色を設定できるので、一目で見極めることができる。

3　これらの兵器が持つ本質的な倫理性を見極めることになる。

4　やることを見極めないようにパソコンのそばに書いて張っておく必要があり
　　ます。

23 極端

1 このチャプターをクリアし、極端な状態になることで特別なプレゼントが
  ゲットできます。

2 他の販売店では味わえない日本が誇る最極端の家電製品とサービスをワンス
  トップで体感下さい。

3 ステレオスピーカーが画面の極端にあるので、映画も十分に楽しめる。

4 新しく就任した首相は極端な改革は許されずと念を押してある。

24 絞る

1 調査したことを絞って、インタビューの質問項目を作ってみましょうか。

2 就活は始めから志望業界を絞るのが非常に重要なポイントになります。

3 業務で使っているアプリだけを絞るといった設定も容易だ。

4 今回発表されたプログラムは複数画像の一括絞ることも可能です。

25 措置

1 金目の物を物色しようとしていたところ、室内に設置されていた警報措置が
  作動した。

2 不法に国境を侵犯した人が措置されていた。

3 財務相は「あらゆる措置をとる準備ができている」との声明を公表した。

4 自転車などの条例にもとづき、引取りのない措置自転車を売却します。

問題5　次の文の (　　　) に入れるのに最もよいものを、１・２・３・４から一つ
　　　選びなさい。

26　当社では学歴 (　　　) 多くの優秀な人材を雇用するため、履歴書の学歴欄を
なくすことにしました。

1 をもって　　　　　2 を問わず　　　　　3 を皮切りに　　　4 をこめて

27　日本列島が猛烈な暑さやら厄介な問題やら (　　　) 覆われている中、誰もが
さわやかな気持ちになれる嬉しいニュースが飛び込んできました。

1 で　　　　　　　2 に　　　　　　　3 を　　　　　　4 と

28　この仕事は５人のメンバーで一週間でも無理なのに (　　　) 一人で三日でで
きるものか。

1 まさか　　　　　2 むしろ　　　　　3 まして　　　　4 いわば

29　また「時間制限」につきましても貴重なご意見を (　　　)、重ねて御礼申し
上げます。

1 存じまして　　　　　　　　　　2 あずかりまして

3 頂戴しまして　　　　　　　　　　4 うけたまわりまして

30　(会社で)

鈴木：部長、今、進めている光電気の件、今日中に結論を出さなければならな
　　　いんだけど、担当の木村君が今日休みなんです。

部長：あ、そう。でも、こんな大切なこと、(　　　) んじゃない。

1 本人抜きで決める　　　　　　　2 本人も入れて話そう

3 本人も入れよう　　　　　　　　4 本人抜きで決められない

31　(インタビューで)

A：木村先生、今回の受賞おめでとうございます。今の気持ちを一言で。

B：そうですね。いろいろ大変な時期もありましたが、やはり妻の
　　（　　　　　）作品の完成はできなかったでしょう。

1　励ましなくとも　　　　　　　　　　2　励ましなくしては

3　励ましに伴い　　　　　　　　　　　4　励ましではすまない

32　息子は帰国後一流大学の進学を希望しているが、成績が足りないので、別の大
　　学を（　　　　　）。

1　受験させるしかあるまい　　　　　　2　受験させないだろう

3　受験させるべきではない　　　　　　4　受験させるわけにはいかない

33　介護が必要になると、その期間は長期にわたることも多く、（　　　　　）、経済
　　的な負担も大きくなりがちです。

1　家族の心身的な負担において　　　　2　家族の心身的な負担もさることながら

3　家族の心身的な負担はおろか　　　　4　家族の心身的な負担うえに

34　会ってもくれなかった取引先との契約にここまでこぎつけたのは彼の血が滲む
　　ような努力（　　　　　）。

1　によるほかにない　　　　　　　　　2　によるにほかならない

3　に対するにほかならない　　　　　　4　に対するほかにない

35　今回の発表で心理的に（　　　　　）心配をかけたりしてしまったこと、心より
　　お詫び申し上げます。

1　混乱する　　　　　　　　　　　　　2　混乱させたり

3　混乱されたり　　　　　　　　　　　4　混乱させられたり

問題6　次の文の ___★___ に入る最もよいものを、1・2・3・4から一つ選び
なさい。

(問題例)

あそこで ＿＿＿＿ ＿＿＿＿ ＿★＿＿ ＿＿＿＿ は山田さんです。

1　テレビ　　　　　2　見ている　　　3　を　　　　　　4　人

(解答のしかた)

1.　正しい文はこうです。

あそこで ＿＿＿＿＿＿ ＿＿＿＿＿＿ ＿★＿＿＿ ＿＿＿＿＿ は山田さんです。

　　　　　1　テレビ　　3　を　　2　見ている　　4　人

2.　___★___ に入る番号を解答用紙にマークします。

（解答用紙）　　（例）　① ● ③ ④

36　古く歴史のある ＿＿＿＿ ＿＿＿＿ ＿★＿＿ 、 ＿＿＿＿ なんです。

1　町並みが　　　　　　　　　　　2　心を癒してくれると

3　この情調溢れる　　　　　　　　4　もっぱらの評判

37　＿＿＿＿ ＿＿＿＿ ＿★＿＿ ＿＿＿＿ 、「ああ、この世は苦しみや悲しみで溢れて
いる」とぼやいている。

1　ことある　　　　　　　　　　　2　夢中になっている人たちは

3　度に　　　　　　　　　　　　　4　名誉やお金に

38 高いのだから美味しいのだろうと思うのは当たり前のことだ。＿＿＿＿ ＿＿＿＿ ＿★＿＿ ＿＿＿＿おかしくはない。

1 としても　　　　　　　　　　　2 ２倍高ければ

3 ２倍美味しい　　　　　　　　　4 はずだと期待した

39 決断が ＿＿＿＿ ＿★＿＿ ＿＿＿＿、 ＿＿＿＿実行したほうが害は少ない。

1 手際悪くしても　　　　　　　　2 下せずに

3 ぐずぐずしている　　　　　　　4 よりも

40 来週から現在お持ちの ＿★＿＿ ＿＿＿＿ ＿＿＿＿ ＿＿＿＿。

1 有効期限を更新した

2 新カードをご送付する

3 日程をご案内します

4 カードの有効期限が到来することや

問題7　次の文章を読んで、文章全体の趣旨を踏まえて、 41 から 45 の中に
　　　　入る最もよいものを、1・2・3・4から一つ選びなさい。

　　インターネットが出現するまで日本での就職活動で最も利用されたのは、「新
聞」の求人セクション。今でも週によって異なるが、アイウエオ順に職種や業種
の求人広告がぎっしり詰まっている。日本では同一職種で、勤務先を変えなが
らキャリアアップしていくから、このような配列になるのである。

　　就職活動の仕方にはいろいろある。 41-a 最も頻繁に行われているのは
41-b 。新聞やインターネットで公募されているのは、知り合いなどでみつか
らなかったポジションである場合が多いと考えてよい。

　　それに加えて人材派遣会社を利用する手もある。アメリカの人材派遣会社の
歴史は古く、派遣会社と正社員の両方を扱っているし、ヘッドハンティングも
盛んだ。求人広告の広告主にも、企業と人材派遣会社が混在しており、文面を
見ただけではわからないこともあるほどだ。 42 、最初から人材派遣会社に
登録して就職先を紹介してもらうやり方も普及している。人材派遣会社も細分
化されており、多業種を扱うことから、コンピュータ関連のみ、法関連のみ、
などと特定の業界だけを専門にしているところもある

　　さて 43 と、就職活動は履歴書を送るところからはじまる。アメリカの履
歴書は日本の履歴書のようにきまった用紙の枠内に自分の職歴や学歴を時系列
で埋めていくだけでは用をなさない。一番大事なのは求人のポジションに、
いかに 44 か、いかに自分がその仕事を求めているかをアピールする部分
だ。だから初めて職に就く者以外が冒頭に書くべきなのは、職歴、希望職種
といったセクションだ。職歴欄には、どんな仕事をやってきたかを具体的に書
き、過去よりも、現在何をやっているかが 45 、現在から過去にさかのぼっ
て記述する。

41

1　a　一体　　　　　b　人に紹介されたものだ

2　a　たとえば　　　b　人に紹介されるはずだ

3　a　だいたい　　　b　人に紹介されるものではない。

4　a　おそらく　　　b　人の紹介によるものだろう

42

1　そのため　　　　　　　　2　要するに

3　かつ　　　　　　　　　　4　それにもかかわらず

43

1　どのような方法を取れば　　2　どんな方法を取ろう

3　どんなに方法を取ろう　　　4　どちらの方法を取るであれ

44

1　自分の履歴が合っている　　2　自分が職務を探している

3　職が自分に向いている　　　4　職が自分に向かわせている

45

1　重視に乗り出すよう　　　　2　重視されるよう

3　重視させるよう　　　　　　4　重視させられるよう

問題8　次の (1) から (4) の文章を読んで、後の問いに対する答えとして最も
　　　　よいものを、1・2・3・4から一つ選びなさい。

(1)

　もし人間よりも機械のほうが、すべてにおいて速やかで、かつ効率よく、まちま
ち仕事を行うことができるとすれば、労働における人間の存在価値は如何ように変
化するだろうか。テクノロジーに支配された世界では、人間にとって何が最善かと
いう価値観ではなく、機械にとって何が最も適切かという基準に基づいて決定がな
されてしまう恐れがある。テクノロジーは生産力の向上をもたらし、我々人間の労
働時間を極力減少させるだろうが、それによって我々が自分には値打ちがないと思
い始めたら、仕事に対する態度や取組みを変えてしまうかもしれない。

(注) 如何ように：どのように

46　筆者の考えに最も近いものはどれか。

　　1 テクノロジーに支配されることは、人間にとって最善である。

　　2 労働時間が少なくなると、人は働かなくなる危険性がある。

　　3 人間よりも機械のほうが、労働力として重要である。

　　4 テクノロジーは、労働における人間の存在価値を変化させる可能性がある。

（2）

子供の情緒的・知的発達を促す鍵は、親の行動にある。親が子供に何をするか、あるいは何をしないか、どのように叱るか、そしてどうやって愛情を示すかが、子供の成長に影響を及ぼす。子供は2歳になるまでに、親の愛情を受けながら、自分の行動を指令する心の基盤を形成する。しかし、親が子供に何かをするように圧力をかけると、子供は親に受け入れられるために何かを達成しなければならないと思い、自然な好奇心が育たない。そのため、子供たちが周りの世界に興味をかき立てられるように、大人がどのように子供に接するかが大切だ。

47 この文章で、筆者が言いたいことは何か。

1 子供の成長と子供の好奇心は密接な関係がある。

2 親の圧力が、子供の情緒的・知的発達をうながす。

3 子供の成長には、大人の愛情が不可欠である。

4 親の行動が、子供の体の基盤形成にかかわる。

(3)

　インターネットが普及した昨今でも、ラジオ好きは多い。彼らはラジオのどこに魅せられているのだろうか。ラジオはテレビと異なり、視覚によって人を魅了することはできない。聴覚によってのみ、我々の注意を引き、また、それを持続させなければならない。つまり、ラジオは言葉や音楽を通じてのみ、我々に語りかけなければならないということである。このようなラジオを常に手放せない人も大勢いる。彼らにとって、ラジオは孤独と寂しさを和らげてくれる装置なのだ。そのような理由で、ラジオは幼い頃からの大切な友人のようなものだと考える人が多いわけである。

48 筆者は、ラジオをどのように捉えているか。

1 ラジオは、視覚によって人を魅了する装置である。

2 ラジオは、孤独と寂しさを緩和してくれる大切な友人である。

3 ラジオは、テレビと同じように言葉や音楽によって語りかけてくれる。

4 ラジオは、いつも近くにあるわけではない。

（4）

以下は、ある会社がホームページに掲載したお知らせである。

コニカミノルタ株式会社ニュース

2015. 5. 4

拝啓

貴社ますますご清祥のこととお慶び申し上げます。

日頃は格別のご高配を賜り厚く御礼申し上げます。

弊社業務システムのデータ移行に伴い、下記期間は受注及び出荷を停止させていただきます。

お客様には大変ご迷惑をおかけいたしますが、ご理解ご協力の程、よろしくお願い申し上げます。

下記期間中は、ご注文をお受けする事はできますが、業務システム停止中につき、仕入先への注文や出荷の指示をする事ができません。

誠に勝手ではございますが、受注及び出荷停止期間を見込んであらかじめご発注頂けますようご配慮賜りたくお願い申し上げます。

敬具

記

受注及び出荷停止期間 2015年5月23日(水)〜5月25日(金)

以上

49 この文書で一番知らせたいのは何か。

1 注文は受けるが、しばらくの業務システムは中止する。

2 仕入先の注文は受けるが、出荷の指示は受けない。

3 受注及び出荷停止期間を見込んで発注を受ける。

4 業務システムデータ移行に伴う受注・出荷は停止する。

問題9　次の (1) から (3) の文章を読んで、後の問に対する答えとして最もよい
　　　　ものを、1・2・3・4から一つ選びなさい。

（1）

　コンピュータゲームを批判する人たちは、コンピュータゲームをテレビと似たり
寄ったりのものとして捉えているからである。コンピュータゲームとテレビを比較
しようとするのも理解できるが、テレビは「見る」ものであり、コンピュータゲー
ムは「する」ものである。コンピュータゲームは頭を使って行うものであり、ゲー
ムをする者とゲームの間の相互作用的な世界があり、それがコンピュータゲームの
最も重要な魅力である。

　テレビが子供に与える影響と同じように、コンピュータゲームの中毒性が指摘さ
れているが、実際は、子供よりも大人のほうがコンピュータゲームの愛好者が多
い。ある調査によると、コンピュータゲームをする人の20％以上が、中年か、それ
以上の高齢者らしい。高齢者がコンピュータゲームをすることによって、身体的な
反応速度を向上させることができたり、一目矛盾しているようだが、視力さえよく
なったりするということが研究で証明されている。

　また、コンピュータゲームは、そのような身体的な効果だけでなく、社交的な利
点もある。コンピュータゲームをすることによってネット上の友人ができたり、ネ
ットワークが広がったり、高齢者にとっては若い人たちと触れ合う機会が増えたり
する。つまり、コンピュータゲームをすることは、人の健康状態に良い影響を及ぼ
し、社会性を高め、心と体の両面においてプラスの効果があると言えるだろう。

50 筆者はコンピュータゲームの魅力をどのように捉えているか。

1 子供も大人も熱中できるものである。

2 テレビと同様に、見て楽しむものである。

3 ゲームと相互作用ができるものである。

4 テレビと比較して批判できるものである。

51 コンピュータゲームの<u>身体的な効果</u>とは何か。

1 子供がコンピュータゲームをすると、中毒性を与えること

2 高齢者の健康状態に影響を与えて、ネットワークを広げること

3 高齢者の身体的反応が早くなったり、視力がよくなったりすること

4 子供がコンピュータゲームをすることで、頭が良くなること

52 筆者の考えによると、コンピュータゲームによる2つ目の効果とは何か。

1 視力がよくなって、若々しくなること

2 ネット上で人とのつながりができること

3 身体的・精神的にプラスの効果があること

4 「見る」ことによって、社会性が高まること

(2)

　人間は知能は至って大きな個人差がある。その個人差は、学校などの教育現場で観察されるものだけではなく、どれだけの言葉を話したり理解できたりするか、地図を読んだり、道案内に従えるかなどのことができるかどうかという認知的な能力のギャップは、日常生活の場面でよく見られる。

　しかし、私たちはこれらの個人差を普通のこととして捉えているので、普段はそれほど気にしていない。

　では、いかなればそのような個人差が生じるのだろうか。20世紀初頭の心理学は、その理由として、何をどのように学んできたかの相違、すなわち様々な環境の違いが、認知能力の個人差の主要な原因だと説明していた。言うまでもなく、ことばのすべてを生まれつき身につけている人はいない。言葉は１つ１つ学ぶべきのものだ。そして、このことばの習得の個人差には、学習と経験の差がかかわっていると考えられる。

　だが最近になって、生得的な能力と後天的な環境は、認知能力が発達する過程で相互作用しているという考え方をするようになった。過去20〜30年の遺伝学の分野では、人間の知能の構成要素が形成される過程で、持って生まれた遺伝子がかなりの役割を担っていることが研究で明らかにされてきた。このような発見は、後天的な環境要因が学習過程を形作っているという考え方を否定しているわけではない。学習の過程に、遺伝子の違いも影響を及ぼしているということを示唆しているのである。

53 筆者がいう<u>これらの個人差</u>とは何を指しているか。

1 生得的で遺伝的な能力の差

2 日常生活で見られる認知能力の差

3 家庭での親の教育と経験の差

4 学校でのことばの習得や学習の差

54 以前はなぜそのような個人差が生じると考えられていたか。

1 地図や道案内を理解できるかどうかは、経験の差が影響するから

2 ことばの習得には、小さい頃からの親の教育が影響するから

3 学校教育の質の高さが、個人の学習に影響するから

4 認知能力の発達には、環境が影響するから

55 現在では、人間の知能の発達についてどのような考え方をするか。

1 個人の遺伝子と育った環境の両方が、知能の発達に影響を及ぼす。

2 遺伝子の役割の大きさが、認知能力の差を生み出す。

3 遺伝子間の相互作用が、知能の構成要素を形成する。

4 学習が起こる環境が、生得的な能力に影響を与える。

（3）

　ADHDの症状は不注意や多動の症状と衝動的であると言われている。たいていの子供は大人より気が散りやすく、衝動的、また、行動に一貫性がなく、目先の事柄に惑わされやすく、周囲の環境にも影響されやすい。幼ければ幼いほど現在の欲求を抑えたり、次に起きることを予見できない。しかし、このような行動が、他の同年代の子供よりも顕著（けんちょ）な場合、ADHDの兆候（ちょうこう）を示していることになる。

　男児のADHDの発症率は、女児に比べて約３倍は高いと言われている。その理由として、男児のほうが遺伝的に神経系の疾患（しっかん）や障害を受けやすいためではないかと考えられている。しかし、発症年齢は大幅に異なることがあり、典型的な行動パターンは、通常３歳から５歳の間に現れる。そして、小児期後期や思春期初期になって症状が出はじめる子供もいる。この発症時期の差については、未だ明らかにされていない。

　これまでの研究によって、世界中の学齢期の児童のうち、少なくとも５％がADHDであると推定されている。また、以前は年齢とともに改善すると考えられていたが、大人になっても症状が残る可能性があることがわかってきた。実際ADHDと診断された子供のうち約2/3は、20代になっても症状が残っているという調査結果がある。また、臨床的にはADHDと診断されなくなった人でも、その多くが、学校や職場などの社会的状況の中で適応するのに大変な問題や苦労を抱えているのである。

56 このような行動とは、どのような行動か。

1 一貫性を持って、目の前の事柄を処理することができること

2 欲求を抑制したり、次に何が起きるかを予測することができないこと

3 活動的だが、大きな問題や苦労を抱えていること

4 周囲の環境に影響されず、時間を守れること

57 女児よりも男児にADHDの発症率が高い理由は何か。

1 男児のほうが活動的で、気が散りやすく、衝動的だから

2 男児のほうが行動に一貫性がないから

3 男児のほうが３歳から５歳の間に現れる症状が顕著だから

4 男児のほうが遺伝的な神経系疾患や障害を受けやすいから

58 最近の研究で分かったことは何か。

1 ADHDの子供のうち約2/3は、20代になると治癒すること

2 世界で 約５％ の学齢期の児童は、ADHDと診断できないこと

3 ADHDの子供は、社会に出てからも症状は残ること

4 ADHDの人は、年齢とともに症状が重くなること

問題10　次の文章を読んで、後の問いに対する答えとして最もよいものを、1・
　　　　2・3・4から一つ選びなさい。

「賠償責任保険」という言葉を聞いたことがあるのだろうか。ネット上の辞書によると「個人の日常生活、あるいは企業の業務遂行や被保険者が所有・管理する施設が原因となる偶然な事故により、第三者（=Third Party;被保険者以外の者）に対する法律上の賠償責任を負担した場合に、被保険者が被る損害（つまり賠償金の支払や負担する費用）を填補する保険」をいうが、1980年頃から、事前に起こりうる事故を警告していなかったとして、事故の責任、いわば賠償責任が会社にあると、裁判で認められることが多くなった。そこで消費者による訴訟に脅威を感じ始めた会社は、あらゆる事故を想定して、益々長い注意書きを商品や製品につけることで対応するようになった。例えば、脚立に貼られてあるシールには、注意すべき項目の中に「落下することもありえます」と書かれている。幼児用のバットマンのマントについているラベルには「この玩具を着ても飛べません」と書いてある。

　会社はそのような予測や事実を消費者に警告しなければならず、それを怠れば、訴えられてもやむを得ない。ただし、いくら注意や警告を並び立てたとしても、製造会社や販売業者が責任を逃れられるというわけではない。怪我をした消費者が訴えを起こした場合、約半数の会社や企業が訴訟に負けている。

　ところが、最近そのような傾向は変化し始めている。消費者が訴訟を起こす件数は依然として減少していないが、注意や警告を表示しても事故の状況に特に影響しなかったと考えられるような事例には、会社側に有利な判決が下された裁判もある。例を挙げると、試合中に大怪我をしたフットボール選手が、被っていたヘルメットの製造会社を訴えたが、裁判官は原告の怪我の原因はヘルメットのせいではなく、フットボールの試合の性質そのもののためであると判断したのである。

　なお、あらゆる危険を想定して多くの注意事項を書き連ねることで、消費者を悩ませる必要はないとまで言われるようになった。というのは、大量の些細な事項の中に、本当に重要な情報が埋もれてしまう恐れがあるからである。このようなことから、商品や製品についての注意や警告が、法的責任に対する防御としてではなく、消費者の真の利益のために提供される日が遠からず来ることも期待される。

(注) 填補する：不足・欠損を補う

59 1980年代から多くなったことは？

1 消費者の訴えに対して裁判が企業の肩を持ってあげるようになったこと

2 起こりうる事故を想定して警告をしてない会社に責任を問うようになったこと

3 商品のシールに事故の注意が長く書かれるようになったこと

4 訴えを起こす消費者が訴訟で負けることが多くなったこと

60 ①それは、どのようなことを指すか。

1 裁判で認められるために消費者に誠実に対応すること

2 怪我をした消費者に対して責任をとること

3 あらゆる事故の可能性を消費者にすべて明確に述べること

4 注意書きのついた商品や製品を勧めること

61 ②そのような傾向とあるが、どのような傾向か。

1 事故があった場合、会社が消費者に対して責任を負うことが多い。

2 多くの警告を含んだ注意書きが、商品や製品につけられる。

3 事故の可能性を警告していなかったので、会社が消費者に訴えられる。

4 注意さえしていれば、会社は責任をとらなくてもよい。

62 ③あらゆる危険を想定して多くの注意事項を書き連ねることで、消費者を悩ませる必要はないと言われているのは、なぜか。

1 いくら危険を注意しても、消費者が訴訟を起こす件数は減らないから

2 商品や製品についている注意書きを、消費者は読まないから

3 消費者にとって本当に役に立つ大切な情報を与えることが必要だから

4 どちらにせよ、事故があれば、会社は訴訟に負けるから

問題11　次のAとBの文章を読んで、後の問いに対する答えとして最もよいものを、
　　　　1・2・3・4から一つ選びなさい。

A

　カルチャー・ショックは、急に外国に住むことになった人々によくある病気
で、たいていの病気と同じように、特有の症状と治療法がある。カルチャー・
ショックは、社会的な交流の馴れ親しんだ符号や記号を失うことで生じる不安
によって引き起こされる。どんなに心が寛大であろうと、あるいは善意に満ち
ていようと、一連の支えとなるものが取り除かれてしまうと欲求不満と不安な
気持ちを抱き、人々は欲求不満に対してほぼ同じ反応の仕方をする。まず、不
快感を引き起こす環境を拒絶する。知らない国にいる外国人が集まり、滞在し
ている国と国民を色眼鏡で見て、不満を言う。そして、母国のあらゆるものが
不合理なほど美化されて、良いことだけが思い出される。現実に引き戻すに
は、ふつう母国に帰る必要がある。

B

　他人がカルチャー・ショックを経験したあと十分な適応ができるようになる
のを見たことがある人ならば、その過程に複数の段階があることがわかる。最
初の数週間、たいていの人は新しいものに魅力を感じる。しかしこの段階はふ
つう長続きしない。その結果、同じ国から来た人間同士で集まって、いまいる
国と、その習慣と、その国民を批判する。ある意味では危機的な病状である。
この危機を脱すれば、その国に留まることになるが、もし抜け出せなければ、
その国を去るしか解決策はない。

　その国の言葉がある程度わかるようになって、適応がほとんど完全になる
と、その国の慣習を単なる別の生活様式として受け入れる。不安な気持ちを抱
かずに新しい環境の中で生活し、その国の飲食物や習慣や慣習を受け入れるだ
けでなく、実際にそうしたものを楽しむようになる。

(注) 馴れ親しんだ：いつも接してなじむこと

63 AとBが共通して述べていることは何か。

1 カルチャー・ショックの症状は外国在住者にとって日常茶飯事だ。

2 外国滞在初期には大抵全てが新鮮かつ魅力あるものに感じられる。

3 カルチャー・ショックに陥った外国人はひとたび集うと不平不満を言うようになる。

4 外国で平穏無事に暮らしていくためのコツは、その国の慣習を受け入れることだ。

64 AとBはカルチャーショックから現実に戻るための最善策についてどのようなことを述べているか。

1 AもBも外国人同士で同情心を持ち、不満や悩みを分かり合うことだと述べている。

2 AもBもその国での生活に区切りをつけて、母国に戻るほかないと述べている。

3 Aは不快感を引き起こす環境を拒絶することだと述べ、Bは新しい環境に適応するよう努めることだと述べている。

4 Aは母国の長所を思い出すことだと述べ、Bはその国で意思疎通に問題がないようになることだと述べている。

問題12　次の文章を読んで、後の問いに対する答えとして最もよいものを、1・2・3・4から一つ選びなさい。

　ある作家が新進の後輩に先ほどいた人の素情・学歴・職業をすべて当ててみなさいと言って、もし人を見抜くことができなければ、作家になれるものではないと指導したそうです。最近、悲惨な事件が多いですが、人の情動もしらないで簡単に他人の人生や人間に結論を下し、仕事や人間関係に終止符を打ってそれだけを書き、作家と呼ぶのはやめてほしいです。

　では、何故作家になりたい人が多いのでしょうか。自分が書いた本を多くの人に読んでもらいたいからかもしれません。ベストセラーになる本を書いて、映画化されたりしてお金持ちになりたいからかもしれません。成功して、家族や友人を感動させたいからかもしれません。それでもかまいません。誰でも幻想を抱く権利はあるし、チャンスは誰にでもあるのです。

　作家になった人の多くが、書くことは、他のことよりも満足を得られると言います。成功した作家は<u>産みの苦しみ</u>を続け、他のどんな職業に勝るとも劣らないエネ
①
ルギーと時間を、執筆に捧げます。書きたいという衝動や欲望の強さがいつも存在しています。作家は、日常生活のどんな<u>些細</u>なことも放っておくことはできないし、それが何かを突きとめる努力を怠りません。そして、平凡な事実から、ドラマのような状況を創造するのです。

　そして、作家になれば、邪魔されることなく読んだり書いたりする自由が得られます。神経質になっても非難されることなく、孤独になりたかったら社会から完全に引き込もることもできます。また、想像力を高めるためにという言い訳で、旅行したり新しい経験に足を踏み入れたりすることもできるのです。

　このように、作家生活はエキサイティングで、経済的な報酬と名声で満たされると信じている人が多いようです。しかし、有名な作家のほとんどが、彼らの伝記によれば、成功と失われた自信の間、達成と拒絶の間を、痛ましいほど行ったり来たりしていたことは明らかです。<u>そのことは覚えておいたほうがよい</u>でしょう。
②
　また、絶えず誰かに自信をつけてもらったり、励まされたりする必要があるなら、他人の意見に頼らなければならないとしたら、作家になることはできません。

書くという苦労に耐えるだけの時間と努力をかけることはできないはずです。そうだとしたら、早い時期に自分の限界を知って、他のことに目を向けるほうがいいでしょう。

(注) 情動：一時的で急激な感情の動き

65 作家になりたい人が多い理由を、筆者はどのように考えているか。

1 著書の映画化を実現させたいから　　2 誰でも夢を叶えたいから

3 楽して一儲けできるから　　4 富と名声を手に入れたいから

66 ①産みの苦しみとは、何か。

1 書くという創造の努力　　2 書いた後の満足感

3 書く際に必要な想像力　　4 書きたいという衝動や欲望

67 ②そのことは覚えておいたほうがよいとあるが、なぜか。

1 ほとんどの作家が、社会から完全に引きこもっていたから

2 成功し有名になった作家の多くが精神的な苦労を抱えていたから

3 作家になった人の多くが、自由を得て経済的に豊かだから

4 作家になれば、日常生活のどんなことも覚えておく必要があるから

68 この文章で筆者が最も言いたいことは何か。

1 作家を目指すなら、常に精神的な支えとなる存在が必要不可欠だ。

2 作家になりたい人は山ほどいるが、並大抵の事ではないのであきらめたほうがよい。

3 作家を目指すなら、書く苦労に打ち勝つために時間とエネルギーを費やす覚悟が必要だ。

4 作家になっても経済的に安定するとは限らないので、引き際も肝心だ。

問題13 右のページは「外国人による日本語作文コンクール」の募集要項である。
イーさんは、このコンクールに応募するつもりである。下の問いに対する
答えとして最もよいものを、1・2・3・4から一つ選びなさい。

69 イーさんが応募できるものは、以下のうちどれか。

1 小さい頃母国で書いていた詩

2 他のコンクールで受賞した小説

3 アルバイト先の日本人との交流について書いたエッセイ

4 大学の先生の論文を参考にして書いた研究論文

70 受賞すると何が与えられるか。

1 表彰状と賞金と優秀作品集への掲載

2 表彰状と賞金と受賞作品の出版

3 彰状と賞金と記念品

4 彰状と賞金と受賞作品の著作権

日本語作文コンクール　応募要項

1. 応募資格：

   日本に在住する外国人であること。

   過去に本コンクールで受賞された方は応募できません。

   応募は一人一作品で、他のコンクール等に応募したことのない未発表の作品に限ります。

2. 募集期間：2015年9月1日(火)～2015年10月15日(木)必着

3. テーマ：日本での生活　(※題名は自由、ただし、日本語で作成)

4. 応募形式：A4サイズの400字詰め原稿用紙3枚で、文字数1,200字以内

   ※本人自筆の原本に限ります。原稿は縦書きでも横書きでも可。

   (ワープロ・パソコン使用及びコピー原稿不可)

   ※作品には必ず題名と氏名を記してください。

5. 応募方法：

   応募用紙に必要事項を記入のうえ、応募作品に添付し、次の宛先へ郵送してください。

   FAXやE-mailでは受け付けません。

   ＜作品応募先＞　　〒XXX-XXXX　東京都○○区△△1-1-1

   　　　　　　　　　(株) A出版内「日本語作文コンクール」事務局

6. 賞

   最優秀賞 (4名程度) … 表彰状及び賞金　(5万円)

   優秀賞 (4名程度) … 表彰状及び賞金　(3万円)

   優良賞 (20名程度) … 表彰状及び賞金　(2万円)

   ※上記入賞者の他に佳作を選出し、記念品を授与します。

   ※上記入賞者及び佳作の作品は「日本語作文コンクール優秀作品集」に掲載します。

7. 入賞作品の発表

   所属機関を通じて入賞者に通知するとともに、2016年1月下旬に本社ホームページで発表する

8. その他

   (1) 審査に関するお問い合わせには、一切お答えできません。

   (2) 募集要項に即していない作品は、審査の対象外となります。

   (3) 応募用紙に記載された個人情報は、本コンクールの運営に必要な範囲内で利用します。

   (4) 応募作品は返却はしません。なお著作権はA出版に帰属します。

   *お問い合わせ先：「日本語作文コンクール」事務局

   電話：03-XXXX-XXXX　(平日9:00～17:00)

N1

聴解

（60分）

受験番号　Examinee Registration Number

名　前　Name

問題1

問題1では、まず質問を聞いてください。それから話を聞いて、問題用紙の1から4の中から、最もよいものを一つ選んでください。

例

1 企画書を見せる

2 製品の説明を書き直す

3 データを新しくする

4 パソコンを準備する

1番

1 参加費を支払う

2 名札を受け取る

3 新商品を予約する

4 名前と連絡先を言う

2番

1 レベルテストをもう一度受ける

2 田中先生に相談する

3 Ｎ３聴解の授業を受ける

4 事務所に知らせにいく

3番

1 山頂のゴミを拾う

2 ポスターを貼る売店を増やす

3 ポイ捨てしないように呼びかける

4 サークルで新しい取り組みを提案する

4番

1 予め入会手続きをする

2 商店街の人たちのことを覚える

3 身軽な服を用意する

4 ごみ袋と手袋を用意する

5 <ruby>番<rt>ばん</rt></ruby>

1 <ruby>就職<rt>しゅうしょく</rt></ruby>サイトから<ruby>応募<rt>おうぼ</rt></ruby>する

2 <ruby>大学<rt>だいがく</rt></ruby>の<ruby>支援<rt>しえん</rt></ruby>センターに<ruby>相談<rt>そうだん</rt></ruby>する

3 <ruby>身<rt>み</rt></ruby>だしなみを<ruby>整<rt>ととの</rt></ruby>える

4 <ruby>就職<rt>しゅうしょく</rt></ruby>したい<ruby>業種<rt>ぎょうしゅ</rt></ruby>を<ruby>決<rt>き</rt></ruby>める

6 <ruby>番<rt>ばん</rt></ruby>

1 <ruby>新製品<rt>しんせいひん</rt></ruby>の<ruby>文書<rt>ぶんしょ</rt></ruby>を<ruby>作成<rt>さくせい</rt></ruby>する

2 <ruby>表紙<rt>ひょうし</rt></ruby>のデザインを<ruby>変<rt>か</rt></ruby>える

3 <ruby>品質向上<rt>ひんしつこうじょう</rt></ruby>に<ruby>努<rt>つと</rt></ruby>める

4 <ruby>原稿<rt>げんこう</rt></ruby>を<ruby>制作会社<rt>せいさくがいしゃ</rt></ruby>に<ruby>送<rt>おく</rt></ruby>る

問題2

　問題2では、まず質問を聞いてください。そのあと、問題用紙のせんたくしを読んでください。読む時間があります。それから話を聞いて、問題用紙の1から4の中から、最もよいものを一つ選んでください。

例

1　昨日までに資料を渡さなかったから

2　飲み会で飲みすぎて寝てしまったから

3　飲み会に資料を持っていったから

4　資料をなくしてしまったから

1番

1　この会社しか受からなかったから

2　大手メーカーだから

3　残業や休日出勤が少ないから

4　やりたい仕事ができるから

2番

1　過去をかえりみること

2　何事にも油断しないで取り組むこと

3　被害を出さないようにいつも気をつけること

4　初心を忘れないように心がけること

3番

1 色合いが悪かったから

2 パッケージに余白がなかったから

3 時間が短かったから

4 市場調査の方法がよくなかったから

4番

1 年間の売上目標を超えたこと

2 毎月の売上目標を上回り続けたこと

3 年間総売上に貢献したこと

4 社員それぞれが目標を達成したこと

5番

1 病人を乗せた車があったため

2 雨で視界が悪かったため

3 車が雨で滑ったため

4 積荷やガラスなどが落ちていたため

6番

1 庭園を一周できる石橋

2 塀の繊細な装飾

3 茶室からの景色

4 茶に合わせた茶碗

7番

1 語学力に優れ、外国語で自分の意見が言える人

2 留学経験が豊富で、協調性を重視する人

3 異文化を理解し、絶えず目標を達成していく人

4 積極的に意見を言って、明るい雰囲気の人

<ruby>問<rt>もん</rt></ruby><ruby>題<rt>だい</rt></ruby>

問題 3

　問題 3 では、問題用紙に何も印刷されていません。この問題は、全体としてどんな内容かを聞く問題です。話の前に質問はありません。まず話を聞いてください。それから、質問とせんたくしを聞いて、1 から 4 の中から、最もよいものを一つ選んでください。

－メモ－

問題4

問題4では、問題用紙に何も印刷されていません。まず文を聞いてください。それから、それに対する返事を聞いて、1から3の中から、最もよいものを一つ選んでください。

－メモ－

問題5

問題5では長めの話を聞きます。この問題には練習はありません。メモをとってもかまいません。

1番、 2番

問題用紙に何も印刷されていません。まず話を聞いてください。それから、質問とせんたくしを聞いて、1から4の中から、最もよいものを一つ選んでください。

－メモ－

3 番

まず話を聞いてください。それから、二つの質問を聞いて、それぞれ問題用紙の1から4の中から、最もよいものを一つ選んでください。

質問1

1 追跡
2 春の街
3 赤い花
4 通帳

質問2

1 追跡
2 春の街
3 赤い花
4 通帳

JLPT N1
실전 모의테스트

1교시 언어지식(문자 · 어휘 · 문법)

문제 1	**1** ④	**2** ①	**3** ④	**4** ②	**5** ②	**6** ③	
문제 2	**7** ①	**8** ③	**9** ③	**10** ②	**11** ③	**12** ②	**13** ②
문제 3	**14** ①	**15** ①	**16** ①	**17** ①	**18** ③	**19** ①	
문제 4	**20** ③	**21** ④	**22** ①	**23** ④	**24** ②	**25** ③	
문제 5	**26** ②	**27** ①	**28** ③	**29** ③	**30** ④	**31** ②	**32** ① **33** ② **34** ② **35** ②
문제 6	**36** ② (3124)	**37** ① (4213)	**38** ④ (2341)	**39** ③ (2341)	**40** ④ (4123)		
문제 7	**41** ④	**42** ①	**43** ③	**44** ①	**45** ②		

1교시 독해

문제 8	**46** ④	**47** ③	**48** ②	**49** ④					
문제 9	**50** ③	**51** ③	**52** ②	**53** ②	**54** ④	**55** ①	**56** ②	**57** ④	**58** ③
문제 10	**59** ②	**60** ③	**61** ①	**62** ③					
문제 11	**63** ③	**64** ②							
문제 12	**65** ④	**66** ①	**67** ②	**68** ③					
문제 13	**69** ③	**70** ①							

2교시 청해

문제 1	**1** ②	**2** ②	**3** ③	**4** ③	**5** ②	**6** ①			
문제 2	**1** ①	**2** ④	**3** ③	**4** ③	**5** ③	**6** ③	**7** ③		
문제 3	**1** ②	**2** ②	**3** ④	**4** ③	**5** ④	**6** ②			
문제 4	**1** ③	**2** ①	**3** ②	**4** ②	**5** ③	**6** ②	**7** ①	**8** ②	**9** ① **10** ③
	11 ①	**12** ③	**13** ①	**14** ①					
문제 5	**1** ④	**2** ①	**3** 1-① 2-④						

問題 1

例

女の人が新しい製品の企画書について男の人と話しています。女の人はこの後何をしなければなりませんか。

F: 課長、明日の会議の企画書、見ていただけたでしょうか。

M: うん、分かりやすくできあがってるね。

F: あ、ありがとうございます。ただ、実は製品の説明がちょっと弱いかなって気になってるんですが。

M: うーん、そうだね。でもまあ、この部分はいいかな。で、ええと、この11ページのグラフ、これ、随分前のだね。

F: あ、すみません。

M: じゃ、そのグラフは替えて。あ、それから、会議室のパソコンやマイクの準備はできてる？

F: あ、そちらは大丈夫です。

女の人はこの後何をしなければなりませんか。

1番

男の人が電話で話しています。男の人は発表会の当日何をしなければなりませんか。

M: もしもし、あのう、来週8日の発表会に参加したいんですが、まだあいていますか。

F: ああ、新商品の発表会ですね。少々お待ちください。お調べいたします。

M: お願いします。

F: あ、もしもし、お待たせいたしました。まだ空席がございますので、ご参加いただけます。

M: ああ、そうですか、よかった。

F: 参加費が少々ございまして、あさってまでにお振込みいただけますか。

M: あ、わかりました。

F: 当日は1時間前から開場しておりますので、受付で名札を受け取ったのち、ご入場ください。会場では軽食もご用意しております。なお、事前購入は予約の際、定価の1割引となりますので、それもご検討ください。

M: はい、わかりました。

F: それでは恐れ入りますが、お名前とご連絡先をお願いいたします。

男の人は発表会の当日何をしなければなりませんか。

2番

大学で女の学生が先生と話しています。女の学生はこの後まず何をしなければなりませんか。

F: 先生、先日N3レベルの文法授業を受けてみたんですが、私には物足りない感じがしました。文法授業だけでもN2レベルのクラスに行きたいんですが。

M: でも、キムさん、レベルテストではN3でしたよね。学校では基本的にレベルテストの結果をもとに授業を受けることになってるんですよ。

F: でも、レベルテストは聞きとりや漢字、文法も出題されていて、聞きとりが苦手なので合計点が低かったんです。他の問題はけっこうできたと思います。

M: そうか。でもね、文法もN2とN3はレベルの差が大きいんだけど知ってる？

F: わかってます。頑張ります。

M: そしたら、じゃ、一度聞いてみますか。で、難しかったら、N3の授業に戻ってきて。でも、私が勝手に替えるわけにはいかないので、まずはN2クラスの先生に話して許可を得てください。

F: わかりました。N2クラスの先生は田中先生ですね。ありがとうございます。

M: でも、本来は聴解をしっかり頑張って、実力をつけないと。

F: はい。

M: じゃ、田中先生と話して許してもらったら、事務所にも知らせてくださいね。

F: はい。わかりました。

女の学生はこの後まず何をしなければなりませんか。

山で環境保護サークルの女の人と男の人が話しています。男の人はこれから何をしなければなりませんか。

M: 木村さん、いつ見ても山頂にはゴミが落ちていますね。

F: はい、そうですね。環境保護のポスター、掲示板にも、お土産の売店にも貼ってもらったのに。特に効果はなかったようですね。

M: とても目を引くデザインなんですけどね、もっと多くの売店に協力してもらいましょうか。

F: うーん、ポスターを増やしたからといって、これ以上の効果は見込めないでしょう。
あ、そうだ、直接みんなに呼びかけてみるのはどうかな。

M: 「みなさん、ごみは持ち帰りましょう」って僕が熱く語りかけるんですか。

F: 他のメンバーからは、毎月第二日曜日の決まった時間にみんなでゴミ拾い活動するのはどうかって意見が出てるけど。

M: それはいいですね。とりあえずやってみますか。

F: でも私たちだけでしてもね、一人一人の環境に対する意識を高めない限り、キリがないよね。

M: 確かに。あの人たちすごいねっていひとごとのように思われても困りますよね。

F: ゴミを拾うことじゃなくて、意識を高く持ってもらうことが大切なんじゃない？

M: そうですね。そのためにポスターを作ったんだから。

F: じゃあ、やっぱり、呼びかけるしかないんじゃない？

M: うーん、いいですけど、他のメンバーも誘ってみてくださいよ。

F: うん、わかった。でも最初は私たちだけで挑戦してみて、それからボランティアのメンバーに提案するのはどうかな？

M: そうですね。わかりました。

男の人はこれから何をしなければなりませんか。

男の学生と女の学生が話しています。男の学生は当日何をしなければなりませんか。

M: ちょっと小耳にしたんだけど、環境関連サークルの活動をやってるんだって。僕も興味があるんだけど、詳しく教えてくれないかな。

F: あ、そう？ いろいろしてるんだけど、来週の土曜日、商店街周辺のゴミ拾いがあるから、参加してみる？

M: うん、行く。あ、でもいきなり参加しても大丈夫？ 入会の手続きとか、前もって用意しておくものとかないの？

F: うーん、特に何もないかな。当日、みんながきてから、商店街の方々に挨拶して回るの。そのあと、商店街を回りながら空き缶を拾ったり、掃除したりするんだ。結構歩くから動きやすい格好で行ったほうがいいよ。

M: わかった。ありがとう。後、掃除するなら手袋とかゴミ袋も持っていこうか。

F: あ、大丈夫。そういうのは、いつも商店街の方々に用意してもらってるから。

M: そうなんだ。じゃあ、来週、楽しみにしておくよ。

男の学生は当日何をしなければなりませんか。

大学で男の学生と女の学生が話しています。女の学生はまず何をしますか。

F: ねぇ、インターンシップの申し込み、もうした？

M: うん、今しているところ。早くしたほうがいいかなと思って、就職情報サイトからも応募してる。

F: それ、インターネットだよね？ 私もそろそろ始めなきゃ。

M: そうだね。それより、大学の就職支援センターには行ってみた？ うちの学生向けの情報があるよ。

F: ああ、就職支援センターね。

M: あとは、企業ごとの形式や内容を把握するために、いろいろ調べてるけど。

F: そうなんだ。私も身だしなみの本、先輩にもらったから、がんばらなくっちゃ。

M: 身だしなみか。でも、まずは、うちの支援センターの情報からじゃない？

F: そうだね。

M: うん。それから、服装とか身だしなみを考えたらいいよ。

F: そうだね、呑気にしてる場合じゃないね。

M: うん、どんな業種に就きたいの？

F: うーん。今、まだ悩んでる。

M: 業種によって、服の雰囲気を変えたほうがいいとかあるみたいだよ。とりあえず相談しに行ってみたら？

F: そうだね。ありがとう。行ってみるね。

女の学生はまず何をしますか。

6番

会社で先輩と男の人が話しています。男の人はまず何をしますか。

F: 今年の新製品の展覧会が再来月に開かれるんだけど、そろそろパンフレットの準備に取り掛かってもらえないかな。

M: はい。

F: 去年の資料を参考にするとして、パンフレットに載せる今年の新製品の説明のところ、原稿を作らなきゃね。

M: はい。

F: あ、それと、表紙のデザインも古くなってきてるから、これを機に表紙の写真も一新したらどうかと思うんだけど。

M: それなら新しい支店がある、静岡の工場がいいんじゃないでしょうか。

F: なるほどね。最新の技術を取り入れている工場で、どのようにして、さらなる品質向上に努めているかを打ち出したいところだしね。じゃ、その方針で進めるとして、デザインについては制作会社に提案してもらいましょう。担当は伊藤さんが適任かな。手配は彼に任せましょう。

んで、商品説明のところは、君が担当ね。

M: はい。

F: 次の打ち合わせで検討するから、それまでにお願いね。原稿をとりまとめて制作会社に送ったあとも、確認を怠らないように気をつけてね。じゃ、急いで取り掛かりましょう。

男の人はまず何をしますか。

問題2

例

大学で男の学生と女の学生が話しています。この男の学生は先生がどうして怒ったと言っていますか。

M: ああ、先生を怒らせちゃったみたいなんだよね。困ったな。

F: え、どうしたの？

M: うーん。いやそれがね、先生に頼まれた資料、昨日までに渡さなくちゃいけなかったんだけど、いろいろあって渡せなくて。

F: えー、それで怒られちゃったの？

M: うん、いや、それで怒られたっていうより、おととい、授業のあと、飲み会があってね。で、ついそれを持ってっちゃったんだけど、飲みすぎて、寝ちゃって、忘れてきちゃったんだよね。

F: え？じゃ、なくしちゃったわけ？

M: いや、出てはきたんだけどね、うん。先生が、なんでそんな大事な資料を飲み会なんかに持っていくんだって。

F: ま、そりゃそうよね。

この男の学生は先生がどうして怒ったと言っていますか。

1番

会社の休憩時間に、女の人と男の人が話しています。男の人が今の会社に就職した理由は何ですか。男の人です。

F: 山田さんはどうしてこの会社に入社したいと思ったんですか。私は、受かったのがここしかなくて仕方なくだけど。

M: うーん、最初はとにかく知名度があって、誰もが羨む大手に入りたいと思ったんだけど、就職活動しているうちに、考えが変わったんだよね。

F: へえ。

M: 最近は、仕事とプライベートをしっかりわけたいって人も多いけど、僕はたとえ休日出勤があろうが、残業が多かろうが、やりがいが感じられる会社が一番だと思ったんだ。

F: そうなんですね。で、今はこの仕事に満足してるんですか。

M: うん、まあね。

F: やっぱり仕事って、やりがいが大事ですよね。

M: なんて言ったけど、ここだけの話、君と同じ理由なんだよね。他に雇ってくれるところなくて。

F: なんだー。

M: でも、今はもちろん、この会社で正解だったって思ってるよ。

男の人が今の会社に就職した理由は何ですか。

2番

学校で先生が学生に話しています。先生は大きな失敗をしないために何が一番重要だと思っていますか。

M: 「猿も木から落ちる」ということわざがあります。これは木登りが上手な猿でも時には誤って木から落ちる、その道にどんなに優れた者でも、失敗することはあるという意味ですが、失敗してしまったという結果よりもどうして失敗してしまったのかを深刻に受け止めることが重要であると考えます。私たちの長い人生の中で、油断してしまったり、些細なミスをしてしまったりすることもありますが、一回の失敗が莫大な被害を起こしかねないということを肝に銘じてください。常に緊張して過ごす必要はありませんが、時には、初心に戻ることで、危険が回避できるのではないでしょうか。

先生は大きな失敗をしないために何が一番重要だと思っていますか。

3番

会社で男の人と女の人が企画した商品について話しています。男の人は何が問題だったと言っていますか。男の人です。

M: 今回うちの部署が提案したパッケージのデザイン、結局、起用されなかったらしいよ。

F: ええ、なにが原因だったのかな。やっぱり色が目立ったのはマズかったよね。

M: うーん、でもその色はうちの代表色だからどうしようもないからね。

F: そうだね。それに、商品自体もあまりにも小さすぎだよね。

M: でも、まあ、商品が小さくて僕は逆にやりやすくてよかったよ。それより、この一ヶ月間、この企画に振り回されて、目が回るほど忙しかったよ。せめてあと二週間余裕があればねえ。

F: そうだよね。

M: ああ、そういえば、部長は今回のことを踏まえて、事前市場調査を検討するんだって。僕はなんか的を射てないと思うんだけどね。

男の人は何が問題だったと言っていますか。

4番

支店長が営業社員に挨拶をしています。支店長は何が一番うれしいと言っていますか。

M: みなさん、今年も一年間、お疲れ様でした。今年も無事、みなさんのおかげでわが支店の目標値を超えることができました。また、月間売上実績は毎月の目標を上回り続け、年間総売上にも大いに貢献しました。大変すばらしい成果が上げられ、うれしく思っております。年間総売上が伸びたこともさることながら、社員一人一人がノルマ達成に向かって真摯に取り組んできたこと、これが何よりもわが社の強みだと感じております。それぞれの努力があったからこそ、この結果に繋がりました。来年もみなさんのさらなる飛躍を期待しております。

支店長は何が一番うれしいと言っていますか。

5番

テレビでアナウンサーが車の追突事故について話しています。警察は事故の原因は何だと考えていますか。

F: 10日午前7時すぎから同7時40分ごろにかけて、首都高速道路内自動車道下り線で追突事故が相次ぎ、計10台が巻き込まれ、男女6人が軽傷を負い病院に搬送されました。警察によると、午前7時5分ごろに発生したトラックや軽乗用車など5台が絡んだ最初の事故で当時、現場は雨が降っており、片側二車線のカーブで車両1台がスリップしたのをきっかけに、玉突き事故になったとのことです。その後、この現場の後方で2件の衝突事故が起きたといいます。なお現場では車の窓ガラスやトラックの積荷などが道路に散乱しており、約二時間の通行止めになりました。

警察は事故の原因は何だと考えていますか。

6番

ガイドがある庭園について話しています。この庭園の一番の見所は何ですか。

F: みなさま、こちらの庭園は1500年頃、一条という貴族の別荘として造営されたものです。庭園には石橋や飛び石が配置されてこれに沿って歩くと庭園を一周でき、四季を感じながら優雅に散歩することができます。庭園を囲んでいる塀の繊細な装飾や石橋など歴史を感じさせます。とりわけ一条が自ら設計した茶室は見晴らしがよく、最大の見所です。えー、それから一条が茶に合わせて作らせた茶碗も見事な作品です。では、ごゆっくりご覧ください。

この庭園の一番の見所は何ですか。

7番

テレビでアナウンサーと電器メーカーの社長が話しています。社長は今後、どのような人材を採用しますか。

F: 今日は、業界で今一番注目を浴びているアオイ電器の社長にお話をうかがいます。さて、社長。今後さらに持続的な成長を遂げるには、どのような取り組みが必要だと思われますか。

M: 弊社では、さらなる海外進出に向けて、特に今、グローバル社会に対応できる人材の確保が最優先だと考えています。単に英語が堪能で、留学経験が豊かであるということではなく、異文化の習慣や考え方を十分に理解した上で柔軟に対応していくことができる人です。

F: なるほど。

M: それに、かつては、決められた枠の中で与えられた仕事をこなしていくことが一般的で、人事でも協調性が重視されていました。が、しかし、今や自分から課題を見つけ、目標に向かって取り組んでいかなければならない時代となりました。こんな時代だからこそ、信念を持って粘り強く仕事を成し遂げられる方に活躍の機会を与えたいと思っています。

F: 時代によって求められる人材も変わっていくものですね。

M: そうですね。優秀な人材が十分に能力を発揮できるような環境を提供するのが私の役目です。社員が率先して意見を出し、お互いが切磋琢磨し合える明るい職場を作っていきたいと思っています。

社長は今後、どのような人材を採用しますか。

問題3

例

女の人が男の人に映画の感想を聞いています。

F: この間話してた映画、見に行ったんでしょ？ どうだった？

M: うん、すごく豪華だった。衣装だけじゃなくて、景色もすべて、画面の隅々までとにかくきれいだったよ。でも、ストーリーがなあ。主人公の気持ちになって、一緒にドキドキして見られたらもっとよかったんだけど、ちょっと単調でそこまでじゃなかったな。娯楽映画としては十分楽しめると思うけどね。

男の人は映画についてどう思っていますか。

1 映像も美しく、話も面白い
2 映像は美しいが、話は単調だ
3 映像もよくないし、話も単調だ
4 映像はよくないが、話は面白い

1番

ブラスバンド同好会のリーダーが話しています。

M: 私は、このブラスバンド同好会のリーダーをしています。私たちの同好会は、約15年前から活動しています。発足当時はたった4人の大学生のブラスバンドサークルでした。主に、小学校、介護施設などで無料で公演をするなど、様々な活動をしているうちに、名が知られるようになり大きなコンクールにも参加することになりました。コンクールで地道に実績を積んできたことで、さらに世界的なコンクールにも声をかけてもらえるようになり、現在に至ります。

リーダーの話のテーマは何ですか。

1 同好会の目的
2 同好会の歴史
3 同好会のメンバー
4 同好会の現在の活動内容

2番

日本文化講座で女の人が話しています。

F: ええ、私は菓子職人です。菓子は菓子でも、日本の伝統的な菓子、和菓子です。和菓子は、味覚はもとより、視覚も楽しませてくれることを期待されて発達した食品です。また季節感を表現することが大事で、材料や見た目にもとてもこだわっています。材料もバターや生クリームなどの脂肪分を使用しないので、カロリー控えめでヘルシーです。落ち着いた甘さとなっているので、お年寄りの方も安心して食べることができます。また和菓子は、材料が限られているのに出来上がりは千差万別で、職人さんが100人いれば100種類の和菓子が出来上がるといっても過言ではないでしょう。

女の人は何について話していますか。

1 和菓子の種類
2 和菓子の魅力
3 和菓子の作り方
4 和菓子を作る技術

3番

レストランの経営会議で女の人が新しい経営方針について話しています。

F: 来客数が減少し、売り上げも落ち込んでいる今、新しい経営方針が必要です。そこで、提案したいのがスイーツ部門の見直しについてです。このレストランは、食事時以外の時間には客の利用があまりなく、効率のいい経営状態ではありません。今期の予算を改装などに費やすよりも、スイーツ専門の従業員を増やし、カフェ利用の強化に努めるほうが得策だと考えます。食事の時間にもデザートを提供できるようにし、メニューの選択肢を増やして、利用頻度をあげるというのはいかがでしょうか。それなら、メニューの値上げをしなくても実現できますし、レストラン全体にとっても利用客が増え、売り上げにも繋がるのではないでしょうか。

女の人は経営方針について何を提案していますか。

1　レストランの改装
2　レストランをカフェに変更
3　メニューの価格を上げる
4　デザートメニューの強化

4番

大学で女の学生と男の学生がある科目について話しています。

M: 林さん、安嶋先生の「教育の心理学」という科目、取りましたか。
F: うん。昨年、取ったよ。
M: どうでしたか。
F: うん、授業の内容はあまりに専門的すぎて一年生には難しいかな。それに先生は厳しいし、中間テストもあるし、グループ発表やら、レポートやら、評価するものは一通りやったという感じかな。
M: 結構大変そうですね。授業も難しいし、レポートに、発表まで。
F: そう、だから、その時はちょっと後悔したかな。でも、その時、あれをやっておいたからこそ、2年生のゼミ選択の時、迷わなかったんだよね。
M: へえ、そうですか。
F: うん、やはり専門的なことをわかってないと何を論文にしていくか、どんなことをもっと詳しく勉強していくかがわからないからね。3年間研究していくわけだから、ゼミ選択は重要だよ。
M: でも、大変そうだという噂を聞くんで迷っているんです。
F: 結局、先に苦しむかどうかだよね。今のスケジュールに大きく問題がなければ、この科目先に取っとけばどう？　やはりゼミが大事なんじゃない？
M: そうですね。ありがとうございました。考えてみます。

女の学生はこの科目についてどう言っていますか。

1　大変なので、選択しないほうがよい
2　大変だけど、ゼミ選択の時役に立つ
3　簡単だが、面白くないので選択しないほうがよい
4　易しいし、ゼミ選択の時にも役に立つ

5番

留守番電話のメッセージを聞いています。

M: いつもお世話になっております。青空旅の山本です。先日ご依頼いただいたアメリカ行きの件なんですが、ご依頼なさった5名様のお席ですが、何とか3名様のお席は確保できたのですが、5名様全員のお席は確保することができませんでした。それで、恐れ入りますが、2名様はキャンセル待ちになるか、1時間遅れの別の便にご変更なさることはできますでしょうか。別の便のお座席の値段は御社の予算内に抑えられそうですし、お話なさった発表会の日程にも間に合うかと思います。明日、こちらから再度ご連絡いたします。それでは失礼いたします。

何についてのメッセージですか。

1　飛行機の取り消し確認
2　旅行に行く人数の相談
3　発表会の日程の変更
4　2名様の飛行機の変更の確認

6番

ラジオで女の人と写真家の人が話しています。

F: 今回の新作の写真集を拝見して感じたことなんですが、本の中で紹介されている写真は私たちの日常にあふれているものばかりでした。
M: はい、それを今回のコンセプトとして取り組みました。私は高校を卒業して田舎から海外に留学したんですけど、そのとき、はじめて家族や友達と離れ、慣れない国で生活していけるのかと不安に襲われたことがあったんですよ。そん

なとき、近所の公園の花や、緑豊かな景色とか
にすごく癒されました。
F: 一人暮らしで、ましてや海外だと、どうしても
孤独を感じますよね。
M: そうなんです。そういう時に見る自然の景色っ
ていうのは、見る側を安心させ、癒してくれる
力があると思うんです。
F: その一方で、現実では毎日の生活が忙しくて見
落としがちですよね。
M: はい、自分が忙しくて余裕がないときには、自
分の部屋から見える急激な季節の変化にも気づ
かないこともあります。だから、意図的にそう
いう日常の慌しさもシーンに入れました。
F: 私たちの普通の生活がリアルに表現されている
ところですね。
M: そのように評価していただいて、光栄です。景
色なんて、些細なものですけど、それって、み
んなで共有できるものなんですよね。この写真
集をご覧になった後、自然に囲まれて生きてい
るんだなぁと、なんとなく周りを見渡してもら
えたらいいなと思います。

写真家は何について話していますか。

1 写真集の写真の撮り方
2 写真集作りでこだわったところ
3 撮影した季節について
4 写真集の構成について

問題 4

(例)

M: ああ、今日は、お客さんからの苦情が多くて、
仕事にならなかったよ。
F: 1 いい仕事、できてよかったね。
　 2 仕事、なくて大変だったね。
　 3 お疲れ様、ゆっくり休んで。

1番

M: よし、今回の試験合格してみせるぞ。

F: 1 やったね。おめでとう。
　 2 じゃあ、受けてみるね。
　 3 受かるといいね。

2番

M: 明日のプレゼン、データ整理に手間取ってて、
グラフまで手が回らないよ。
F: 1 大変だね。手伝おうか。
　 2 もう少し近くに持ってこうか。
　 3 整理がけっこうすんなり終ったね。

3番

M: 田中さんの気配りは、本当に頭が下がりますね。
F: 1 下になにか落ちていますか。
　 2 本当に、私も見習いたいと思います。
　 3 誰か来たようですね。

4番

M: 明日の明け方には大雪になるらしいけど、体育
会は雨天決行としよう。
F: 1 交通機関に影響が出なきゃいいけど。
　 2 いまさら、止めるわけにはいかないですからね。
　 3 日程を後回しにしちゃいけませんね。

5番

F: いかがでしたか。空の旅は。
M: 1 車内はギュウギュウ詰めだったよ。
　 2 渋滞で到着が遅れちゃったんだ。
　 3 ちょっとしたゆれはあったけど快適だったよ。

6番

M: 明日の映画なんだけど、レポートやら、実習や
らでそれどころじゃなくなっちゃったんだ。
F: 1 映画楽しみだね。
　 2 えー、いけないの？残念。
　 3 忙しいのに、よく行ったね。

7番

M: あのう、先月の家賃なんですけど、まだ振り込まれてないようですが。

F: 1 すみません、うっかりしてて。
2 では、そうしていただけますか。
3 あ、すぐにいただきますので。

8番

F: 私のふるさとは見渡すかぎりの水田なんです。

M: 1 ふるさとに行くんですか。いいですね。
2 じゃ、主にお米を作ってるんですか。
3 都会生まれを自慢に思っているんですか。

9番

F: 今日の課長、ずいぶん機嫌がいいわね。

M: 1 どうやら次男の進学が決まったらしいよ。
2 ほんと、一日中いらいらしてるよね。
3 朝、部長に呼ばれて絞られたらしいよ。

10番

M: 前に話してたコンピューター、やっと手に入れたよ。

F: 1 でも、操縦するのは難しそうだよね。
2 その食品なら、コンビニで安売りしてたよ。
3 へえ、あれは機能もデザインもよかったよね。

11番

F: 最近仕事でストレスを感じるのよ。

M: 1 たまには休暇でもとったらどうだい？
2 不遇の職場にめぐり合ったわけだね。
3 優秀な部下に囲まれて幸せだね。

12番

F: いいにおいね、今日はカレーにしたの？

M: 1 これから配達を頼むところなんだ。
2 家中を花でいっぱいにしたかったんだ。
3 うん、簡単に作れるからね。

13番

M: さっき返した会議の資料、もう一度見せてくれない？ 気になることがあって。

F: 1 どこか間違えていたでしょうか。
2 拝見してもよろしいでしょうか。
3 気に入ってもらえましたか。

14番

M: 昨日出した小論文、文句のつけようがないぐらいだったよ。

F: 1 そんな、ほめていただいてなによりです。
2 書くのに大変だったけど、なんとか終わらせました。
3 すみません、以後気をつけます。

問題5

1番

大学で求人情報の雑誌を見ながら女の学生と男の学生が話しています。

F: そういえば、最近、バイト探してるって言ってなかったっけ。

M: うん、将来のためにも学生のうちからいろんな経験をしておいた方がいいと思って。

F: そうだねー、最寄り駅の求人情報も色々あるんだね。交通の便もよくていいんじゃない。

M: うん、いろんな募集が出てるけど、時給も仕事内容も色々なんだね。できれば接客業がいいかな。

F: うん。

M: 水曜と土曜だけしかできないんだけど、週2日で時給1000円以上のバイトなんてあるかな？

F: あ、これは？ 紳士服の販売スタッフ。時給1300円で、週2日～4日勤務だって。初心者、歓迎って書いてある。商品を並べたり在庫の確認をしたりもするみたいだよ。えっと、ほかには、深夜のコンビニは、時給1,500円だって。週2日以上入れる方、歓迎って書いてある。勤務は夜10

時から翌朝7時までだけど。商品の発注、補充から店舗清掃などを含む全般だって。

M: うん。どっちもいいね。

F: あ、ホテルのブライダル補助も時給1300円だよ。土日、祝日限定って書いてあるけど。そういえば、最近このホテル、テレビで紹介されていたよ。

M: へぇ、人気なんだね。

F: あ、そのホテルのドッグカフェも募集してるよ。時給950円で週2日、動物と接するのが好きな方、歓迎だって。

M: うん。犬も好きだし、時給も大切だけど深夜の仕事は避けたいし、勤務日も増やせないから、これに応募しようかな。

男の学生はどの仕事に応募しますか。

1 紳士服の販売スタッフ
2 深夜のコンビニ
3 ホテルのブライダル補助
4 ホテル内のドッグカフェ

2 番

大学のゼミで教授と学生二人が夏休みの研究を発表しています。

M1: 佐藤くん、発表ありがとう。早速だけど、山川さんはどう思いましたか。

F: はい、とてもよかったと思います。ただ、タイトルが「少子化からの脱却について」ですよね。少子化のことと、高齢化のこと、両方とも取り上げるのはいいと思うんですけど、二つの内容が一緒に入っていて、どちらが中心なのかよくわかりませんでした。

M2: はい、メインは少子化のことだったんですけど、自分なりに考えているうちに、高齢化のことにもつながっちゃって。

M1: うん、テーマとは少し外れてしまいましたね。章を減らしてテーマを絞るか、タイトルを変更して、しっかりまとめるか。

M2: そうですね。この二つは強いつながりがあると

思うので、後者の方でもう一度まとめてみます。

F: せっかくここまでしたので、私もその方がいいと思います。

M1: じゃあ、そんな感じで修正してみて。構成もいいし、自分の意見もしっかりしてるからいいものが完成するんじゃないかな。

M2: はい、そうします。

男の学生は、夏休みの研究をどのように修正することにしましたか。

1 タイトルを変える
2 内容を省く
3 テーマを絞る
4 自分の意見を入れる

3 番

日本小説賞について話しています。

F1: 日本小説賞授賞式まであと数日。候補作品の四つをご紹介いたします。一つ目は「追跡」。社会派の宮崎氏が実際の事件を元にし、現代社会が抱える闇をリアルに表現している作品です。二つ目は「春の街」。無名の音楽家が成功するまでを描いた青春小説。現役高校生による作品で話題になっています。三つ目は「赤い花」。推理小説の巨匠、西田氏による、出版業界に対する批判や皮肉をユーモアを交えて描いた推理小説で、社会性に重きを置いた作品です。四つ目は「通帳」。昨年、デビュー作のブレイクで脚光を浴びた池上氏の作品です。会社で次々に起こる不正事件を暴くために一人の経理担当者が挑みます。さて、大賞に輝くのは一体どの作品なのでしょうか。

M: 今年の候補は幅広い作品がそろってるね。どれが受賞すると思う？

F2: うーん、私、個人的には、実話に基づいたものが好きなんだけどね。

M: うん、今回は、社会派と推理小説の一騎打ちだと思うんだ。甲乙つけがたいけど、いくら巨匠だ

といっても、あの批判や皮肉はちょっとやりす
ぎかな。うーん、どうかな、僕は現代社会を題
材にした作品、こっちだろうな。社会の闇の本
質を突いているのは評価が高いだろうし。
F2:そう？　私は去年から勢いに乗っているこの作品
だと思う。おもしろい構成だったし。
M:　そっか。あと現役高校生のも話題性は十分だっ
たんだけど、受賞となるとちょっと違うかな。
支持する年代に差が開いてるからね。

質問１. 男の人はどの作品が賞を獲ると言っていま
　　　すか。

質問２. 女の人はどの作品が賞を獲ると言っていま
　　　すか。

日本語能力試験　解答用紙

N1

言語知識(文字・語彙・文法)・読解

受　験　番　号 Examinee Registration Number		名　前 Name	

〈ちゅうい Notes〉
1. くろいえんぴつ (HB、№2) でかいてください。
（ペンやボールペンではかかないでください。）
Use a black medium soft (HB or No.2 pencil.
(Do not use any kind of pen.)
2. かきなおすときは、けしゴムできれいにけして
ください。
Erase any unintended marks completely.
3. きたなくしたり、おったりしないでください。
Do not soil or bend this sheet.
4. マークれい Marking examples

よいれい Correct Example	わるいれい Incorrect Examples
●	⊗ ◍ ○ ◎ ⊖ ● ⊘

問　題　1

1	①	②	③	④
2	①	②	③	④
3	①	②	③	④
4	①	②	③	④
5	①	②	③	④
6	①	②	③	④

問　題　2

7	①	②	③	④
8	①	②	③	④
9	①	②	③	④
10	①	②	③	④
11	①	②	③	④
12	①	②	③	④
13	①	②	③	④

問　題　3

14	①	②	③	④
15	①	②	③	④
16	①	②	③	④
17	①	②	③	④
18	①	②	③	④
19	①	②	③	④

問　題　4

20	①	②	③	④
21	①	②	③	④
22	①	②	③	④
23	①	②	③	④
24	①	②	③	④
25	①	②	③	④

問　題　5

26	①	②	③	④
27	①	②	③	④
28	①	②	③	④
29	①	②	③	④
30	①	②	③	④
31	①	②	③	④
32	①	②	③	④
33	①	②	③	④
34	①	②	③	④
35	①	②	③	④

問　題　6

36	①	②	③	④
37	①	②	③	④
38	①	②	③	④
39	①	②	③	④
40	①	②	③	④

問　題　7

41	①	②	③	④
42	①	②	③	④
43	①	②	③	④
44	①	②	③	④
45	①	②	③	④

問　題　8

46	①	②	③	④
47	①	②	③	④
48	①	②	③	④
49	①	②	③	④

問　題　9

50	①	②	③	④
51	①	②	③	④
52	①	②	③	④
53	①	②	③	④
54	①	②	③	④
55	①	②	③	④
56	①	②	③	④
57	①	②	③	④
58	①	②	③	④

問　題　10

59	①	②	③	④
60	①	②	③	④
61	①	②	③	④
62	①	②	③	④

問　題　11

63	①	②	③	④
64	①	②	③	④

問　題　11

65	①	②	③	④
66	①	②	③	④
67	①	②	③	④
68	①	②	③	④

問　題　12

69	①	②	③	④
70	①	②	③	④

日本語能力試験 解答用紙

N1
聴 解

受 験 番 号
Examinee Registration Number

名 前
Name

〈ちゅうい Notes〉
1. くろいえんぴつ (HB、No.2) でかいてください。
   (ペンやボールペンではかかないでください。)
   Use a black medium soft (HB or No.2) pencil.
   (Do not use any kind of pen.)
2. かきなおすときは、けしゴムできれいにけしてください。
   Erase any unintended marks completely.
3. きたなくしたり、おったりしないでください。
   Do not soil or bend this sheet.
4. マークれい Marking examples

よいれい Correct Example	わるいれい Incorrect Examples
●	◌ ◌ ◌ ◌ ◌ ◌ ●

問 題 1

れい 例	①	②	●	④
1	①	②	③	④
2	①	②	③	④
3	①	②	③	④
4	①	②	③	④
5	①	②	③	④
6	①	②	③	④

問 題 2

れい 例	①	②	●	④
1	①	②	③	④
2	①	②	③	④
3	①	②	③	④
4	①	②	③	④
5	①	②	③	④
6	①	②	③	④
7	①	②	③	④

問 題 3

れい 例	①	●	③	④
1	①	②	③	④
2	①	②	③	④
3	①	②	③	④
4	①	②	③	④
5	①	②	③	④
6	①	②	③	④

問 題 4

れい 例	①	②	●
1	①	②	③
2	①	②	③
3	①	②	③
4	①	②	③
5	①	②	③
6	①	②	③
7	①	②	③
8	①	②	③
9	①	②	③
10	①	②	③
11	①	②	③
12	①	②	③
13	①	②	③
14	①	②	③

問 題 5

1		①	②	③	④
2		①	②	③	④
3	(1)	①	②	③	④
	(2)	①	②	③	④